La bonne expression en allemand

Diane de Blaye
Pierre Efratas
Nicole Scholz

BELIN
8, rue Férou - 75278 Paris cedex 06
www.editions-belin.com

ISSN 1159-7135 ISBN 2-7011-3932-5

Table des matières

Avant-propos

Qui peut se vanter de n'avoir jamais été victime d'un malentendu ou d'une mauvaise communication à la suite d'une traduction trop littérale d'une expression qu'il maîtrise pourtant parfaitement dans sa propre langue?

Cet ouvrage, dont la fonction première est justement d'aider le lecteur dans ces embûches «idiomatiques», est destiné à tous les amateurs du langage, à tous ceux qui ont plaisir à manier la langue dans toute sa richesse et souhaitent en faire autant en allemand. Il s'adresse également aux étudiants et aux professeurs de l'enseignement supérieur, aux traducteurs et plus généralement à toute personne amenée à voyager en pays germanophone.

La bonne expression présente plus de 6000 locutions, proverbes et expressions toutes faites, imagées et familières, littéraires ou argotiques, classées par thèmes, à l'intérieur desquels prévaut un classement alphabétique. Tout classement thématique est «subjectif», voire «arbitraire»: il arrive qu'on trouve certaines expressions dans deux, parfois dans trois chapitres.
Chaque locution est traduite de la façon la plus «idiomatique» possible, évitant autant que faire se peut une traduction trop «dictionnaire».

Ce recueil ne prétend évidemment pas à l'exhaustivité, car nous avons voulu proposer au lecteur un petit livre utile, ni trop lourd, ni trop encombrant, d'une manipulation et d'un usage aisés.
Les expressions qui y figurent ont été retenues pour leur caractère «idiomatique», la fréquence de leur utilisation, leur «couleur», ainsi que pour leur aptitude à refléter la réalité sociale d'aujourd'hui.

On trouvera donc ici des mots simples («asperge», «aigle») dont le sens a évolué avec le temps, quelques emprunts à des langues étrangères («avoir la baraka», «faire fifty-fifty») ou encore quelques «cuirs» passés dans l'usage («ne connaître quelqu'un ni des lèvres ni des dents», «être fier comme un bar-tabac»).

Naturellement, les thèmes «négatifs» se taillent la part du lion. Il est vrai que lorsque tout va bien, il n'est pas besoin d'en parler et qu'il est bien plus réjouissant – même si c'est peu charitable – de descendre quelqu'un en flammes que de le

porter aux nues... Nous avons délibérément éliminé les expressions, nombreuses et crues, qui traitent directement du sexe : il existe nombre d'ouvrages très complets sur ce sujet.
Enfin, l'ouvrage contient une centaine de « boîtes étymologiques » : on y trouvera, au hasard de la lecture, une évocation des origines d'expressions que nous avons choisies pour leur intérêt historique, philologique et parfois même anecdotique.

Nous avons renoncé à mentionner les registres de langue en français (à l'exception de « vieilli » et « proverbe ») : ce livre d'une part, s'adresse à des lecteurs francophones, conscients du niveau de langue qu'ils utilisent ; d'autre part, la désignation des registres est en elle-même éminemment subjective. Enfin, le niveau de langue est souvent le même en français et en allemand.
À l'intérieur de chaque thème, les expressions ont été classées par ordre alphabétique du mot significatif (quand il y en avait plusieurs, nous avons multiplié les entrées) ; les groupes d'expressions comportant le même mot significatif ont été précédés de ce mot présenté sous forme de mot-entrée, et les expressions classées ensuite par ordre alphabétique de la première lettre du premier mot.

Suivant les règles lexicographiques, c'est dans la mesure du possible la forme la plus neutre qui a été retenue : noms et adjectifs au masculin singulier, verbes à l'infinitif.

Un index alphabétique exhaustif permet une utilisation aisée et la localisation rapide de l'expression recherchée.

Une lecture à plusieurs niveaux est possible : *La bonne expression* permet tout d'abord une consultation « au petit bonheur », qui entraîne le lecteur au hasard des pages et des expressions, l'une menant à l'autre ; le livre permet aussi d'effectuer une recherche sur une expression précise, et sa traduction ; enfin, il peut aussi être le moyen de satisfaire une curiosité plus générale portant sur l'un des 24 grands thèmes abordés et de découvrir tout ou partie des expressions qu'il propose et leur traduction. Nous souhaitons qu'il permette au lecteur, du simple curieux au linguiste plus chevronné, de trouver son chemin du français à l'allemand parmi ces expressions savoureuses que nous avons tous plaisir à utiliser.

Liste des abréviations

Français

fam.	familier
fig.	figuratif
hum.	humoristique
iron.	ironique
litt.	littéralement
milit.	militaire
péj.	péjoratif
prov.	proverbe
qqch.	quelque chose
qqn.	quelqu'un
vulg.	vulgaire

Allemand

bzw	beziehungsweise
fig.	figurativ
geh.	gehoben
hum.	humoristisch
iron.	ironisch
jmd.	jemand
jmdm.	jemandem
jmdn.	jemanden
jmds.	jemandes
Neolog.	Neologismus
Jugendspr.	Jugendsprache
pej.	pejorativ
Redew.	Redewendung
Sprichw.	Sprichwort
veralt.	veraltet

Sources étymologiques: ouvrages consultés

Dictionnaire des Expressions et Locutions *(Petit Robert)* ; Le Nouveau Petit Robert ; Dictionnaire du français parlé *(Seuil)* ; Dictionnaire de l'argot *(Larousse)* ; Langenscheidt Großwörterbuch Französisch-Deutsch ; Langenscheidt Großwörterbuch Englisch-Deutsch ; Larousse Français-Allemand ; Idiomatik Deutsch-Französisch *(Pons)* ; Wahrig Deutsches Wörterbuch ; Duden Fremdwörterbuch ; Wörterbuch der deutschen Umgangssprache *(Pons)* ; Auf ein Sprichwort ! *(rororo)* ; Redewendungen und sprichwörtliche Redensarten *(Duden, Band 11)* ; Zitate und Assprüche *(Duden, Band 12)* ; 1 000 französische Redensarten *(Langenscheidt)* ; Französisch Slang *(Kauderwelsch, Band 42)* ; Neues Lexikon der Jugendsprache *(Beck'sche Reihe)*.

1

La vie quotidienne, les loisirs

Qu'est-ce qui fait notre lot quotidien, sinon la douce brise des mots parfumée par les fleurs de l'imagination populaire ? Dès lors, la vie, qui se voudrait généralement sans histoires, ne cesse de nous en conter. En voici la démonstration meublée de bric et de broc.

A

ACCUS **recharger ses accus** seine Batterien/seinen Akku (wieder) aufladen

AMI **le meilleur ami de l'homme** (**le cheval**) der treueste (Weg) Begleiter/Freund/Kamerad des Menschen (sein Hund)

AMUSER **s'amuser comme jamais** sich amüsieren wie noch nie; sich köstlich/prächtig/königlich amüsieren

B

BÂILLER **bâiller à se/s'en décrocher la mâchoire** gähnen, als ob man jmdn. verschlingen/auffressen wollte

BANLIEUSARD **un banlieusard** *(Paris)* ein Vorstädter; ein Vorortbewohner

BARREAU **fumer un barreau de chaise** eine dicke Zigarre rauchen

mener une vie de barreau/bâton de chaise ein ausschweifendes Leben führen

BESOIN **satisfaire un besoin pressant** ein dringendes Geschäft erledigen/verrichten

un besoin naturel ein Drang; ein menschliches Bedürfnis

BIFTECK **courir après le bifteck** seine Brötchen verdienen

BOÎTE **aller/sortir en boîte** in die Disco(thek) gehen

BOMBE **faire la bombe** (ordentlich/so richtig) einen draufmachen; auf den Putz/die Pauke hauen; ausgiebig feiern

BONHOMME **aller son petit bonhomme de chemin** unbeirrt seinen Weg gehen

BOUC **sentir/puer le bouc** wie die Pest/wie ein Ziegenbock stinken

BOUCAN **faire du boucan ; faire un boucan de tous les diables/un boucan du tonnerre** einen Heiden-/Höllenlärm machen; einen Mordskrach machen; Radau machen

BOUQUET **être/se mettre les doigts de pied en bouquet de violettes** die Füße hochlegen; alle viere von sich strecken

BRAS **dans les bras de Morphée** in Morpheus' Armen

jouer petit bras (**tennis**) von unten aufschlagen

BRIC **meublé de bric et de broc** mit bunt zusammengewürfelten Möbeln/mit Ramsch eingerichtet

BRINGUE **faire la bringue** *voir* ***bombe***

BRÛLER **brûler la chandelle par les deux bouts** sich verausgaben; das Geld mit vollen Händen ausgeben *bzw.* mit seiner Gesundheit Raubbau treiben

C

CALME **c'est le calme plat** es ist nichts los; alles (ist) tote Hose

CARTON **taper le carton** Karten spielen; karten

CHAHUT **faire du chahut ; faire un chahut monstre** *voir* ***boucan***

CHANDELLE **brûler la chandelle par les deux bouts** *voir* ***brûler***

CHARBONNIER **charbonnier est maître dans sa maison/chez soi** *(prov.)* jeder ist Herr im eigenen Hause *(Sprichw.)*

CHÂTEAU **mener la vie de château** leben wie ein Fürst; in Saus und Braus leben

CHEZ **faire comme chez soi** sich wie zu Hause fühlen; es sich bequem machen

CHIEN **c'est pas fait pour les chiens** das ist zum Benutzen, nicht nur zum Ansehen da **dormir en chien de fusil** mit angezogenen Beinen schlafen **mener une vie de chien** ein Hundeleben führen/haben **(quelle) chienne de vie !** was für ein Hundeleben!

CHOU **aller planter ses choux** *(etwa)* sich aufs Land zurückziehen

CINOCHE **se faire un cinoche** ins Kino gehen

CLOU **traverser dans les clous** die Straße am Fußgängerüberweg überqueren; über den Zebrastreifen gehen **un clou chasse l'autre** der eine kommt, der andere geht

COIN **le petit coin** das stille/gewisse/verschwiegene Örtchen

COMMUN **le commun des mortels** die (breite) Masse; Otto Normalverbraucher

COQ **vivre comme un coq en pâte** leben wie die Made im Speck/wie im Schlaraffenland/wie Gott in Frankreich

CORVÉE **être de corvée de vaisselle/de pommes de terre/etc.** dran sein mit Geschirrspülen/Kartoffelschälen/usw.; Geschirrspüldienst/ Kartoffelschäldienst/usw. haben

COUP **faire les quatre cents coups** sich austoben; die Sau rauslassen

CRÉMAILLÈRE **pendre la crémaillère** den Einzug feiern; eine Einweihungsparty geben

D

DADA **c'est mon/son dada** das ist meine Lieblingsbeschäftigung/mein Hobby

DANGER **un danger public** eine Gefahr für die Öffentlichkeit

DOIGT **être/se mettre les doigts de pieds en bouquet de violettes** *voir bouquet*

DORMIR **dormir à poings fermés** tief und fest schlafen

dormir comme un loir/un sonneur/une souche/une marmotte schlafen wie ein Bär/ein Dachs/ein Murmeltier/eine Ratte/ein Ratz/ein Stein/ein Toter **dormir debout** todmüde/zum Umfallen müde sein **dormir du sommeil du juste** den Schlaf des Gerechten schlafen **dormir sur ses deux oreilles** sanft und selig schlafen **ne dormir que d'un œil** einen ganz leichten Schlaf haben **n'en plus dormir la nuit** kein Auge zumachen

DUR **construire en dur** massiv bauen; etwas Dauerhaftes schaffen

DURE **coucher sur la dure** auf dem blanken/nackten Boden schlafen

E

ÉTOILE **coucher/dormir à la belle (étoile)** im Freien/unter freiem Himmel schlafen

ÉVENTAIL **être/se mettre les doigts de pied en éventail** *voir bouquet*

F

FÂCHER **ne pas être fâché d'avoir fait qqch.** es nicht bereuen, etwas getan zu haben

FÊTARD **un fêtard** ein Partylöwe; einer, der kein Fest ausläßt

FÊTE **faire la fête** *voir bombe*

FLAMBANT **flambant neuf** brandneu; (funkel)nagelneu

FOIRE **faire la foire** *voir bombe*

FOURBI **tout le fourbi** der ganze Kram/Krempel/Krimskrams; die ganzen Siebensachen

FRANQUETTE **à la bonne franquette** ganz einfach; ohne (große) Umstände

FRUSQUIN **tout le (saint-)frusquin** *voir fourbi*

FUMER **fumer comme un Turc/une locomotive/une cheminée/un sapeur/un pompier** rauchen/qualmen wie ein Schlot

G

GOGUETTE **partir en goguette** *voir bombe*

GOUJON **taquiner le goujon** den Wurm baden; angeln

GRAND-DUC **faire la tournée des grands-ducs** schön/fein/vornehm/groß ausgehen

GRAS **faire la grasse matinée** bis in den Tag hinein/bis in die Puppen schlafen

GRILLER **en griller une ; griller une cigarette** eine (Zigarette) rauchen/qualmen

H

HABITUDE **avoir ses (petites) habitudes** (so) seine Angewohnheiten/Eigenheiten haben

HISTOIRE **une vie sans histoires** ein ereignisloses Leben; ein Leben ohne Höhen und Tiefen

“à la bonne franquette”
Les esprits imaginatifs se figureront que la Franquette était une cuisinière du temps jadis, tellement généreuse qu'elle laissa une trace indélébile dans le vocabulaire.
La vérité est moins romantique, mais tout aussi surprenante : «à la franquette» signifiait au XVIIIe siècle «franchement, sans détour, simplement». Cette formule conviviale en est restée.
cf. FRANQUETTE

HOMME **l'homme de la rue** der Mann auf der Straße; der einfache/kleine Mann; der Mann aus dem Volk
un homme sans histoires ein unscheinbarer Mensch; eine graue Maus

J

JARDIN **il faut cultiver notre jardin** *(etwa)* wir müssen unseren Garten bestellen; gehen wir lieber unserer Arbeit nach, anstatt uns in Spekulationen zu verlieren

JOUR **à chaque jour suffit sa peine** *(prov.)* jeder Tag hat seine Plage *(Sprichw.)*
couler des jours heureux ein schönes/glückliches Leben führen; herrlich und in Freuden leben *(geh.)*
vivre au jour le jour in den Tag hinein leben; von der Hand in den Mund leben

JULES **aller chez Jules** auf den Topf/Pott gehen

L

LÈCHE-VITRINE **faire du lèche-vitrine** einen Schaufensterbummel machen; bummeln gehen

LOT **c'est mon lot quotidien** das ist mein täglich(es) Brot

M

MACHOIRE **bâiller à se/s'en décrocher la mâchoire** *voir* ***bailler***

MAIN **avoir la main verte** eine grüne Hand/einen grünen Daumen haben

MARCHAND **le marchand de sable est passé** das Sandmännchen war da

MATINÉE **faire la grasse matinée** *voir* ***grasse***

MEUBLER **être meublé de bric et de broc** *voir* ***bric***

MOMENT **passer un bon moment** schöne Augenblicke/Stunden verbringen

MONNAIE **c'est monnaie courante** *voir* ***lot***

MORT **faire le mort** (cartes) der Strohmann/Dummy sein

N

NETTOYAGE **faire le nettoyage par le vide** ausmisten; alles wegwerfen/-schmeißen

“le marchand de sable est passé”
Le marchand de sable est un joli conte d'autrefois qui a été réactualisé par la télé française (Bonne nuitles petits). Lorsqu'il est l'heure d'aller au dodo, le marchand de sable lance une poignée de grains qui fait picoter les yeux des enfants. Les marmots se frottent les yeux, puis ils s'endorment douillettement en fredonnant «moi, je dors avec Nounours dans les bras».
cf. MARCHAND

le (grand) nettoyage de printemps der Frühjahrsputz

NEZ se laver le bout du nez Katzenwäsche machen

NOCEUR un noceur *voir* ***fêtard***

NOUBA faire la nouba *voir* ***bombe***

NOUVELLE pas de nouvelles, bonnes nouvelles keine Nachricht, gute Nachricht

NUIT passer une nuit blanche eine schlaflose Nacht verbringen

O

ŒIL ne pas (pouvoir) fermer l'œil (de la nuit) die ganze Nacht kein Auge zutun

OISEAU le petit oiseau va sortir ! da ist das Vögelchen!
un oiseau de nuit eine Nachteule

OREILLE dormir sur ses deux oreilles *voir* ***dormir***

P

PACHA vivre comme un pacha *voir* ***château***

PAGE tourner la page das Vergangene vergessen/hinter sich lassen

PAIX avoir une paix royale (seine) Ruhe haben

PAROLE il ne lui manque que la parole es fehlt nur noch, daß es spricht *(Tier)*

PATACHON mener une vie de patachon *voir* ***bâtons***

PÂTE vivre comme un coq en pâte *voir* ***coq***

PEAU faire peau neuve sich verändern/verwandeln; ein neuer/ganz anderer Mensch werden

PEINARD être peinard sich aus allem heraushalten; sich durch nichts aus der Ruhe bringen lassen

PIEUTER (SE) se pieuter in die Falle/Klappe gehen; sich in die Falle hauen

PIONCER pioncer ferme *voir* ***dormir (comme un loir)***

PLACE une place pour chaque chose et chaque chose à sa place *(etwa)* wenn alles da liegt, wo es hingehört, braucht man nicht lange zu suchen; Ordnung, Ordnung, liebe sie, denn sie erspart dir Zeit und Müh *(Sprichw.)*

PLI prendre le pli de faire qqch. sich etwas zur Gewohnheit machen; sich etwas angewöhnen

PLUMARD se mettre au plumard *voir* ***(se) pieuter***

PONT dormir sous les ponts *voir* ***étoile***

R

RATER rater sa vie sein Leben verpfuschen

RIBOULDINGUE faire (la) ribouldingue *voir* ***bombe***

ROI aller là où le roi va tout seul/va à pied dorthin gehen, wo der Kaiser zu Fuß hingeht

ROUPILLON piquer un (petit) roupillon ein Schläf-chen/Nickerchen machen

“faire la ribouldingue (ribouldinguer)”
Jouxtant le royaume d'Espagne et la Catalogne, le Languedoc a produit voici longtemps le joli mot de riboula signifiant «manger à satiété». C'est ainsi que dans le Vivarais on pratique la reboule, un festin dingue organisé en fin de moisson. Alphonse Allais, qui ne crachait jamais dans son assiette et n'aimait pas les petits bourgeois atrabilaires, y accola le verbe dinguer, ce qui leur fit les pieds et, par rebond, donna naissance à Ribouldingue, le Pied-Nickelé.
cf. RIBOULDINGUE

S

SARDINE **serrés comme des sardines** eingepfercht/zusammengepreßt/dich tgedrängt wie die Sardinen (in der Büchse)

SATISFAIRE **satisfaire un besoin pressant** *voir* ***besoin***

SDF **un SDF (Sans Domicile Fixe)** ein Obdachloser; ein Penner; ein Clochard

SIESTE **faire une (petite) sieste** *voir* ***roupillon***

SOMME **faire un petit somme** *voir* ***roupillon***

SOMMEIL **avoir le sommeil léger** einen leichten Schlaf haben
dormir du sommeil du juste *voir* ***dormir***
tomber de sommeil *voir* ***dormir (debout)***
un sommeil de plomb ein bleierner Schlaf

SORTIE **être de sortie** ausgehen; Ausgang haben

SOUCHE **de vieille souche** aus altem/edlem Geschlecht

SURFACE **une grande surface** ein Waren-/Kaufhaus

T

TEMPS **se payer/prendre du bon temps** sich schöne Tage machen; sich's gut gehen lassen

TOILE **se faire/se payer une toile** *voir* ***cinoche***

TOILETTE **faire une toilette de chat** *voir* ***nez***

TOUTIM **tout le toutim** *voir* ***fourbi***

TRAIN-TRAIN **le train-train quotidien** der Alltagstrott; der graue Alltag; das tägliche Einerlei

TRALALA **tout le tralala** *voir* ***fourbi***

TRANCHE **s'en payer une tranche** sich köstlich/prächtig/königlich amüsieren

TREMBLEMENT **tout le tremblement** *voir* ***fourbi***

V

VIE **avoir/mener la belle vie** ein schönes/bequemes Leben haben; sich ein schönes Leben machen; es gut haben

c'est la vie c'est la vie *(geh.)*; so ist (nun einmal) das Leben
faire la vie *voir* ***barreau***
il faut prendre la vie comme elle vient/elle est man muß das Leben eben nehmen, wie das Leben eben ist
la vie continue das Leben geht weiter
la vie n'est pas toujours rose im Leben ist man nicht immer auf Rosen gebettet; das Leben ist kein Honig-/Zuckerschlecken
mener la vie de château *voir* ***château***
mener une vie de chien *voir* ***chien***
rater sa vie *voir* ***rater***
une vie sans histoires *voir* ***histoire***
vivre sa vie sein (eigenes) Leben leben; so leben, wie es einem gefällt

VIOLON **un violon d'Ingres** ein Hobby; ein Steckenpferd; ein Zeitvertreib

VIVRE **avoir beaucoup vécu** viel Lebenserfahrung haben; (schon) viel/einiges/eine ganze Menge erlebt haben
on ne vit qu'une fois ! man lebt nur einmal!

2

La famille, l'enfance, l'école

Pour le meilleur et pour le pire, la famille est au centre de nos existences. Bien sûr, il y a des brebis galeuses, les affreux jojos, les scènes de ménage, les chambres à part et le fossé des générations. Mais avez-vous songé aux fées du logis, aux petits bouts de chou et aux lunes de miel assorties du carré blanc? Une jolie famille d'expressions à découvrir.

A

AILE voler de ses propres ailes auf eigenen Beinen stehen; selbständig sein

APPEL faire l'appel die Namensliste verlesen; Namen aufrufen

AUTEL conduire qqn. à l'autel jmdn. zum Altar führen

B

BAGUE mettre la bague au doigt à qqn. sich jmdn. angeln

BALLON avoir le ballon schwanger sein; ein Kind bekommen/kriegen; in anderen Umständen sein

BÉBÉ un bébé-éprouvette ein Retortenbaby

BLASON redorer son blason Geld heiraten; reich einheiraten

BOURREAU (notre prof,) c'est un vrai bourreau d'enfants (unser Lehrer,) der nimmt uns ordentlich ran/der drangsaliert uns ganz schön/das ist ein richtiger Sklaventreiber (hum.)

BOUT un (petit) bout de chou ein kleiner Junge; ein Knirps; ein Steppke; ein Dreikäsehoch bzw. ein kleines Mädchen; eine Kleine; eine kleine Krabbe

BREBIS la brebis galeuse das schwarze Schaf

BUISSONNIÈRE faire l'école buissonnière die Schule schwänzen

C

CACHE-CACHE jouer à cache-cache Verstecken spielen

CANARD le vilain petit canard der Außenseiter; einer, den man meidet/schneidet

CANIF donner un coup de canif dans le contrat (de mariage) einen Seitensprung machen; fremdgehen

CARPE c'**est le mariage de la carpe et du lapin** ein ungleiches Paar; zwei, die zusammenpassen wie die Faust aufs Auge/wie der Igel zum Taschentuch

“un (petit) bout de chou”

Ne croyons pas tout ce qu'on nous raconte : il faut mettre un terme définitif à cette croyance selon laquelle les bébés seraient distribués aux heureux parents par des cigognes employées de la Poste. Calembredaines ! Les esprits raisonnables connaissent la vraie vérité : les bébés naissent dans les choux. Ce légume commun, et paraît-il, en déshérence culinaire, a également inspiré l'appellatif affectueux «mon chou» ou encore plus tendre «mon petit chou». L'usage a donc opéré un heureux croisement entre ces deux sens figurés pour en donner un troisième. C'est ainsi que naissent les expressions.

cf. BOUT

CARRÉ **le carré blanc** nicht jugendfrei; nur für Erwachsene (= weißes Quadrat, das im franz. Fernsehen zu Zwecken der freiwilligen Selbstkontrolle eingeblendet wird)

CASER **se caser** unter die Haube kommen; heiraten

CÉLIBATAIRE **un célibataire endurci** ein eingefleischter Junggeselle; ein überzeugter Single

CHAIR **la chair de sa chair** sein/ihr eigenes Fleisch und Blut

CHAMBRE **faire chambre à part** getrennt schlafen; getrennte Schlafzimmer haben

CHAT **les chats (ne) font pas des chiens** der Apfel fällt nicht weit vom Stamm *(Sprichw.)*; wie der Vater, so der Sohn *(Sprichw.)*

CHAUSSURE **chacun trouve chaussure à son pied** *(prov.)* jeder Topf findet seinen Deckel *(Sprichw.)*

CHEMIN **faire un bout de chemin avec qqn.** sich mit jmdm. (für eine Weile) zusammentun; ein Stück des (Lebens-)Weges gemeinsam gehen

CHIEN **bon chien chasse de race** *(prov.)* *voir chat*

CHOSE **expliquer les choses de la vie à qqn.** jmdn. (sexuell) aufklären

COIFFER **coiffer sainte-Catherine** sitzenbleiben; keinen Mann bekommen (= wenn eine Frau fünfundzwanzig Jahre alt und noch nicht verheiratet ist)

COLLE **être/vivre à la colle** in wilder Ehe leben

COLLER **coller un élève** einen Schüler nachsitzen lassen
se faire coller à un examen bei einer Prüfung durchfallen/-fliegen/-rasseln

CONFLIT **le conflit des générations** der Generationenkonflikt

CONVOLER **convoler en justes noces** (*hum.* ou *vieilli*) den Bund fürs Leben schließen; in den Hafen der Ehe einlaufen (hum.); in den heiligen Stand der Ehe treten (geh.)

COQ **la poule ne doit pas chanter devant/avant le coq ; ce n'est pas à la poule de chanter devant le coq** kräht das Huhn und schweigt der Hahn, ist das Haus gar übel dran (Sprichw.)

CORDE **se mettre la corde au cou** das Joch der Ehe auf sich nehmen (*hum.*)

CORDON **couper le cordon (ombilical)** sich abnabeln; flügge werden; von zu Hause ausziehen

CORNE **avoir/porter des cornes** betrogen werden; Hörner tragen
il porte des cornes seine Frau hat ihn betrogen/ihm Hörner aufgesetzt

COTON **être élevé dans du coton** in Watte gepackt werden; eine behütete Kindheit haben; verhätschelt werden

COUCHER **coucher qqn. sur son testament** jmdn. in seinem Testament bedenken

COUR **jouer dans la cour des grands** bei den Großen mitmischen

CULOTTE **c'est elle qui porte la culotte** sie hat die Hosen an

D

DURE **être élevé à la dure** streng erzogen werden

E

ÉCOLE **faire l'école buissonnière** *voir buissonnière*

ENCEINTE **être enceinte jusqu'aux yeux** hochschwanger sein

ENFANCE **retomber en enfance** (wieder) kindisch/zum Kind/wie die Kinder werden

ENFANT **ils vécurent heureux et eurent beaucoup d'enfants** und wenn sie nicht gestorben sind, dann leben sie noch heute
la vérité sort de la bouche des enfants (*prov.*) Kinder und Narren sagen die Wahrheit (*Sprichw.*)
les femmes et les enfants d'abord ! Frauen und Kinder zuerst!
un enfant de l'amour ein Kind der Liebe
un enfant naturel ein uneheliches Kind

ESPRIT **l'esprit de famille** der Familiensinn

ÉVÉNEMENT **attendre un heureux événement** ein freudiges Ereignis erwarten

F

FAMILLE **c'est de famille** das liegt in der Familie
la belle-famille die Schwiegereltern
l'esprit de famille *voir esprit*
un air de famille eine Familienähnlichkeit
une fille/un fils de (bonne) famille eine Tochter/ein Sohn aus gutem Hause

FÉE **une fée du logis** eine perfekte Hausfrau

FEMME **ce que femme veut (Dieu le veut)** (etwa) wenn eine Frau sich etwas in den Kopf gesetzt hat, führt sie es auch durch
les femmes et les enfants d'abord ! *voir enfant*

FIBRE **avoir la fibre maternelle/paternelle** eine gute Mutter/ein guter Vater sein; eine gute Mutter/einen guten Vater abgeben

FILLE **une vieille fille** ein spätes Mädchen; eine alte Jungfer

FILS **être (bien) le fils de son père** ganz der Vater sein
tel père, tel fils (*prov.*) wie der Vater, so der Sohn (*Sprichw.*), der Apfel fällt nicht weit vom Stamm (*Sprichw.*)

FIN **fin de race** überfeinert; dekadent; degeneriert

FOND **ils ont usé leurs fonds de culottes sur les mêmes bancs (d'école)** sie haben die Schulbank miteinander gedrückt

FOSSÉ **le fossé des générations** *voir conflit*

G

GARÇON **enterrer sa vie de garçon** den Abschied von seinem Junggesellenleben (feuchtfröhlich) feiern
un vieux garçon ein Hagedorn; ein älterer Junggeselle

GÂTEAU **un papa/papy gâteau** ein herzensguter Opa

GOURME **jeter sa gourme** sich die Hörner abstoßen; sich austoben

GRAINE **c'est de la mauvaise graine** das ist eine verkommene Brut; das sind (richtige) Schlingel/Racker/Früchtchen

H

HERBE **pousser comme une mauvaise herbe** wachsen wie Unkraut

HEUREUX **ils vécurent heureux et eurent beaucoup d'enfants** *voir enfant*

J

JEU **jeux de mains, jeux de vilains** (*prov.*) (*etwa*) dieses Spiel/Raufen wird noch böse enden

JOJO **un affreux jojo** ein aufsässiges/ungezogenes/ungeratenes Kind

JOUR **voir le jour** das Licht der Welt erblicken

JUPE **être toujours dans les jupes de sa mère** an Mutters Rockzipfel hängen

L

LAPIN **c'est le mariage de la carpe et du lapin** *voir carpe*

LINGE **il faut laver son linge sale en famille** (*etwa*) seine schmutzige Wäsche sollte man nicht in der Öffentlichkeit waschen

LIVRER **être livré à soi-même** sich selbst überlassen sein; auf sich selbst gestellt sein

LOGIS **être une fée du logis** *voir fée*

LUNE **la lune de miel** die Flitterwochen; der Honigmond

M

MAIN **demander la main de qqn.** um jmds. Hand anhalten

MAIRE **passer devant (monsieur) le maire** vor das Standesamt treten

MARIAGE **c'est le mariage de la carpe et du lapin** *voir carpe*
donner un coup de canif dans le contrat (de mariage) *voir canif*
faire un mariage d'amour eine Liebesheirat/Neigungsehe eingehen; aus Liebe heiraten
faire un mariage d'argent/d'intérêt eine Geldheirat eingehen; um des Geldes willen heiraten

“jeter sa gourme”
Dès le XIVe siècle, la gourme désigne une maladie de la gorge affectant la race chevaline. Jeter sa gourme consiste donc à donner dans l'impétigo, à «faire sa crise», laquelle comme chacun sait, dure de façon très variable selon les individus…
cf. GOURME

faire un mariage de raison eine Vernunft-/Verstandesehe eingehen
mariage pluvieux, mariage heureux den Glücklichen regnet's ins Grab, dem Unglücklichen am Hochzeitstag (!)
un mariage blanc eine Scheinehe; eine (nicht vollzogene) Ehe, die nur auf dem Papier besteht

MEILLEUR **pour le meilleur et pour le pire** in guten und in schlechten Tagen

MÉNAGE **se mettre en ménage avec qqn.** mit jmdm. zusammenziehen **un ménage à trois** eine Ménage à trois *(geh.)*; ein Dreiecksverhältnis

MÈRE **être une (vraie) mère poule** (wie) eine (richtige) Glucke sein

MIEL **la lune de miel** *voir lune*

MOITIÉ **ma (douce/tendre) moitié** meine bessere Hälfte

P

PANTOUFLARD **être pantouflard** ein Pantoffelheld/Stubenhocker sein

PARTI **être un bon/beau parti** eine gute Partie sein

PÈRE **être (bien) le fils de son père** *voir fils*
tel père, tel fils *(prov.)* *voir fils*
un père peinard/tranquille ein Gemütsmensch

PIRE **pour le meilleur et pour le pire** *voir meilleur*

POLICHINELLE **avoir un polichinelle dans le tiroir** *voir ballon*

POPOTE **être popote** ein Heimchen am Herd/ein Hausmütterchen sein

POULE **être une (vraie) mère poule** *voir mère*
la poule ne doit pas chanter devant/avant le coq ; ce n'est pas à la poule de chanter devant le coq *voir coq*

POURRIR **être pourri** verkommen/verdorben/verzogen sein

R

RACE **être fin de race** *voir fin*

RECTANGLE **le rectangle blanc** *voir carré*

REDORER **redorer son blason** *voir blason*

RETOMBER **retomber en enfance** *voir enfance*

“la lune de miel”
Une peau de cannelle, des baisers sucrés, des paroles parfumées : les choses agréables touchent positivement nos cinq sens. Mais la lune, là-dedans ? Ne vexez pas les Pierrot, s'il vous plaît. Pour les anciens, les lunes figuraient les saisons, les périodes. En conséquence, la lune de miel représente la période sucrée d'une histoire d'amour.

cf. LUNE

S

SANG bon sang ne peut/ne saurait mentir (*prov.*) der Apfel fällt nicht weit vom Stamm (*Sprichw.*)

SCÈNE une scène de ménage ein Ehekrach

SÉCHER sécher un cours ; sécher l'école *voir* ***buissonnière***

SEXE le beau sexe das schöne Geschlecht
le sexe faible das schwache Geschlecht

SITUATION être dans une situation intéressante *voir* ***ballon***

T

TENIR il a de qui tenir er ist nicht aus der Art geschlagen; das hat er nicht gestohlen

TESTAMENT coucher qqn. sur son testament *voir* ***coucher***

V

VÉRITÉ la vérité sort de la bouche des enfants *voir* ***enfant***

VOLER voler de ses propres ailes *voir* ***ailes***

3

L'amour, les amis, l'accord

Cœurs d'artichaut, bourreaux des cœurs et jolis cœurs (la liste n'est pas exhaustive...), ceci vous concerne ! Que vous souhaitiez faire un brin de cour, aller au septième ciel ou, simplement, être dans les bonnes grâces de quelqu'un, ces quelques pages vous aideront à avoir la cote auprès de vos amis.

A

ABONDER **abonder dans le sens de qqn.** jmdm. voll und ganz beipflichten; ganz jmds. Meinung sein/jmds. Meinung teilen; völlig mit jmdm. übereinstimmen

AFFAIRE **être une affaire (au lit)** gut im Bett sein; eine heiße Nummer sein

AILE **prendre qqn. sous son aile** jmdn. unter seine Fittiche nehmen

AIMER **quand on aime, on a toujours vingt ans** (etwa) die Liebe hält jung
qui aime bien châtie bien (*prov.*) wer mit der Rute spart, verzieht das Kind (*Sprichw.*)

AIR **s'envoyer en l'air** bumsen *(derb)*; vögeln *(derb)*; ficken *(derb)*

ÂME **l'âme sœur** der/die Seelenverwandte

AMI **être amis à la vie, à la mort** Freunde fürs Leben sein; Freunde auf Leben und Tod sein
être les meilleurs amis du monde die (aller) besten Freunde sein; unzertrennlich sein
les amis de mes amis sont mes amis die Freunde meiner Freunde sind (auch) meine Freunde
un(e) petit(e) ami(e) ein Freund bzw. eine Freundin

AMITIÉ **se lier d'amitié avec qqn.** mit jmdm. Freundschaft schließen; sich mit jmdm. anfreunden

AMOUR **ce n'est pas/plus de l'amour, c'est de la rage!** das ist keine Liebe (mehr), das ist der helle/reinste Wahnsinn!
faites l'amour, pas la guerre make love, not war; macht Liebe, nicht Krieg
filer le parfait amour im siebten Himmel sein/schweben
l'amour avec un grand A die große Liebe

“s'envoyer en l'air”
À première vue, il semblerait que cette expression soit consacrée aux sportifs qui, au moment de la conjonction passionnée des corps, bondissent de joie à des hauteurs olympiques, d'où l'expression «sauter». En dépit de l'état de certains sommiers après le passage du cyclone «amour», il faut trouver le sens débridé de ce gymkhana dans un agréable phénomène physiologique. Lorsque la «petite mort» nous emmène au septième ciel, voici que nous délaissons un instant nos enveloppes terrestres pour nous envoler. Toutes nos excuses aux anges qui, paraît-il, en sont verts de jalousie.

“faites l'amour, pas la guerre”
Ce slogan pacifiste s'est développé avec la vague hippie, le mouvement Flower Power des années 60 et la guerre du Vietnam. Il correspondait à une double aspiration des jeunes contestataires de l'époque : l'amour libre, sans entraves et la sympathique utopie d'une société libertaire et non violente.

cf. AIR et AMOUR

l'amour est aveugle Liebe macht blind

l'amour fait tourner le monde (*etwa*) die Liebe macht das Leben erst lebenswert

le grand amour die große Liebe

vivre d'amour et d'eau fraîche von Luft und Liebe leben

APPEL **un appel du pied** ein Wink mit dem Zaunpfahl

ARME **faire taire les armes** das Kriegsbeil begraben; den Streit beilegen; Frieden schließen

rendre/déposer les armes die Waffen niederlegen

ASCENSEUR **renvoyer l'ascenseur à qqn.** jmdm. einen Gefallen erwidern

ATOME **avoir des atomes crochus avec qqn.** sich (auf Anhieb) gut mit jmdm. verstehen

AVANCE **faire des avances à qqn.** jmdm. Avancen machen

AVENTURE **une aventure sans lendemain/d'une nuit** ein One-Night-Stand; ein flüchtiges sexuelles Abtenteuer

B

BAGATELLE **être porté sur la bagatelle** Sex mögen; geil/scharf/heiß sein (derb)

BATTRE **battre le rappel (de ses amis)** (seine Freunde) zusammentrommeln/ um sich sammeln/scharen

BEAU **faire qqch. pour les beaux yeux de qqn.** jmdm. zuliebe etwas tun

BÉGUIN **avoir le béguin pour qqn.** für jmdn. schwärmen; in jmdn. verliebt sein; in jmdn. verknallt/verschossen sein (*Jugendspr.*)

BERCEAU **les prendre au berceau** (*etwa*) sich (mit Vorliebe) eine Jüngere/ einen Jüngeren angeln; auf (sehr viel) jüngere Frauen/Männer stehen; ein Verhältnis mit einer jüngeren Frau/einem jüngeren Mann haben

BESOIN **c'est dans le besoin que l'on (re)connaît ses vrais amis** (*prov.*) Freunde erkennt man in der Not (*Sprichw.*)

on a toujours besoin d'un plus petit que soi (*etwa*) der Große braucht oft den so verachteten Kleinen

BÊTE **une bête (de sexe)** ein Tier (im Bett); ein toller Hecht (im Bett); ein Sexbulle

BIEN **penser le plus grand bien de qqn.** große Stücke/viel von jmdm. halten; jmdn. sehr schätzen

BIJOU **les bijoux de famille** der Familienschmuck

BILLET **un billet doux** ein Liebesbrief

BOIS **ne pas être de bois** nicht aus Holz sein; auch nur ein Mensch sein

BON **une atmosphère bon enfant** eine freundliche/angenehme Atmosphäre

BONNE **avoir qqn. à la bonne** jmdn. mögen/gern haben; jmdn. gut leiden können; jmdn. sympathisch finden

BONNET **opiner du bonnet** sich einverstanden erklären; (durch Kopfnicken) zustimmen

BOTTE **proposer la botte à qqn.** jmdm. ein unzweideutiges Angebot machen

BOURREAU **être un bourreau des cœurs** ein Herzensbrecher sein

BRANCHE **vieille branche** (Anrede) alter Freund; altes Haus, alter Kumpel/Knabe

BRAS **accueillir qqn. à bras ouverts** jmdn. mit offenen Armen aufnehmen/empfangen
aller bras dessus, bras dessous avec qqn. Arm in Arm gehen; ein-/untergehakt gehen

BRIN **faire un brin de cour à qqn.** mit jmdm. flirten/shakern

C

ÇA **ne penser qu'à ça** *voir bagatelle*

CADEAU **les petits cadeaux entretiennent l'amitié** kleine Geschenke erhalten die Freundschaft

CALUMET **fumer le calumet de la paix** *voir arme : faire taire les armes*

CANAPÉ **promotion canapé** (*etwa*) sich nach oben schlafen

CAPOTE **une capote** (**anglaise**) ein Pariser; ein Präser; ein Gummi; ein Überzieher

CAUSE **mettre qqn. hors de cause** jmdn. von jedem Verdacht freisprechen
prendre fait et cause pour qqn. für jmdn. Partei ergreifen; sich für jmdn. einsetzen; zu jmdm. halten; jmdm. die Stange halten

CENTUPLE **rendre au centuple** etwas hundertfach zurückzahlen

CHACUN (à) **chacun sa chacune** jeder Hans findet seine Grete

CHAIR **la chair est faible** das Fleisch ist schwach

CHAMADE **mon cœur bat la chamade** mein Herz schlägt bis zum Hals; ich habe wahnsinniges Herzklopfen

CHANDELLE **devoir une fière chandelle à qqn.** jmdm. viel/einiges/eine ganze Menge zu verdanken haben
tenir la chandelle das fünfte Rad am Wagen sein

CHAPEAU **tirer son chapeau à qqn.** vor jmdm. den Hut ziehen

CHARGE **à charge de revanche** unter der Bedingung, daß ich mich revanchieren darf

CHARME **être/tomber sous le charme de qqn.** jmds. Charme erliegen; von jmdm. fasziniert/gefesselt sein; in jmds. Bann stehen
faire du charme à qqn. jmdn. bezirzen; mit jmdm. flirten

CHAUSSURE **chacun trouve chaussure à son pied** (*prov.*) jeder Topf findet seinen Deckel (*Sprichw.*)

CHEF **opiner du chef** *voir bonnet*

CHEMIN **remettre qqn. dans/sur le droit chemin** jmdn. auf den rechten Weg führen

“mon cœur bat la chamade”
L'assaut est terminé. Les remparts de la ville sont tombés. Voici que retentit, dans l'air saturé de fumées et des cris des blessés et des agonisants, un lourd appel de tambours et de trompettes. C'est la chamade, qui propose la trêve ou la capitulation. Quand le cœur bat la chamade, l'angoisse ou l'émotion sont toujours de la partie.
cf. CHAMADE

CHEVALIER **un chevalier servant** ein ständiger/treuer Begleiter

CHOSE **être porté sur la chose** *voir bagatelle*

CIEL **être au septième ciel** im siebten Himmel sein; auf Wolke sieben schweben

COCHON **dans tout homme, il y a un cochon qui sommeille** Männer sind Schweine (*hum.*); Männer wollen immer nur das eine
être copains comme cochons dicke Freunde sein

CŒUR **avoir un cœur d'artichaut** sich im Handumdrehen verlieben
briser le cœur de qqn. jmdm. das Herz brechen
connaître qqn. par cœur jmdn. in- und auswendig/durch und durch kennen
être un bourreau des cœurs *voir bourreau*
faire le joli cœur den Charmeur spielen
mon cœur bat la chamade *voir chamade*
un cri du cœur ein Aufschrei des Herzens

COINCER **être coincé** verklemmt/gehemmt/blockiert sein

CONFIANCE **avoir une confiance aveugle en qqn.** jmdm. blind vertrauen

CONFIDENCE **des confidences sur l'oreiller** Bettgeflüster

CONNAÎTRE **connaître qqn. comme si on l'avait fait** *voir (connaître qqn. par) cœur*

CORPS **faire corps avec qqn.** eine Einheit bilden mit jmdm.; eins sein mit jmdm.; fest verschmolzen sein mit jmdm.

COTE **avoir la cote avec qqn.** bei jmdm. hoch im Kurs stehen

COU **sauter au cou de qqn.** jmdm. um den Hals fallen

COUCHER **coucher à gauche et à droite** rumbumsen (derb); mit jedem/jeder ins Bett gehen/steigen; es mit jedem/jeder treiben (derb)
elle couche, elle ? ist die leicht zu haben?; läßt sich die leicht flachlegen?; ist bei der was zu machen?

COUDE **se serrer les coudes** zusammenhalten; durch dick und dünn gehen

COUP **être un bon coup** *voir affaire*
un coup de foudre Liebe auf den ersten Blick

COUR **faire la cour à qqn.** *voir charme*
faire un brin de cour à qqn. *voir brin*

COUREUR **un coureur de jupons** ein Schürzenjäger; ein Casanova; ein Frauen-/Weiberheld

COURIR **courir le cotillon** hinter jeder Schürze hersein (*veralt.*); den Weibern nachlaufen
courir le jupon *voir courir (le cotillon)*

COUVERT **remettre le couvert** noch einmal Liebe machen/miteinander schlafen

CUISSE **avoir la cuisse légère/hospitalière/gaie/facile** (*Frau*) nach allen Seiten offen sein; gleich zur Sache kommen; gleich die Beine breit machen; mit jedem gleich ins Bett gehen/steigen; es mit jedem treiben (*derb*)

CUL **être comme cul et chemise** *voir cochon*

CUTI **virer sa cuti** seine Unschuld verlieren bzw. seine Homosexualität entdecken

D

DÉPAYSER **pas trop dépaysé** in vertrauter Umgebung; im Kreise vertrauter Menschen; unter Bekannten/Freunden

DIAPASON **se mettre au diapason de qqn.** sich auf jmdn. einstellen

DOCTEUR **jouer au docteur** Doktorspiele spielen

DOIGT **être comme les deux doigts de la main/d'une seule main** *voir cochon*

E

ÉCHANGE **c'est un échange de bons procédés** hilfst du mir, so helf' ich dir; eine Liebe ist der anderen wert (*Sprichw.*)

ÉCHELLE **faire la courte échelle à qqn.** jmdm. Hilfestellung leisten; jmdn. unterstützen

ÉLOGE **ne pas tarir d'éloges au sujet de qqn.** jmdn. in den höchsten Tönen loben

ENFANT **(une atmosphère) bon enfant** *voir bon*

ENTENDEUR **à bon entendeur, salut** (*prov.*) wer Ohren hat zu hören, der höre (*Sprichw.*)

ENTENDRE **(s') bien s'entendre avec qqn.** sich mit jmdm. gut verstehen/vertragen
s'entendre comme larrons en foire *voir cochon*

ÉPINE **tirer/ôter à qqn. une épine du pied** jmdm. aus der Klemme/Patsche helfen

ÉPONGE **passons l'éponge !** Schwamm drüber!

ESTAMPE **venez voir mes estampes japonaises** (*hum.*) (*etwa*) soll ich Ihnen meine Briefmarkensammlung zeigen? (*hum.*)

ÊTRE **en être** vom anderen Ufer sein; schwul sein

F

FAIBLE **avoir un (petit) faible pour qqn.** eine Schwäche/ein Faible für jmdn. haben

FAIRE **(se) se faire qqn.** jmdn. flachlegen (*derb*); jmdn. rannehmen (*derb*); es jmdm. besorgen (*derb*); es mit jmdm. treiben (*derb*)

FAIT **prendre fait et cause pour qqn.** *voir cause*

FARCIR **(se) se farcir qqn.** *voir faire*

FAVEUR **un traitement/un régime de faveur** eine bevorzugte Behandlung

FLAMME **déclarer sa flamme à qqn.** jmdm. eine Liebeserklärung machen

FLEUR **être fleur bleue** romantisch/sentimental sein
faire une fleur à qqn. jmdm. einen großen Gefallen tun; jmdm. einen großen Dienst erweisen
perdre sa fleur seine Unschuld verlieren

FLEURETTE **conter fleurette** Süßholz raspeln; schöntun; schmeicheln; Schmeicheleien/schöne Worte sagen

FOLIE **faire des folies de son corps** (*Frau*) ein Spielkätzchen sein; nichts anbrennen lassen

FOLLE **une folle** eine Tunte (*pej.*); eine Schwuchtel (*pej.*)

FOUDRE **un coup de foudre** *voir coup*

FRAISE **aller aux fraises** (*hum.*) (für ein Schäferstünden) in den Wald gehen

G

GALIPETTE **faire des galipettes** eine Nummer machen/schieben (*derb*)

GENRE **les blondes, c'est pas mon genre** ich steh' nicht auf Blondinen; Blondinen sind nicht mein Ding

GRÂCE **être dans les bonnes grâces de qqn.** bei jmdm. in der Gunst stehen; bei jmdm. gut angeschrieben sein
faire grâce de qqch. à qqn. jmdm. etwas ersparen; jmdn. mit etwas verschonen
trouver grâce auprès/aux yeux de qqn. vor jmdm./vor jmds. Augen Gnade finden

GRÉ **savoir gré à qqn. de (faire) qqch.** jmdm. verbunden/dankbar für etwas sein

GRINGUE **faire du gringue à qqn.** *voir charme*

GUILLEDOU **courir le guilledou** auf galante Abenteuer aussein (*veralt.*)

H

HABITER **vous habitez chez vos parents ?** (*Anmache*) haben wir uns nicht schon irgendwo gesehen?; kennen wir uns nicht?; kommen Sie öfter hierher?

HACHE **enterrer la hache de guerre** *voir (faire taire les) armes*

HANTER **dis-moi qui tu hantes, je te dirai qui tu es** sage mir, mit wem du umgehst, und ich sage dir, wer du bist

HEUREUX **heureux au jeu, malheureux en amour** (*prov.*) Glück im Spiel, Pech in der Liebe (*Sprichw.*)

I

INTELLIGENCE **vivre en bonne intelligence avec qqn.** mit jmdm. in gutem Einvernehmen leben

J

JALOUX **être jaloux comme un tigre** schrecklich/wahnsinnig/tierisch eifersüchtig sein

JAQUETTE **être de la jaquette (flottante)** andersherum/linksherum sein

JEU **heureux au jeu, malheureux en amour** (*prov.*) *voir heureux*

JOUE **tendre l'autre joue** (auch) die andere Wange/Backe hinhalten

JUPON **être un coureur de jupons** *voir coureur*

JUSTE **tout juste, Auguste !** ganz genau!; sehr richtig!

L

LAPIN **poser un lapin à qqn.** jmdn. versetzen
un chaud lapin ein geiler Bock (*derb*)

“être de la jaquette (flottante)”
“être pédé comme un phoque”
La jaquette flottante se portait ouverte à l'arrière. L'allusion est donc éloquente. Il n'en va pas de même des phoques qui n'ont rien à voir dans l'affaire, puisqu'il s'agit d'un usage détourné du mot «foc», une voile qui prend le vent par l'arrière.
cf. JAQUETTE,
cf. PÉDALE

LARRON **s'entendre comme larrons en foire** *voir cochon*

LIER (se) **se lier d'amitié avec qqn.** *voir amitié*

LONGUEUR **être sur la même longueur d'onde** auf der gleichen Wellenlänge liegen

M

MAIN **avoir la main baladeuse** ein Grabscher/Fummler sein
donner un coup de main ; prêter main forte à qqn. jmdm. an die Hand gehen
faire manger qqn. dans sa main jmdn. um den (kleinen) Finger wickeln; jmdn. soweit bringen, daß er einem aus der Hand frißt
mettre la main au panier à qqn. jmdn. an den Po/Hintern fassen, jmdn. in den Po kneifen

MARIE **une Marie couche-toi là** ein Flittchen; ein leichtfertiges Frauenzimmer

MARINER **vous marinez chez vos harengs ?** (*hum.*) *voir habiter*

MÉNAGE **faire bon ménage avec qqn.** mit jmdm. gut auskommen/können

MERLE **trouver le merle blanc** (*etwa*) den Richtigen/die Richtige finden; den Mann/die Frau seines Lebens finden

MISE **sauver la mise à qqn.** jmdn. aus finanziellen Schwierigkeiten/aus einer Notlage helfen; jmdm. unter die Arme greifen

MOITIÉ **sa (tendre) moitié** seine/ihre bessere Hälfte

MORAL **remonter le moral à qqn.** jmdn. aufmuntern/-heitern

MORCEAU **recoller les morceaux** (Beziehung) wieder flicken/kitten

N

NATURE **payer en nature** in Naturalien/natura bezahlen

NOM **s'appeler par son petit nom** jmdn. beim Vornamen nennen; jmdn. mit dem Vornamen anreden

NUE **porter qqn. aux nues** jmdn. in den Himmel heben

O

ODEUR **être en odeur de sainteté auprès de qqn.** *voir grâce*

ŒIL *voir aussi yeux*

couver/observer qqn. d'un œil jaloux ein wachsames Auge auf jmdn. haben; jmdn. ständig im Auge behalten; jmdn. nicht aus den Augen lassen

faire de l'œil à qqn. jmdm. Blicke zuwerfen; jmdm. zuzwinkern

se rincer l'œil Stielaugen machen; sich die Augen ausgucken

taper dans l'œil de qqn. jmdm. ins Auge/in die Augen stechen

OIGNON **soigner qqn. aux petits oignons** jmdn. hätscheln; jmdn. hegen und pflegen; jmdn. liebevoll umsorgen; sich rührend um jmdn. kümmern

OISEAU **trouver l'oiseau rare** *voir merle*

OPINER **opiner du bonnet/chef** *voir bonnet*

OREILLER **des confidences sur l'oreiller** *voir confidence*

P

PAIRE **LES DEUX FONT LA PAIRE** die beiden passen (wunderbar) zusammen; die beiden sind aus dem gleichen Holz geschnitzt

PAPIER **être dans les petits papiers de qqn.** *voir grâce* : *bonnes grâces*

PAPOUILLE **faire des papouilles à qqn.** jmdn. tätscheln; jmdn. befummeln

PARTIE **avoir partie liée avec qqn.** eng mit jmdm. verbunden sein; gemeinsame Interessen mit jmdm. haben

faire une partie carrée Gruppensex zu viert (mit Partnertausch) machen

une partie de jambes en l'air; **une partie de traversin** Bettspiele; Liebesspiele/-spielchen; Matratzensport; Sexgymnastik; Sexperimente; eine Partie Lochbillard (*derb*)

PATIN **rouler un patin à qqn.** jmdm. einen Zungenkuß geben

PAYS **être en pays de connaissance** *voir dépaysé*

PEAU **avoir qqn. dans la peau** verrückt nach jmdm. sein; jmdm. mit Leib und Seele/mit Haut und Haaren verfallen sein

PÉDALE **être de la pédale, être pédé comme un phoque** *voir jaquette*

PELLE **rouler une pelle à qqn.** *voir patin*

PERCHE **tendre la perche à qqn.** jmdm. nachhelfen; jmdn. unterstützen; jmdm. Hilfestellung leisten

PERDRE **un(e) de perdu(e), dix de retrouvé(e)s** für eine verlorene Liebe finden sich zehn andere; andere Mütter haben auch schöne Kinder

PERLE **trouver la perle rare** mit jmdm. einen Glücksgriff getan haben; eine Perle/ein Juwel gefunden haben

PENSER **ne penser qu'à ça** *voir bagatelle*

PEU **un peu, beaucoup, passionnément, pas du tout** ein wenig, von Herzen, mit Schmerzen, gar nicht

PIED **faire du pied à qqn.** mit jmdm. füßeln

prendre son pied kommen; einen Orgasmus haben; etwas davon haben

sur un pied d'égalité auf gleichem Fuß; auf gleicher Ebene

un appel du pied voir appel

PINACLE **porter qqn. au pinacle** *voir nues*

PINCER **en pincer pour qqn./être pincé** *voir béguin*

PLACE **se mettre à la place de qqn.** sich in jmds. Lage/an jmds. Stelle versetzen; sich in jmdn. hineinversetzen

PLAT **faire du plat à qqn.** jmdn. (plump) anmachen/baggern/-graben; jmdn. (dumm) von der Seite anquatschen

PLATEAU **apporter qqch. à qqn. sur un plateau (d'argent)** jmdm. etwas auf einem silbernen Tablett servieren

POCHE **mettre qqn. dans sa poche** *voir (faire manger qqn. dans sa) main*

POIDS **ôter un poids à qqn.** jmdm. einen Stein vom Herzen nehmen

POIRE **couper la poire en deux** sich auf halbem Weg entgegenkommen; einen Kompromiß finden

PRÊTÉ **c'est un prêté pour un rendu** hilfst du mir, so helf' ich dir

PROMOTION **promotion canapé** *voir canapé*

PRUNELLE **tenir à qqn. comme à la prunelle de ses yeux** jmdn. wie seinen Augapfel hüten

Q

QUATRE **j'en ferais bien mon quatre heures !** den/die würde ich zu gern vernaschen!
il fait ses quatre volontés er gibt allen ihren Launen nach; er tanzt nach ihrer Pfeife
se mettre en quatre pour qqn. sich für jmdn. zerreißen/umbringen; sein möglichstes für jmdn. tun

R

RABIBOCHER **(se) se rabibocher (avec qqn.)** sich wieder (miteinander) versöhnen

RACCOMMODER **(se) se raccommoder (avec qqn.)** *voir rabibocher*
se raccommoder sur l'oreiller sich im Bett wieder (miteinander) versöhnen; es im Bett wiedergutmachen

RAGE **ce n'est pas/plus de l'amour, c'est de la rage !** *voir amour*

RAIL **remettre qqch./qqn. sur les/des rails** etwas/jmdn. wieder hoch/in Schwung bringen

RANCARD **avoir (un) rancard avec qqn. ; rancarder qqn.** eine Verabredung mit jmdm. haben; mit jmdm. verabredet sein

RANCUNE **sans rancune !** nichts für ungut!

RAPPEL **battre le rappel (de ses amis)** *voir battre*

RAYON **être le rayon de soleil de qqn.** jmds. Sonnenschein/-strahl sein

RÉGIME **un régime de faveur** *voir faveur*

REMONTER **remonter le moral à qqn.** *voir moral*

RENDEZ-VOUS **avoir un rendez-vous galant** ein Rendezvous haben

RENDU **c'est un prêté pour un rendu** *voir prêté*

RENTRE-DEDANS **faire du rentre-dedans à qqn.** jmdn. plump anmachen/-baggern/-graben

REVANCHE **à charge de revanche** *voir charge*

ROULER **rouler un patin/une pelle à qqn.** *voir patin*

RUISSEAU **tirer qqn. du ruisseau** jmdn. aus der Gosse/aus dem Rinnstein ziehen

S

SAINTETÉ **être en odeur de sainteté auprès de qqn.** *voir grâce*

SAUVER **sauver la mise à qqn.** *voir mise*

SECOURS **voler au secours de qqn.** jmdm. zu Hilfe eilen

SENS **abonder dans le sens de qqn.** *voir abonder*

SENTIMENT **revenir à de meilleurs sentiments** sich wieder mit jmdm. versöhnen; wieder gut mit jmdm. sein

SOIGNER **soigner qqn. aux petits oignons** *voir oignon*

SOIN **être aux petits soins pour/avec qqn.** jmdm. jeden Wunsch von den Augen ablesen; jmdm. nicht von der Seite weichen; jmdn. von vorn und hinten bedienen

SOUPIRER **soupirer pour qqn.** nach jmdm. schmachten; sich nach jmdm. sehnen/verzehren (*veralt.*)

T

TABLEAU **un tableau de chasse** Liste der Eroberungen/Erfolge (bei den Frauen)

TANTE ; TANTOUZE ; TATA **une tante ; une tantouze ; une tata** ein Schwuler; ein warmer Bruder; ein Homo; eine Tante

TEMPÉRAMENT **avoir du tempérament** sinnlich/heiß-blütig/rassig/temperamentvoll sein

TERRAIN **trouver un terrain d'entente** eine Verständigungsgrundlage finden; etwas auf einen gemeinsamen Nenner bringen

TÊTE **faire tourner la tête à qqn.** jmdm. den Kopf verdrehen
se jeter à la tête de qqn. sich jmdm. an den Hals werfen

TICKET **avoir un ticket avec qqn.** bei jmdm. einen Stein im Brett haben; bei jmdm. eine große/dicke/Nummer haben

TIGRE **être jaloux comme un tigre** *voir jaloux*

TOUCHE **faire/avoir une touche avec qqn.** *voir ticket*

TOUCHER **jouer à touche-pipi** *voir docteur*

TRAITEMENT **un traitement de faveur** *voir faveur*

TRAVERSIN **une partie de traversin** *voir partie (de jambes en l'air)*

TU **être à tu et à toi avec qqn.** auf du und du mit jmdm. stehen

U

UN **un pour tous, tous pour un** einer für alle, alle für einen

“un pour tous, tous pour un !”

Devise créée par Alexandre Davy de la Pailletterie, alias Alexandre Dumas Père. Ce serment et cri de guerre ralliait les troismousquetaires qui étaient quatre et fut repris ultérieurement par nombre de groupes, partis et régiments. Notons aussi que Paul Féval, autre écrivain de cape et d'épée créa, lui, le célèbre «Si tu ne viens pas à Lagardère, Lagardère ira à toi !».

cf. UN

V

VIVRE **vivre d'amour et d'eau fraîche** *voir* **amour**

VOIE **mettre qqn. sur la voie** jmdm. auf die Sprünge helfen

VOILE **être à voile et à vapeur** bi(sexuell) sein

VOLER **voler au secours de qqn.** *voir* **secours**

VOLONTÉ **faire les quatre volontés de qqn.** *voir* **quatre**

VUE **avoir des vues sur qqn.** ein Auge auf jmdn. geworfen haben; Absichten auf jmdn. haben

Y

YEUX **entre quat-z-yeux** unter vier Augen
faire des yeux de merlan frit à qqn jmdn. anglotzen/-stieren
faire les yeux doux/les yeux de velours à qqn. jmdm. schöne Augen machen; jmdm. verliebte Blicke zuwerfen
faire qqch. pour les beaux yeux de qqn. *voir* **beaux**
loin des yeux, loin du cœur (*prov.*) aus den Augen, aus dem Sinn (*Sprichw.*)

4

Les ennemis, les conflits, le désaccord

Et voilà Jupiter tonnant, avec ses éclairs de rhétorique et ses traits acerbes. Si l'on vous tape sur les nerfs, montrez aux emm... comment vous vous appelez, remontez-leur les bretelles ou, s'il le faut, rentrez leur dans le chou. Ça leur fera les pieds. En français comme en allemand.

A

ACCROCHER tu peux toujours te l'accrocher das kannst du in den Schornstein/Kamin schreiben; das kannst du dir abschminken

AFFAIRE faire son affaire à qqn. jmdm. einen Denkzettel verpassen; mit jmdm. abrechnen

AILE couper les ailes à qqn. jmdm. die Flügel beschneiden/stutzen

AMOUR ce n'est pas le grand amour/ l'amour fou (entre eux) sie lieben sich nicht gerade heiß und innig

ÂNE le coup de pied de l'âne das ist ein Eselstritt (= nachträglicher Schlag gegen jmdn., dessen Niederlage bereits feststeht)

APPELER (s') **montrer à qqn. comment on s'appelle** jmdm. zeigen, mit wem er's zu tun hat

ARME faire parler les armes die Waffen sprechen lassen
passer qqn. par les armes jmdn. erschießen; jmdn. (durch Erschießen) hinrichten

ASCENSEUR renvoyer l'ascenseur à qqn. jmdm. etwas heimzahlen

ASSEOIR (s') **tu peux toujours t'asseoir dessus** *voir accrocher*

B

BAFFE flanquer une baffe à qqn. jmdm. eine Ohrfeige geben; jmdm. eine klatschen/kleben/schmieren/verpass en/runterhauen
se ramasser des baffes eine geklatscht/geklebt/geschmiert/verpa ßt bekommen/kriegen

BALLE une balle perdue eine verirrte Kugel

BANNIÈRE se ranger sous la bannière de qqn. sich jmdm. anschließen; unter jmds. Banner kämpfen

BARBE rire à la barbe de qqn. jmdm. ins Gesicht lachen

BARDER ça va barder ! gleich kracht's/ knallt's!; gleich setzt's was ab!; gleich gibt's ein Donnerwetter!

BAROUD un baroud d'honneur ein Scheingefecht; ein symbolischer Kampf; ein aussichtsloser Kampf (zur Ehrenrettung)

BAS mettre qqn. plus bas que terre jmdn. nieder-/runtermachen; kein gutes Haar an jmdm. lassen; jmdn. wie (den letzten) Dreck behandeln

“un baroud d'honneur”
Pour les Berbères du Sud du Maroc, le barud, c'est de la poudre explosive. Par extension, le mot exprime l'idée d'une explosion finale signant un ultime combat symbolique. Notons que la langue française n'est pas avare de mots «exotiques» provenant de l'ancien Empire ; tels que «baraka» (cf. chapitre 5), «fissa» (cf. chapitre 14) et autres «bled» (cf. chapitre 16).
cf. BAROUD

BASKET lâcher les baskets de qqn. jmdn. in Ruhe/in Frieden/zufrieden lassen

BATAILLE une bataille rangée eine Straßenschlacht; ein Handgemenge

BÂTON mettre des bâtons dans les roues à qqn. jmdm. Knüppel zwischen die Beine werfen; jmdm. Steine in den Weg legen

BEC avoir une prise de bec avec qqn. mit jmdm. (heftig) aneinandergeraten; sich mit jmdm. in die Haare kriegen; mit jmdm. in die Wolle geraten; sich mit jmdm. in der Wolle liegen
clouer le bec à qqn. jmdm. den Mund/das Maul (derb) stopfen

BÊTE être la bête noire de qqn. ein rotes Tuch für jmdn. sein; jmdm. ein Greuel sein; jmdm. ein Dorn im Auge sein

BÉTON laisse béton ! laß gut sein!; vergiß es!

BIEN grand bien lui fasse na, dann viel Spaß/Vergnügen! (iron.)
ne pas penser que du bien de qqn. nicht viel von jmdm. halten; jmdn. nicht besonders schätzen

BLAIRER ne pas (pouvoir) blairer qqn. jmdn. nicht riechen können; jmdn. (auf den Tod) nicht ausstehen können

BLOC faire bloc contre qqn. sich gegen jmdn. zusammenschließen; eine geschlossene Front gegen jmdn. bilden

BOIS montrer à qqn. de quel bois on se chauffe *voir appeler*

BONBON casser les bonbons à qqn. jmdm. auf den Wecker/den Geist/den Keks/die Nerven gehen/fallen

BOND faire faux bond à qqn. jmdn. versetzen

BOUC un bouc émissaire ein Sündenbock

BOUCHÉE ne faire qu'une bouchée de qqn. mit jmdm. kurzen Prozeß machen

BOUE traîner qqn. dans la boue jmdn. durch den/in den Dreck ziehen; jmdn. mit Schmutz bewerfen

BOULET tirer à boulets rouges sur qqn. jmdn. heftig aufs Korn/unter Beschuß nehmen; jmdn. heftig/schonungslos angreifen

BOURRIQUE faire tourner qqn. en bourrique jmdn. ganz irremachen; jmdn. (noch) in die Klapsmühle/ins Irrenhaus bringen

BOUT pousser qqn. à bout jmdn. aus dem Häuschen bringen; jmdn. an den Rand der Verzweiflung bringen

BRANCARD ruer dans les brancards sich sträuben; sich widersetzen

BRANLE-BAS sonner le branle-bas de combat klarmachen zum Gefecht

BRAS saisir qqn. à bras-le-corps jmdn. fest umschlingen; jmdm. fest um den Leib fassen
tomber sur qqn. à bras raccourcis sich mit aller/voller Wucht auf jmdn. stürzen

BRETELLE remonter les bretelles à qqn. jmdm. die Leviten lesen; jmdm. eine Standpauke halten

BRISER il me les brise er geht/fällt mir auf den Sack (derb)

BROSSER (se) tu peux toujours te brosser *voir accrocher*

BROUILLER être brouillé (avec qqn.) (mit jmdm.) verkracht sein; Krach/Streit/Stunk (mit jmdm.) haben

BRUIT un bruit de bottes Säbelgerassel

C

CADEAU **ne pas faire de cadeau à qqn.** jmdm. nichts schenken/ersparen

CAMOUFLET **recevoir un camouflet de qqn.** von jmdm. vor den Kopf gestoßen werden; von jmdm. gekränkt/brüskiert werden

CAQUET **rabattre le caquet à qqn.** *voir (clouer le) bec*

CARMAGNOLE **faire danser la carmagnole à qqn.** jmdn. über die Klinge springen lassen

CARTE **rayer qqn./qqch de la carte** jmdn./etwas beseitigen/auf die Seite schaffen; jmdn. umlegen; etwas aus der Welt schaffen

CARTON **faire un carton** auf etwas/jmdn. schießen

CASSE-PIPES **aller au casse-pipes** in den Krieg/an die Front gehen

CAUSE **mettre qqn. en cause** jmdn. (mit) hineinziehen in etwas; jmdn. in etwas verwickeln

CAUSER **cause toujours, tu m'intéresses !** red du nur!; das kannst du deiner Großmutter erzählen!

CENDRE **couver sous la cendre** (unter der Oberfläche) schwelen

CHAIR **de la chair à canon** Kanonenfutter

CHAR **arrête ton char (Ben Hur) !** nun komm/steig mal von deinem hohen Roß herunter!

CHAT **à bon chat bon rat** (*prov.*) wie du mir, so ich dir (*Sprichw.*); Wurst wider Wurst (*Sprichw.*)

CHAUFFER **ça va chauffer !** *voir barder*

CHAUSSETTE **laisser tomber qqn. comme une vieille chaussette** jmdn. fallenlassen wie eine heiße Kartoffel

CHERCHER **quand on me cherche, on me trouve !** (etwa) du suchst wohl Ärger!

CHIEN **garder/réserver un chien de sa chienne à qqn.** jmdn. für etwas büßen lassen; es jmdm. heimzahlen
ils sont comme chien et chat sie sind wie Hund und Katze miteinander; sie vertragen sich wie Hund und Katze
traiter qqn. comme un chien *voir bas*

CHIER **ça va chier (dur)/(des bulles [carrées]) !** es ist/herrscht dicke Luft; die Kacke ist am Dampfen (*derb*)
envoyer qqn. chier jmdn. abblitzen lassen; jmdn. fortjagen/zum Teufel jagen; jmdm. eine Abfuhr erteilen
il me fait chier ! der geht mir auf den Sack/auf die Eier! (derb); der kotzt mich an! (derb)

CHIFFONNIER **se battre comme des chiffonniers** sich streiten, daß die Fetzen fliegen

“se battre comme des chiffonniers”
Autrefois, le mot chiffonnier désignait une personne rapportant des ragots au petit bonheurla chance ou un individutracassier. Les étymologistes hésitent, mais il semble que «se battre comme des tracassiers» constitue l'origine la plus probable de cette expression bizarre.
cf. CHIFFONNIER

CHIGNON **se crêper le chignon** sich/einander an den Haaren reißen/ziehen

CHOU **rentrer dans le chou de qqn.** jmdm. an die Kehle fahren; jmdn. ins Gesicht springen

CINÉ(MA) **arrête ton ciné(ma)/ton cinoche !** laß das Theater!; hör auf mit diesem Zirkus/Quatsch/Blödsinn!; laß diesen Scheiß/diese Scheiße! (*derb*)

CIRQUE **arrête ton cirque !** *voir ciné(ma)*

CLAQUE **flanquer une claque à qqn.** *voir (flanquer une) baffe*

CLOCHE **se faire sonner les cloches** zusammengestaucht/heruntergeput zt werden; einen Rüffel/eine Abreibung bekommen/kriegen; eins auf den Deckel bekommen/kriegen

CLOU **des clous !** nichts da!; das fehlte gerade noch!; das wäre ja noch schöner!; denkste!; von wegen!

COCHON **on n'a pas gardé les cochons ensemble !** wo haben wir denn zusammen Schweine gehütet?

CŒUR **ne pas porter qqn. dans son cœur** jmdn. nicht (gerade) ins Herz geschlossen haben; jmdn. nicht besonders mögen

COLLER **ça ne colle pas entre eux** das klappt nicht/haut nicht hin zwischen ihnen

COLLET **sauter au collet de qqn.** jmdm. am Kragen/Schlafittchen packen

COMPTE **avoir un (petit) compte à régler avec qqn.** mit jmdm. (noch) eine Rechnung zu begleichen haben; mit jmdm. (noch) ein Hühnchen zu rupfen haben
régler son compte à qqn. *voir affaire*
son compte est bon jetzt geht's ihm an den Kragen; jetzt ist er fällig

CONFIANCE **la confiance règne !** Vertrauen ist gut, Kontrolle ist besser

COSTARD **se faire tailler un costard** vermöbelt werden; verprügelt werden

COUILLE **casser les couilles à qqn.** *voir briser*

COULEUR **en faire voir de toutes les couleurs à qqn.** mit jmdm. umspringen; jmdm. zusetzen; jmdm. übel mitspielen

COULEUVRE **avaler des couleuvres** so manche Beleidigung/Demütigung hinnehmen/einstecken/schlucken (müssen)

COUP **c'est le coup de pied de l'âne** *voir âne*
prendre un coup dans les gencives eine Niederlage hinnehmen/ einstecken müssen
prendre un coup de pied au cul/ au derrière einen Tritt in den Hintern/Arsch (*derb*) bekommen/ kriegen
rendre coup pour coup Gleiches mit Gleichem vergelten; zurückschlagen
rouer qqn. de coups jmdn. durchprügeln; jmdn. windelweich hauen/schlagen
se ramasser un coup sur la cafetière *voir baffe*

COUPE **être sous la coupe de qqn.** unter jmds. Fuchtel stehen

COURBER **courber l'échine/le dos/la tête (devant qqn.)** (vor jmdm.) katzbuckeln/den Buckel/Rücken krumm machen

COURIR **tu peux toujours courir** *voir accrocher*

COUTEAU **ils sont à couteaux tirés** *voir chien : ils sont comme chien et chat*

remuer/retourner le couteau dans la plaie das Messer in der Wunde rumdrehen; Salz in die Wunde streuen

COUVER **couver sous la cendre** *voir cendre*

CROSSE **chercher des crosses à qqn.** Streit mit jmdm. suchen; sich mit jmdm. anlegen

CRU **manger/avaler qqn. tout cru** jmdn. ungespitzt in den Boden hauen

CUL **cause/parle à mon cul, ma tête est malade** ja, ist ja gut!; ach, laß mich doch in Ruhe (mit deinem Gelaber)!; komm, hör auf, Mensch!

tu peux te le/la/les foutre au cul/où je pense das kannst du dir an den Hut/in den Arsch (*derb*) stecken

D

DANSE **donner/filer une danse à qqn.** jmdm. eine (gehörige/anständige) Tracht Prügel verpassen

DATTE **des dattes !** *voir clous*

DÉCOUDRE **vouloir en découdre avec qqn.** mit jmdm. (noch) ein Hühnchen zu rupfen haben

DENT **avoir une dent contre qqn.** einen Pik auf jmdn. haben; etwas gegen jmdn. haben

DISQUE **change de disque !** leg eine andere Platte auf!; red endlich mal von etwas anderem!

DIVISER **diviser pour (mieux) régner** divide et impera! (geh.); teile und herrsche!

DOIGT **se faire taper sur les doigts** *voir cloche*

DOS **se mettre qqn. à dos** jmdn. gegen sich aufbringen; sich jmdn. zum Feind machen

“**chercher des crosses**”
Crosse d'évêque fessant le pêcheur? Cross-country entre l'agresseur et l'agressé? Crosse de fusil s'abattant sur la calebasse? Voilà trois explications fort imaginatives. Hélas, aucune d'elles ne tient vraiment. Mais alors, d'où provient ce curieux mot «crosse»? D'un déverbal : «crosser» signifiant anciennement «geindre», «se plaindre», le tout étant issu du latin glocire qui a donné «glousser», terme dialectal signifiant «maugréer». Un peu compliqué, j'en conviens, mais ce n'est pas une raison pour me chercher des crosses.
cf. CROSSE

DRAGÉE **tenir la dragée haute à qqn.** jmdn. zappeln lassen; jmdn. (lange) hinhalten

DRAPEAU **sortir le drapeau blanc** aufgeben; kapitulieren; sich ergeben; die weiße Fahne schwenken

E

ÉCRASER **écrase !** Schnauze!; quatsch nicht!; halt die Klappe!; halt's Maul! (*derb*)

EFFET **couper ses effets à qqn.** jmdm. die Schau stehlen; jmdn. um seine Wirkung bringen

ÉLECTRICITÉ **il y a de l'électricité dans l'air** es liegt etwas in der Luft; es herrscht eine gespannte Atmosphäre

EMPOISONNER **empoisonner l'existence de qqn.** jmdm. das Leben zur Hölle machen

ENCADRER **ne pas pouvoir encadrer qqn.** *voir* ***blairer***

ENGUEULER **engueuler qqn. comme du poisson pourri** jmdn. anscheißen (*derb*); jmdn. zur Sau machen (*derb*)

ÉPONGE **jeter l'éponge** das Handtuch werfen

ERGOT **se dresser/monter sur ses ergots** sich auf die Hinterbeine stellen; sich aufbäumen; die Krallen zeigen

ESTOCADE **porter l'estocade à qqn.** jmdm. den Todesstoß versetzen

F

FAÇADE **démolir la façade à qqn.** jmdm. die Fresse polieren; jmdm. eins vor die Fresse geben; jmdm. ein paar in die Fresse/Fratze hauen; jmdm. den Buckel/die Hucke vollhauen

FACE **face de crabe/d'œuf/de rat** Fratze; Affengesicht; Affenarsch (*derb*); Arschgesicht (*derb*)

FARCIR **(se) il faut se le/la farcir** bei dem/der macht man was mit; mit dem/der ist kein Auskommen

“tenir la dragée haute”
La « dragée » composée de grains est donnée aux animaux et constitue pour eux une agréable friandise. Dès lors, « tenir la dragée haute » consiste en une sorte de supplice de Tantale modernisé : « si tu veux manger, il faudra filer doux » et, par extension : « j'ai les moyens de te prendre de haut. » C'est laid, c'est minable, mais ça marche souvent.

“porter l'estocade à quelqu'un”
Mordious, comme disait d'Artagnan, vous ne savez pas ce qu'est une estocade ? On voit bien que vous ne vivez pas à l'époque des duels et des coups d'épée. Frapper d'estoc, c'est y aller de la pointe de l'épée. Par extension, porter une stoccata (mot d'origine italienne) figure une botte réalisée avec la pointe de la lame. Généralement, cela fait beaucoup de dégâts.

cf. DRAGÉE et cf. ESTOCADE

FAUX **s'inscrire en faux contre qqch.** etwas energisch zurückweisen/bestreiten

FER **croiser/engager le fer** die Degen kreuzen; sich schlagen

FERMER **ferme-la ; la ferme !** *voir écraser*

FÉRULE **être sous la férule de qqn.** *voir coupe*

FÊTE **faire sa fête à qqn.** *voir façade*

FESSE **occupe-toi de tes fesses** dich hat niemand nach deiner Meinung gefragt; was geht dich das an; halt dich da raus; misch dich da nicht ein

FEU **mettre une ville à feu et à sang** eine Stadt in Schutt und Asche legen

FIGURE **casser la figure à qqn.** *voir façade*

FIL **donner du fil à retordre à qqn.** jmdm. etwas zu knabbern geben; jmdm. eine harte Nuß zu knacken geben
passer qqn. au fil de l'épée jmdm. das Schwert in den Leib bohren

FLAMME **descendre qqn./qqch. en flammes** jmdn./etwas in der Luft zerreißen; jmdn./etwas niedermachen/scharf kritisieren

FOUDRE **être un foudre de guerre** ein großer Kriegsheld sein
s'attirer les foudres de qqn. sich jmds. Zorn/Unwillen zuziehen

FOUTRE **(se) se foutre (de la gueule) de qqn.** sich über jmdn. lustig machen; jmdn. auslachen; jmdn. veralbern/veräppeln; jmdn. auf den Arm/auf die Schippe nehmen; jmdn. verscheißern/verarschen (*derb*)

FROID **battre qqn. froid** jmdm. die kalte Schulter zeigen; jmdn. links liegenlassen
être en froid avec qqn. *voir brouiller*

FROTTER **(se) qui s'y frotte s'y pique** (*prov.*) wer nicht hören will, muß fühlen (*Sprichw.*)
se frotter à qqn. sich mit jmdm. anlegen

G

GÉMONIE **vouer/traîner qqn. aux gémonies** (*littéraire*) jmdn. der Schmach preisgeben (*geh.*)

GENOU **mettre qqn. à genoux** jmdn. in die Knie zwingen

GOND **faire sortir qqn. de ses gonds** jmdn. in Rage/auf achtzig/auf die Palme bringen; jmdn. zum Aus-der-Haut-Fahren bringen; jmdn. zum Ausrasten bringen

GONFLER **(les) gonfler (à) qqn.** *voir (faire) chier*

GORGE **sauter à la gorge de qqn.** *voir collet*

GOÛT **faire passer le goût du pain à qqn.** jmdn. umlegen/erledigen, jmdn. um die Ecke bringen

GRABUGE **il va y avoir du grabuge** es ist Ärger/Krach/Stunk im Anzug; gleich gibt's Zoff

GRADE **en prendre pour son grade** abgekanzelt werden; gehörig eins aufs Dach/auf den Deckel bekommen/kriegen

GRAPPE **lâcher la grappe de qqn.** *voir basket*

GRAPPIN **jeter/mettre le grappin sur qqn./qqch.** jmdn./etwas in die Finger/Krallen bekommen/kriegen

GRATTER **(se) tu peux toujours te gratter** *voir accrocher*

GREC **envoyer qqn. se faire voir chez les Grecs** *voir (envoyer qqn.) chier*

GRIFFE **sortir/montrer les griffes** die Kralllen zeigen

GRIPPE **prendre qqn. en grippe** eine (plötzliche) Abneigung gegen jmdn. fassen

GUERRE **c'est de bonne guerre** das ist durchaus rechtens; das ist sein/ihr gutes Recht
une guerre d'usure ein Abnützungs-/Zermürbungskrieg

GUEULE **casser/péter la gueule à qqn.** *voir façade*
(ferme) ta gueule ! *voir écraser*

H

HACHE **déterrer la hache de guerre** *voir arme : faire parler les armes*

HARICOT **courir sur le haricot à qqn.** jmdm. auf den Wecker/den Geist/den Keks/die Nerven gehen/fallen

HARO **crier haro sur qqn./qqch.** gegen jmdn./etwas wettern; über jmdn./etwas schimpfen

HERBE **couper l'herbe sous le pied de qqn.** jmdn. ausstechen; jmdm. den Rang ablaufen; jmdm. das Wasser abgraben

HEURE **on ne te demande pas l'heure qu'il est** *voir fesse*

HISTOIRE **faire des histoires à qqn.** jmdm. Unannehmlichkeiten/Scherereien machen/bereiten

HOMME **l'homme est un loup pour l'homme** Homo homini lupus (*geh.*); der Mensch ist der Feind des Menschen

HOSTILITÉ **ouvrir les hostilités** *voir (faire parler les) armes*

I

IMPORTER **n'importe quoi !** (so ein) Quatsch/Unsinn/Unfug!

INDEX **mettre qqn./qqch. à l'index** jmdn./etwas auf den Index/auf die schwarze Liste setzen

INFIDÉLITÉ **faire des infidélités à qqn.** jmdm. untreu werden; jmdn. hintergehen

L

LARD **rentrer dans le lard de qqn.** *voir chou*

LEÇON **c'est une (bonne) leçon ; que ça lui serve de leçon ; ça lui servira de leçon** das wird/soll ihm eine (gute) Lehre sein; möge ihm das eine Lehre/Warnung sein

LETTRE **rester lettre morte** nicht befolgt werden; unbeachtet bleiben; toter Buchstabe bleiben

LION **se battre/se défendre comme un lion** kämpfen wie ein Löwe

LISTE **être sur la liste noire de qqn.** auf jmds. Abschuß-liste/schwarzer Liste stehen

LOI **la loi du talion** Auge um Auge, Zahn um Zahn (Redew.)

M

MAILLE **avoir maille à partir avec qqn.** *voir découdre*

MAIN en venir aux mains handgreiflich/tätlich werden
lever la main sur qqn. die Hand gegen jmdn. erheben; Hand an jmdn. legen
péter dans la main à/de qqn. sein Wort brechen; seine Verpflichtung/sein Versprechen nicht einhalten/erfüllen

MAIS il y a un mais die Sache hat einen Haken

MATRICULE en prendre pour son matricule *voir grade*

MÉNAGE faire mauvais ménage avec qqn. sich mit jmdm. (überhaupt) nicht verstehen/vertragen; mit jmdm. (überhaupt) nicht auskommen

MERDE laisser tomber qqn. comme une merde *voir chaussette*
traiter qqn. comme une merde *voir bas*

METTRE tu peux toujours te le/la mettre où je pense ! *voir accrocher*

MISÈRE faire des misères à qqn. jmdn. piesacken; jmdn. plagen/quälen; jmdn. nicht in Ruhe lassen

MONNAIE rendre à qqn. la monnaie de sa pièce jmdm. etwas mit gleicher Münze heimzahlen; jmdm. etwas mit Zins und Zinseszins heimzahlen

MOU rentrer dans le mou de qqn. *voir chou*

MOUCHOIR mets-le dans ta poche avec ton mouchoir par-dessus ! schluck's einfach!; schluck die Kröte einfach!

N

NÈFLE des nèfles ! *voir clous*

NERF taper/porter sur les nerfs de qqn. jmdm. auf die Nerven gehen/fallen; jmdm. den Nerv rauben

NEZ avoir qqn. dans le nez *voir dent*
mettre à qqn. le nez dans son caca/dans sa merde jmdm. etwas unter die Nase reiben
rire au nez de qqn. *voir barbe*
se bouffer le nez *voir chignon*

NICHE faire des niches à qqn. mit jmdm. Schabernack treiben; jmdm. einen Streich spielen

NIQUE faire la nique à qqn. jmdm. eine lange Nase machen

NOISE chercher (des) noise(s) *voir crosse*

NOM donner à qqn. des noms d'oiseaux ; traiter qqn. de tous les noms jmdm. Schimpfworte an den Kopf werfen; jmdm. Schimpfnamen geben; jmdn. mit Schimpfnamen belegen

O

ŒIL œil pour œil (dent pour dent) *voir loi du talion*

ŒUF envoyer qqn. se faire cuire un œuf *voir (envoyer qqn.) chier*

OIGNON occupe-toi de tes oignons *voir fesse*

OMBRAGE porter ombrage à qqn. jmds. Eigenliebe kränken; jmdn. kränken/verletzen

ORAGE il y a de l'orage dans l'air *voir électricité*

OREILLE faire la sourde oreille à qqn./qqch. sich taub stellen

frotter les oreilles à qqn. ; tirer l'oreille à qqn. jmdm. die Ohren langziehen; jmdn. an den Ohren ziehen

ÔTER (s') **ôte-toi de là, que je m'y mette !** Platz da, jetzt komm' ich!; hoppla, jetzt komm' ich!
ôte-toi de mon soleil ! geh mir aus der Sonne!

OUI se disputer pour un oui, pour un non sich wegen einer Lappalie/ Kleinigkeit streiten

P

PAIN coller/flanquer/foutre/mettre un pain (sur la gueule) à qqn. *voir façade*
faire passer le goût du pain à qqn. *voir goût*

PAÎTRE envoyer qqn. paître *voir (envoyer qqn.) chier*

PAIX fiche/foutre la paix à qqn. jmdn. in Ruhe/in Frieden/zufrieden lassen
si tu veux la paix, prépare la guerre (*prov.*) (*etwa*) wenn du Frieden willst, bereite den Krieg vor

PANIER c'est un panier de crabes das ist eine Otternbrut; die würden sich gegenseitig am liebsten die Augen auskratzen

PAREILLE rendre la pareille à qqn. *voir monnaie*

PÂTURE donner/jeter qqn. en pâture (aux fauves) jmdn. (jmdm.) zum Fraß vorwerfen; jmdn. (jmdm.) opfern/preisgeben/ausliefern

PAVILLON baisser pavillon (devant qqn.) *voir drapeau*

PAYER il (me) le paiera ! das wird/soll er mir büßen!

PAYS faire voir du pays à qqn. jmdm. Ärger/Schwierigkeiten machen/ bereiten

PEAU attraper qqn. par la peau des fesses jmdn. im letzten Moment/ gerade noch zu fassen bekommen/ kriegen
avoir/trouer la peau de qqn. jmdn. abmurksen; jmdn. kaltmachen

PENDRE dire pis que pendre de qqn. kein gutes Haar/keinen guten Faden an jmdm. lassen
envoyer qqn. se faire pendre ailleurs *voir (envoyer qqn.) chier*

PENSER tu peux te le/la/les foutre où je pense *voir (foutre au) cul*

PERDRE il ne perd rien pour attendre der bekommt auch noch sein Fett ab; der wird seinen Lohn schon noch bekommen

PESTE fuir qqn./qqch. comme la peste jmdn./etwas meiden wie die Pest; einen großen Bogen um jmdn./ etwas machen

PÉTARD être en pétard (contre qqn.) eine Wut/einen Zorn im Bauch (auf jmdn.) haben; eine Stinkwut (auf jmdn.) haben

PEUR faire une peur bleue à qqn. jmdm. Angst machen/einjagen; jmdn. in Angst und Schrecken versetzen; jmdm. angst (und bange) machen

PIED ça lui fera les pieds das wird ihm eine Lehre sein
casser les pieds à qqn. *voir bonbon*
être sur le pied de guerre kampfbereit sein; gerüstet sein

faire un pied de nez à qqn.
voir nique

PIERRE c'est une pierre dans ton jardin das gilt dir; das ist an deine Adresse gerichtet; das ist auf dich gemünzt
jeter la pierre à qqn. jmdn. verurteilen; den Stab über jmdn. brechen
jeter la première pierre den ersten Stein werfen

PILORI mettre/clouer qqn. au pilori jmdn. an den Pranger stellen; jmdn. anprangern

PION damer le pion à qqn. jmdm. den Rang ablaufen; jmdn. ausstechen

PLACE remettre qqn. à sa place jmdn. in seine Schranken verweisen; jmdn. zurechtweisen

PLAIE ne chercher/demander que plaies et bosses rauflustig sein; ein Raufbold/Kampfhahn sein; den Streit suchen
quelle plaie ! der/die/das nervt!; so eine Nervensäge!

PLAN laisser qqn. en plan jmdn. im Stich lassen; jmdn. sitzenlassen; jmdn. verlassen

PLÂTRE battre qqn. comme plâtre *voir coup : rouer qqn. de coups*

PLIER plier l'échine (devant qqn.) *voir courber*

PLUME voler dans les plumes de qqn. sich auf jmdn. stürzen; über jmdn. herfallen

POCHE mets-le dans ta poche avec ton mouchoir par-dessus ! *voir mouchoir*

POING mettre/foutre son poing sur/dans la gueule de qqn. *voir façade*

POINT toucher le/un point sensible einen wunden Punkt/eine empfindliche Stelle treffen

POISSON engueuler qqn. comme du poisson pourri *voir engueuler*

POMME une pomme de discorde ein Zankapfel

POMPER pomper l'air à qqn. jmdn. fertigmachen; jmdm. an den Nerven zerren; jmdn. nerven

PONT couper les ponts avec qqn. den Kontakt/die Verbindung zu jmdm. abbrechen; jmdm. die Freundschaft (auf)kündigen; (in einer Beziehung) mit jmdm. Schluß machen

PORTE fermer la porte au nez de qqn. jmdm. die Tür vor der Nase zuschlagen/-knallen

PORTRAIT abîmer/esquinter/arranger/refaire le portrait à qqn. *voir façade*

POU chercher des/les poux (dans la tête) à/de qqn. *voir crosse*

POUDRE faire parler la poudre *voir arme*

PRENDRE tel est pris qui croyait prendre (*prov.*) wer anderen eine Grube gräbt, fällt selbst hinein (*Sprichw.*)

PRÊTÉ c'est un prêté pour un rendu (*prov.*) wie du mir, so ich dir (*Sprichw.*)

PRISE être/se trouver aux prises avec qqch. ou qqn. mit jmdm./etwas kämpfen/ringen; sich mit jmdm./etwas auseinandersetzen; mit jmdm./etwas im Widerstreit liegen

PROMENER envoyer qqn. promener *voir (envoyer qqn.) chier*

PRUNIER secouer qqn. comme un prunier jmdn. (kräftig) schütteln/rütteln/beuteln

PUCE **secouer les puces à qqn.** jmdn. aus den Lumpen schütteln; jmdm. den Kopf waschen; jmdm. den Marsch blasen; jmdm. einen Rüffel erteilen; jmdn. zusammenstauchen

Q

QUARANTAINE **être (mis) en quarantaine** geschnitten werden; (gesellschaftlich) geächtet werden; isoliert sein

QUARTIER **ne pas faire de quartier(s)** kein Pardon geben; niemanden verschonen

QUERELLE **chercher querelle à qqn.** *voir crosse*

une querelle d'Allemand ein Streit um des Kaisers Bart

QUITTE **être quitte (avec qqn.)** (mit jmdm.) quitt sein

R

RÂBLE **sauter sur le râble de qqn.** jmdn. von hinten anspringen; über jmdn. herfallen

RACLÉE **flanquer/foutre/mettre une raclée à qqn.** *voir façade*

RAISON **avoir raison de qqch./qqn.** über etwas/jmdn. Herr werden; etwas überwinden/bewältigen/meistern; jmdn. überwältigen

REBROUSSE-POIL **prendre qqn. à rebrousse-poil** jmdn. vor den Kopf stoßen; jmdn. kränken/brüskieren

REFUS **essuyer un refus** eine Absage/abschlägige Antwort bekommen/erhalten/kriegen; einen Korb/eine Abfuhr bekommen/erhalten/kriegen

REGARD **fusiller qqn. du regard** jmdm. vernichtende Blicke zuwerfen

REGARDER **mêle-toi de ce qui te regarde** kümmere dich um deine eigenen Angelegenheiten/deinen eigenen Dreck/Scheiß (*derb*); steck deine Nase nicht in fremde Angelegenheiten

RENDU **c'est un prêté pour un rendu** *voir prêté*

RESPECT **tenir qqn. en respect (avec une arme)** jmdn. (mit einer Waffe) in Schach halten

RETRANCHEMENT **pousser/forcer qqn. dans ses (derniers) retranchements** jmdn. in die Enge treiben; jmdn. in Bedrängnis bringen

RIGUEUR **tenir rigueur à qqn.** jmdm. etwas übelnehmen; jmdm. etwas nachtragen

RIRE **rira bien qui rira le dernier** (*prov.*) wer zuletzt lacht, lacht am besten (*Sprichw.*)

rire au nez de qqn. *voir barbe*

ROSE **envoyer qqn. sur les roses** *voir (envoyer qqn.) chier*

S

SAQUER **ne pas pouvoir saquer qqn.** *voir blairer*

SAVON **passer un savon à qqn.** *voir puce*

SENTIR **ne pas pouvoir sentir qqn.** *voir blairer*

SNOBER **snober qqn.** *voir (battre qqn.) froid*

SŒUR **et ta sœur !** so siehst du aus!; das könnte dir so passen!

SOLEIL **ôte-toi de mon soleil !** *voir* ***ôter***

SONNER **on ne t'a pas sonné !** *voir* ***heure***

SORT **abandonner qqn. à son (triste) sort** jmdn. seinem (traurigen) Schicksal überlassen

SPORT **va y avoir du sport !** da braut sich was zusammen!; da fliegen gleich die Fetzen!

SUEUR **donner des sueurs froides à qqn.** jmdm. Angstschweiß/kalten Schweiß auf die Stirn treiben

SYSTÈME **taper/porter sur le système de qqn.** *voir* ***nerf***

T

TABAC **passer qqn. à tabac ; tabasser qqn.** jmdn. verprügeln; jmdn. vermöbeln; jmdn. zusammenschlagen

TABLETTE **rayé des tablettes de qqn.** *voir* ***quarantaine***

TALOCHE **se ramasser des taloches sur le coin de la gueule** *voir* ***baffe***

TAPIS **envoyer qqn. au tapis** (Boxen) jmdn. auf die Bretter legen; jmdn. besiegen/überwältigen

TAS **tirer dans le tas** in die Menge schießen/feuern; blindlings drauflosschießen

TÊTE **casser/péter la tête à qqn.** *voir* ***façade***
faire une tête au carré à qqn. *voir* ***façade***
il a une tête qui ne me revient pas seine Nase gefällt/paßt mir nicht; er ist mir unsympathisch
prendre la tête à qqn. jmdn. (noch) um den Verstand bringen; jmdn. (noch) wahnsinnig/verrückt machen; jmdn. (noch) zum Wahnsinn treiben
se payer la tête de qqn. *voir* ***(se) f...***
tenir tête à qqn. jmdm. die Stirn bieten; jmdm. Widerstand leisten; sich jmdm. widersetzen; es mit jmdm. aufnehmen
une tête de Turc ein Prügelknabe; die Zielscheibe des Spotts

TOMBER **laisse tomber !** *voir* ***béton***

TORCHON **le torchon brûle entre eux** *voir* ***chien*** : ***ils sont comme chien et chat***

TOURNANT **attendre qqn. au tournant** *voir* ***chien*** : ***garder/réserver un chien de sa chienne***

TRAVERS **regarder qqn. de travers** jmdn. schief/finster ansehen; jmdn. mit scheelen Augen ansehen

TRIPOTÉE **donner/flanquer une tripotée à qqn.** *voir* ***façade***

“une tête de turc”
L'Anatolie a fourni au français nombre de termes : « fort comme un Turc », « café turc », « toilettes à la turque » ou « bains turcs ». Quant aux fameux croissants du matin, ils célèbrent la levée du siège de Vienne par les Ottomans. La « tête de Turc » est un jeu de foire, une (fausse !) tête ornée d'un turban et que l'on doit frapper de toutes ses forces.
cf. TÊTE

TROU **il me sort par les trous de nez** er hängt mir zum Hals raus; ich hab' die Nase (gestrichen) voll von ihm

V

VENGEANCE **la vengeance est un plat qui se mange froid** Rache muß man kalt genießen

VERT **en faire voir des vertes et des pas mûres à qqn.** *voir couleur*

VIE **mener la vie dure à qqn.** jmdm. das Leben schwer machen; jmdm. zu schaffen machen

VILAIN **(il) va y avoir du vilain** *voir grabuge*

VIS **serrer la vis à qqn.** bei jmdm. die Zügel (straffer) anziehen; jmdn. kurzhalten

VIVRE **apprendre à vivre à qqn.** jmdm. Manieren/die Flötentöne beibringen; jmdn. Mores lehren

VOIR **envoyer qqn. voir là-bas si on y est ; envoyer qqn. se faire voir (chez les Grecs)** *voir (envoyer qqn.) chier*
ne pas pouvoir voir qqn. (en peinture) jmdn. (auf den Tod/partout) nicht ausstehen können

VOLÉE **donner à qqn. une volée de bois vert** jmdm. ordentlich eins drauf geben

Y

YEUX **il me sort par les yeux** *voir trou*
regarder qqn. dans le blanc des yeux jmdm. gerade/fest/tief in die Augen blicken; jmdn. fest ansehen/-schauen

5

Le bonheur, la réussite, la chance

Après la pluie, le beau temps : ça baigne, vous êtes aux anges et vous tenez le bon bout. Normal : vous avez décroché la timbale et débarqué au pays de cocagne.

Pour marquer le coup *(das muß gefeiert werden !)*, voici un chapitre qui met toutes les chances de votre côté.

A

ACTION **ses actions sont en hausse** seine Aktien steigen; es geht bergauf (mit ihm)

ADVENIR **advienne que pourra** komme, was (da) wolle; mag kommen, was kommen mag

AILE **avoir des ailes ; se sentir pousser des ailes** sich ganz beschwingt fühlen; guten/frohen/leichten Mutes sein

ANGE **être aux anges** sich wie im siebten Himmel fühlen; selig/überglücklich sein
un ange gardien ein Schutzengel

ARRIVER **y arriver** es schaffen

ATOUT **avoir/mettre tous les atouts dans son jeu ; avoir tous les atouts en main** alle Trümpfe in der Hand haben

B

BAIGNER **ça baigne ; tout baigne (dans l'huile)** alles läuft wie geschmiert

BALLON **un ballon d'oxygène** frischer Wind; frische Luft; eine frische Brise

BARAKA **avoir la baraka** ein Glückskind/-pilz sein

BARAQUE **casser la baraque** einen Bombenerfolg erzielen; durchschlagenden Erfolg haben

BEAU **c'est trop beau pour être vrai** das ist zu schön, um wahr zu sein

BIEN **on n'a que le bien qu'on se donne** man gönnt sich ja sonst nichts *(iron.)*
tout est bien qui finit bien Ende gut, alles gut

BOIS **touchons du bois !** toi, toi, toi!; Holz anfassen!

BOL **avoir du bol** Glück/Dusel/Schwein haben
un coup de bol eine Glückssträhne

BON **c'est toujours bon à prendre** das ist immerhin/wenigstens etwas; das ist besser als gar nichts

BONHEUR **ne pas connaître son bonheur** nicht wissen, wie gut es einem geht/wie gut man es hat

BOUFFÉE **une bouffée d'oxygène** *voir* ***ballon***

BOUT **tenir le bon bout** es bald/fast geschafft haben
voir le bout du tunnel ; être/arriver au bout du tunnel das Licht am Ende des Tunnels sehen

“avoir la baraka”

La baraka est un mot d'origine arabe signifiant littéralement «la faveur, la protection céleste». Le roi Hussein de Jordanie est considéré comme l'un des personnages ayant eu le plus de protection d'Allah, échappant à de multiples attentats et tentatives d'assassinat. Le nom du Général de Gaulle a également été associé à cette bénédiction du ciel.

cf. BARAKA

C

CARTE **avoir toutes les cartes en mains** *voir atout*

CENDRE **renaître de ses cendres** wie ein Phönix aus der Asche steigen/erstehen

CERISE **c'est la cerise sur le gâteau** das ist das Tüpfelchen auf dem i

CHAMPIGNON **pousser/venir comme un/des/les champignon(s) (en une nuit)** wie Pilze aus dem Boden/aus der Erde schießen

CHANCE **avoir une chance/veine de cocu/pendu** Mordsglück/-dusel/-schwein haben
la chance sourit aux audacieux wer wagt, gewinnt
mettre toutes les chances de son côté nichts unversucht lassen
ne pas connaître sa chance *voir bonheur*
un coup de chance *voir (un coup de) bol*

CHANSON **tout finit par des chansons** alles findet ein Happy-End; alles wendet sich zum Guten

CIEL **au septième ciel** im siebten Himmel; auf Wolke sieben
tomber du ciel wie gerufen kommen; gerade im richtigen Moment/zur richtigen Zeit kommen

COCAGNE **le pays de cocagne** das Schlaraffenland

COCORICO **faire cocorico ; pousser des cocoricos** *(etwa)* einen patriotischen Freudenschrei (für Frankreich) ausstoßen

COCU **avoir une chance/veine de cocu** *voir chance*

COIFFÉR **être né coiffé** ein Sonntags-/Glückskind sein

CONTE **je vis un (véritable) conte de fée(s)** es ist wie im Märchen

COQ **vivre comme un coq en pâte** leben wie die Made im Speck/wie im Schlaraffenland/wie Gott in Frankreich

CÔTÉ **prendre les choses/la vie du bon côté ; voir le bon côté des choses** das Leben von seiner guten Seite nehmen; nur die guten Seiten einer Sache sehen

COUP **faire d'une pierre deux coups ; faire coup double** zwei Fliegen mit einer Klappe schlagen

“avoir une veine de cocu/de pendu”

«Ça c'est la meilleure! Et depuis quand les cocus et les pendus auraient-ils de la veine? Ça vous botterait, vous, de vous balader avec des cornes d'orignal sur la lanterne, ou de jouer à saute-la-dessus, avec une grosse corde de chanvre passée autour du cou?» Je vous entends bien, mais côté veines, il n'y a aucune raison de vous faire du mauvais sang. Vous ne pouviez pas savoir que les cordes de pendu étaient réputées porter chance en ces temps pas trop lointains où le gibet faisait office de sitcom. Ah, poésie de la belle grosse veine saillant à l'instant fatal. Par extension *(sic)* l'expression s'est étendue *(resic)* aux cocus.

cf. COCU

il faut marquer le coup das muß gefeiert werden!; darauf müssen wir anstoßen!
un coup de chance/bol/pot/veine *voir (un coup de) bol*
un coup de maître eine Meisterleistung

CUL **avoir du cul** *voir (avoir du) bol*
avoir le cul bordé de nouilles *voir chance : avoir une chance de cocu*
avoir le cul sorti des ronces über den Berg sein; aus dem Schneider sein

D

DÉ **les dés sont jetés** die Würfel sind gefallen

DÉBUT **c'est un (bon) début** das ist ein guter Anfang; das fängt (schon mal) gut an

DÉCROCHER **décrocher le cocotier/la timbale/le gros lot** das große Los ziehen

DÉFENDRE (SE) **se défendre en qqch.** ganz gut zurechtkommen mit etwas; sich (tapfer) durchschlagen mit etwas

DÉGAGER (SE) **se dégager d'un mauvais pas** sich aus einer Zwickmühle/Zwangslage befreien; sich aus einer schwierigen Lage/Situation befreien

DÉJÀ **c'est déjà pas mal ; c'est déjà ça** *voir début*

DÉPÊTRER (SE) **se dépêtrer d'un mauvais pas** *voir dégager*

DÉSESPÉRER **il ne faut jamais désespérer** man darf nie die Hoffnung aufgeben/verlieren

DOIGT **croiser les doigts** *voir bois*

E

ENVIE **mieux vaut faire envie que pitié** *(etwa)* lieber beneidet als bemitleidet werden

ÉPINGLE **tirer son épingle du jeu** sich geschickt aus der Affäre ziehen; sich rechtzeitig zurückiehen; rechtzeitig abspringen/aussteigen

ESPOIR **tant qu'il y a de la vie, il y a de l'espoir** *(prov.)* man hofft, solange man lebt *(Sprichw.)*

ÉTOILE **né sous une bonne étoile** unter einem guten/glücklichen/günstigen Stern geboren sein

F

FACE **jouer/décider à pile ou face** eine Münze werfen; knobeln

FORTUNE **la roue de la fortune** das Glücksrad

G

GAGNER **gagner haut la main** haushoch gewinnen; überlegen siegen
gagner par forfait kampflos siegen

GALÈRE **vogue la galère !** auf gut Glück!; hoffen wir das Beste!

GÂTEAU **c'est la cerise sur le gâteau** *voir cerise*

H

HONNEUR **s'en tirer avec les honneurs** glimpflich davonkommen

HORIZON **ouvrir des horizons (nouveaux)/de nouveaux horizons** neue Horizonte/Perspektiven/ Möglichkeiten eröffnen

I

INNOCENT **aux innocents les mains pleines ; la fortune sourit aux innocents** den Seinen gibt's der Herr im Schlaf *(Sprichw.)*; die dümmsten Bauern haben die größten Kartoffeln *(Sprichw.)*

J

JEU **les jeux sont faits** *voir dé*

JOUR (**il y a**) **les/des jours avec et les/ des jours sans** es gibt gute und schlechte Tage; es gibt Glückstage und Unglückstage

L

LAIT **il a bu du petit lait** das ging ihm runter wie Öl; das ging ihm ein wie Honig

LÉZARD **il n'y a pas de lézard !** alles klar!; kein Problem!

LIBRE **libre comme l'air** frei wie der Vogel in der Luft

LONGUEUR **avoir une/avoir plusieurs longueur(s) d'avance (sur qqn.)** eine Länge/einige Längen Vorsprung haben (vor jmdm.); (jmdm.) um einige Längen voraus sein

LOT **décrocher le gros lot** *voir décrocher*

LOTERIE **la vie est une loterie** das Leben ist ein Glücksspiel/eine Lotterie

M

MAIN **gagner haut la main** *voir gagner*

MALHEUR **le malheur des uns fait le bonheur des autres** des einen Tod, des andern Brot *(Sprichw.)*

MARIÉE **se plaindre que la mariée est trop belle** *(etwa)* klagen, anstatt sich zu freuen; grundlos klagen/meckern

MARQUE **mener à la marque** (nach Punkten) führen

MARQUER **il faut marquer le coup** *voir coup*

MILLE **en plein dans le mille** genau ins Schwarze
mettre dans le mille ins Schwarze treffen; den Nagel auf den Kopf treffen

MOUCHE **faire mouche** *voir (mettre dans le) mille*

N

NAÎTRE **né coiffé** *voir coiffé*
né sous une bonne étoile *voir étoile*

NUMÉRO **tirer le bon numéro** *voir décrocher*

O

OREILLE **ne pas tomber dans l'oreille d'un sourd** nicht auf taube Ohren stoßen

P

PAILLE **tirer à la courte paille** Hälmchen ziehen; mit Strohhalmen knobeln

PAIN **c'est pain bénit** das ist ein Geschenk des Himmels

PALME **avoir/remporter la palme** den Sieg erringen

PARADIS **le paradis sur terre** das Paradies/der Himmel auf Erden

PAS **se dégager/se dépêtrer/se tirer/se sortir d'un mauvais pas** *voir dégager*

PÂTE **vivre comme un coq en pâte** *voir coq*

PATTE **retomber sur ses pattes** (**comme les chats**) (immer) wieder auf die Füße/Beine fallen

PAYS **le pays de cocagne** *voir cocagne*

PELOTON **dans le peloton de tête** zu den Besten gehören/zählen; unter den Besten sein

PENDU **avoir une chance/une veine de pendu** *voir chance : avoir une chance de cocu*

PENTE **remonter la pente** wieder auf die Beine kommen

PERDRE **ce n'est pas perdu pour tout le monde** irgend jmdm. wird es (schon) noch nutzen/zugute kommen

PIERRE **faire d'une pierre deux coups** *voir coup*

PILE **jouer/décider à pile ou face** *voir face*

PLAISIR **pour varier les plaisirs** weil's so schön war

PLEIN **battre son plein** in vollem Gange sein; auf dem Höhepunkt (angelangt/angekommen) sein; auf Hochtouren laufen

PLUIE **après la pluie, le beau temps** auf Regen folgt Sonnenschein

POIL **reprendre du poil de la bête** wieder hochkommen; wieder auf die Höhe kommen; sich wieder hochrappeln

POISSON **(heureux) comme un poisson dans l'eau** (glücklich) wie ein Fisch im Wasser

POMPON **avoir/remporter le pompon** *voir palme*

POSER (SE) **se poser un peu là** sich von der Masse abheben; anders sein als die anderen; den Vogel abschießen *(auch iron.)*

POT **avoir du pot** *voir (avoir du) bol*
un coup de pot *voir (un coup de) bol*

PRENDRE **c'est toujours ça de pris** (**sur l'ennemi**) das wäre erst/schon einmal gewonnen; das ist immerhin etwas

“reprendre du poil de la bête”
Le pelage d'un animal ayant mordu était censé guérir la blessure qu'il avait causée. Ajoutez à cela que «prendre du poil» signifiait «prendre de la vigueur» et que «reprendre» signifie «se renforcer», et vous disposerez de la subtile alchimie de cette très riche expression.
cf. POIL

R

R.A.S. **R.A.S. (rien à signaler)** keine besonderen Vorkommnisse

REMONTER **remonter la pente** *voir pente*

RENAÎTRE **renaître de ses cendres** *voir cendre*

RETOMBER **retomber sur ses pattes (comme les chats)** *voir patte*

RETOUR **par un juste retour des choses** als ausgleichende Gerechtigkeit; als gerechte Strafe; als gerechter Ausgleich

RONCE **avoir le cul sorti des ronces** *voir cul*

ROSE **voir la vie/voir tout en rose** das Leben/alles durch eine rosarote Brille/in rosigem Licht/in rosigen Farben sehen

ROUE **la roue de la fortune** *voir fortune*
la roue tourne das Rad des Glücks dreht sich

S

SAUVER **être sauvé (des eaux)** über den Berg sein; aus dem Gröbsten heraussein

SELLE **se remettre en selle** sich wieder in den Sattel schwingen; wieder fest im Sattel sitzen

SOLEIL **le soleil luit/brille pour tout le monde** die Sonne geht auf über Gute und Böse/über Gerechte und Ungerechte

SORT **le sort en est jeté** *voir dé*

SOUFFLE **trouver un second souffle** einen neuen Anlauf nehmen; einen neuen Aufschwung erleben

T

TIMBALE **décrocher la timbale** *voir décrocher*

TIRER **s'en tirer bien** etwas/seine Sache (wirklich) gut machen *bzw.* sich gut aus der Affäre ziehen; noch ganz gut bei etwas wegkommen
se tirer d'un mauvais pas *voir dégager*

TONNERRE **ça marche du tonnerre (de Dieu)** das klappt ja wie eine Eins; das läuft ja eins a

TOUJOURS **c'est toujours ça de pris (sur l'ennemi)** *voir prendre*

TOURNER **tourner rond** gut laufen/gehen/klappen

TRAVERS **passer à/au travers** (nochmal) davonkommen; drumrumkommen

TUNNEL **voir le bout du tunnel ; être/arriver au bout du tunnel** *voir bout*

V

VEINE **avoir de la veine** *voir (avoir du) bol*
avoir une veine de pendu/de cocu *voir chance : avoir une chance de cocu*
un coup de veine *voir (un coup de) bol*

VELOURS **jouer sur du velours** auf Nummer Sicher gehen

VENT **avoir le vent en poupe** Aufwind haben; Oberwasser bekommen/kriegen

VERNIR **être verni** *voir chance : avoir une chance de cocu*

VICTOIRE **crier/chanter victoire** hurra schreien; jubeln

6

Le malheur, l'échec, le danger

À chacun son destin : quand les francophones ont un accident de parcours ou se trouvent dans la m…, les germanophones ont une panne ou barbotent dans l'encre. Cela dit, pour les uns comme pour les autres, quelle chienne de vie ! Ce n'est pas une raison pour se tirer une balle dans la tête : la lecture des expressions qui suivent va sûrement vous faire oublier tous vos soucis.

A

ABOIS **être (comme une biche) aux abois** in äußerster Bedrängnis sein; in einer verzweifelten/ausweglosen Lage sein

ACCIDENT **un accident de parcours** eine Panne; ein Mißgeschick

ACHILLE **le talon d'Achille** die Achillesferse

ACTION **ses actions sont en baisse** seine Aktien fallen; es geht bergab/den Bach runter (mit ihm)

AFFAIRE **se tirer d'affaire** sich aus der Affäre ziehen

AIDER (S') **aide-toi, le ciel t'aidera** *(prov.)* hilf dir selbst, dann hilft dir Gott *(Sprichw.)*

AIGRE **tourner à l'aigre** *(Gespräch, Atmosphäre usw.)* zunehmend gereizter/schärfer/bissiger/giftiger werden; sich zunehmend verschlechtern

AILE **avoir du plomb dans l'aile** angeschlagen/kompromittiert sein
battre de l'aile sich in Schwierigkeiten befinden; auf schwachen/schwankenden/tönernen/wackligen Füßen stehen
se brûler les ailes sich die Finger verbrennen

AMBULANCE **il ne faut pas tirer/on ne tire pas sur une/l'ambulance** *(etwa)* der Typ ist sowieso schon fertig; dem braucht man nicht auch noch den Rest zu geben

ARRÊT **signer son arrêt de mort** sein Todesurteil unterzeichnen

ATHÉNIEN **c'est ici que les Athéniens s'atteignirent** jetzt wird's/wird die Sache schwierig/kompliziert/spannend

AUBERGE **nous ne sommes/on n'est pas sortis de l'auberge** wir sind noch lange nicht über den Berg; uns steht noch allerhand bevor

AVANCER **nous voilà bien avancés !** jetzt sind wir genauso weit wie vorher; jetzt sind wir keinen Schritt weitergekommen

AVOIR **on ne peut pas tout avoir** man kann nicht alles haben

B

BALLE **il y a de quoi/c'est à se tirer une balle (dans la tête)** da hat man gute Lust/allen Grund, sich die Kugel zu geben/sich eine Kugel durch den Kopf zu jagen

BARRER **on est/c'est mal barré(s)** es sieht gar nicht gut (für uns) aus; wir sind in einer vertrackten Lage

“le talon d'Achille”
Bien avant Obélix et la potion magique, Achille, guerrier grec, avait été plongé dans le Styx, ce qui lui conféra une quasi-invincibilité.
Quasi, car l'un de ses talons n'avait pas été immergé: lors de la guerre de Troie, il vainquit de nombreux ennemis, mais fut tué par un terrible coup porté à ce fameux talon.
De mauvais plaisants ajoutent que les Troyens s'exclamèrent: «ça lui fera les pieds». Ceci est sans doute moins authentique.
cf. ACHILLE

BÂT **c'est là que le bât blesse** da drückt der Schuh; da hapert es

BATEAU **être (embarqué) sur le même bateau** im gleichen/in einem Boot sitzen
le bateau prend l'eau/fait eau de toutes parts das Schiff ist am Sinken; die Lage wird immer aussichtsloser

BÂTON **un retour de bâton** ein (unerwarteter) Gegenschlag; ein Bumerang *(fig.)*

BÉBÉ **jeter le bébé avec l'eau du bain** das Kind mit dem Bade ausschütten

BEC **être/rester le bec dans l'eau** aufgeschmissen sein; auf dem trockenen sitzen; sich in auswegloser Lage befinden
tomber sur un bec auf unvorhergesehene Hindernisse/Schwierigkeiten stoßen

BELLE **l'échapper belle** noch einmal (ungeschoren) davonkommen; mit dem Schrecken davonkommen

BÉRÉZINA **c'est la Bérézina** das ist eine Katastrophe

BOIRE **boire le calice/la coupe jusqu'à la lie** den Kelch bis zur Neige leeren *(geh.)*

BOL **manque de bol ; pas de bol** so ein Pech (aber auch)

BONHEUR **le malheur des uns fait le bonheur des autres** des einen Tod, des andern Brot *(Sprichw.)*; der Katzen Spiel ist der Mäuse Tod *(Sprichw.)*

BOUDIN **finir en eau de boudin** ausgehen wie das Hornberger Schießen; in die Binsen/Hosen gehen; kläglich scheitern

BOUILLON **prendre/boire un/le bouillon** Geld in den Sand setzen; finanzielle Einbußen erleiden

BOULETTE **faire une boulette** einen Fehler/einen Schnitzer/eine Dummheit machen; einen Bock schießen

BOURDE **faire une bourde** *voir boulette*

BRANCHE **scier la branche sur laquelle on est assis** den Ast absägen, auf dem man sitzt

BRAS **baisser les bras** den Kopf hängen lassen
se retrouver avec qqch./qqn. sur les bras etwas/jmdn. auf dem Hals haben

BRELOQUE **battre la breloque** faseln; dummes Zeug reden; Blech quatschen

BRICOLE **il va lui arriver des bricoles** er wird Schwierigkeiten/Ärger bekommen

BRÛLÉ **ça sent le brûlé** jetzt wird's brenzlig

BRÛLER (SE) **se brûler les ailes** *voir aile*

BUTTE **être en butte à qqch.** einer Sache ausgesetzt sein

C

CACA **être/se mettre/se fourrer/se foutre dans le caca (jusqu'au cou)** im Schlamassel/in der Patsche/Klemme/Tinte sitzen; (bis zum Hals) in der Kacke/Scheiße sitzen/stecken *(derb)*

CALICE **boire le calice jusqu'à la lie** *voir boire*

CALVAIRE **c'est un (vrai/véritable) calvaire** das ist ein (wahres/richtiges) Martyrium

CANAL **il y a de quoi/c'est à se jeter dans le canal** *voir balle*

CARAFE **rester en carafe** *voir bec : être/rester le bec dans l'eau*

CAROTTE **les carottes sont cuites** aus der Traum; alles im Eimer

CARREAU **rester sur le carreau** auf der Strecke bleiben

CASSANDRE **jouer les Cassandre** Kassandrarufe ausstoßen; unken

CASSER **ça passe ou ça casse** auf Biegen und Brechen
qui casse les verres les paie *(prov.)* *(etwa)* wer den Schaden anrichtet, muß auch dafür aufkommen

CHANCE **c'est la faute à pas de chance** das war (eben/einfach/ja nun wirklich) Pech; das war ein unglücklicher Zufall
la chance a tourné das Blättchen hat sich gewendet

CHAPEAU **porter le chapeau** die Schuld/Verantwortung tragen

CHARME **le charme est rompu** der Bann ist gebrochen; der Zauber/die Illusion ist verflogen/dahin

CHARYBDE **tomber de Charybde en Scylla** zwischen Scylla und Charybdis sein *(geh.)*; vom Regen in die Traufe kommen

CHÂTEAU **s'écrouler comme un château de cartes** einstürzen/zusammenfallen wie ein Kartenhaus

CHERCHER **l'avoir cherché** es so/nicht anders gewollt haben

CHEVAL **miser sur le mauvais cheval** auf das falsche Pferd setzen

CHIENNE **(quelle) chienne de vie !** was für ein Hunde-leben!

CHOU **être dans les choux** in den Eimer gegangen sein
faire chou blanc eine Niederlage/Schlappe erleiden/einstecken müssen

CIEL **aide-toi, le ciel t'aidera** *voir aide*

CLAQUE **il a pris une (bonne/sacrée) claque** er hat (ganz schön) eins auf die Nase bekommen/gekriegt; das war für ihn ein Schlag ins Gesicht

CLOCHER **il y a quelque chose qui cloche** da stimmt was nicht; da ist was faul; ich rieche den Braten; ich wittere Unrat

COCHE **manquer/louper/rater le coche** seine Chance/die Gelegenheit verpassen

COINCER **coincé** in der Zwickmühle; festgefahren

CONSOLATION **une piètre/maigre consolation** ein schwacher Trost

CORDE **être/marcher/danser sur la corde raide** sich auf ein riskantes Unternehmen/Unterfangen einlassen
tirer sur la corde den Bogen überspannen; etwas auf die Spitze treiben

CORPS **être perdu corps et biens** hoffnungslos verloren sein

CORSER (SE) **(c'est ici que) ça se corse** *voir Athénien*

COTE **atteindre la cote d'alerte** den kritischen Punkt erreichen

COTON **filer un mauvais coton** in keiner gesunden Haut stecken; aus dem letzten Loch pfeifen

COUILLE **partir/tourner en couilles** den Bach runtergehen

COULEUR **en avoir vu de toutes les couleurs** mit allen Wassern gewaschen sein; mit allen Winden gesegelt sein

COUP **accuser le coup** *(etwa)* sich anmerken lassen, daß man sehr getroffen ist
ça m'a fichu un coup das hat mir einen (richtigen) Stoß gegeben; das hat mich (richtig) getroffen
c'est mieux qu'un coup de pied au cul das ist immer noch besser als in die Hand gespuckt; etwas ist besser als nichts
c'était un coup d'épée dans l'eau das war ein Schlag ins Wasser/ins Leere
il a raté/loupé/manqué son coup das ist ihm mißlungen/danebengegangen
tenir le coup aus-/durch-/standhalten; bei der Stange bleiben
un coup de Trafalgar eine kritische/bedrohliche Lage/Situation
un coup dur ein harter/schwerer Schlag

COUPE **boire la coupe jusqu'à la lie** *voir* ***boire***

CREUX **être dans le creux de la vague** an einem Tiefpunkt angelangt sein

CROIX **chacun (a/porte) sa croix** jeder muß sein Kreuz auf sich nehmen/tragen
on peut faire une croix sur ... ... können wir abschreiben/vergessen

CUIRASSE **le défaut de la cuirasse** *voir Achille*

CULBUTE **au bout du fossé, la culbute** *(etwa)* ich riskier's (einfach); ich geh' das Wagnis (einfach) ein; wer nicht wagt, der nicht gewinnt *(Sprichw.)*; frisch gewagt ist halb gewonnen *(Sprichw.)*

D

DÉ **les dés sont jetés** die Würfel sind gefallen

DÉBANDADE **finir en débandade** dahinschwinden; zunichte gemacht werden; in Rauch aufgehen; sich in Rauch auflösen

DÉFAUT **le défaut de la cuirasse** *voir Achille*
y a comme un défaut *voir* ***cloche***

DÉGÂT **limiter les dégâts** größere Schäden verhindern; das Schlimmste verhüten

“un coup de Trafalgar”
Si le coup de Jarnac était relativement inattendu, le coup de Trafalgar ne l'était pas. Napoléon, génie incontesté des batailles terrestres, ne pouvait rien contre la vieille Angleterre dès lors qu'elle lui faisait la guerre sur l'eau. Sa flotte valsa à la flotte et s'il avait écouté l'ingénieur Fulton qui lui proposait de construire des sous-marins, peut-être n'aurait-il pas terminé sa vie à Sainte-Hélène.
cf. COUP

DENT **se casser les dents** sich an etwas die Zähne ausbeißen

DÉSERT **connaître une traversée du désert** eine Durststrecke durchmachen

DESSOUS **être/tomber dans le 3e/36e dessous** im Keller sitzen; sich in einer verzweifelten Lage befinden

DEUIL **faire son deuil de qqch.** etwas abschreiben; etwas in den Mond schreiben

DEUX **jamais deux sans trois** aller guten Dinge sind drei

DIEU **avoir les dieux contre soi** vom Unglück verfolgt sein

DOS **avoir le dos au mur ; être dos au mur** mit dem Rücken zur Wand stehen

DOUCHE **la douche écossaise** das (reinste) Wechselbad; heute so, morgen so

DRAP **être/se mettre dans de beaux/sales/vilains draps** sich in die Nesseln setzen; sich (ganz schön) reinreiten

E

EAU **finir en eau de boudin** *voir boudin*
(il) y a de l'eau dans le gaz die Zeichen stehen auf Sturm; es kriselt
tomber à l'eau *voir boudin*

ÉCHEC **tenir qqn. en échec** jmdn. in Schach halten

ÉCRIT **c'était écrit** es mußte so kommen; so wollte es das Schicksal; das war Schicksal

ÉCROULER (S') **s'écrouler comme un château de cartes** *voir château*

ENFER **l'enfer est pavé de bonnes intentions** *(prov.)* der Weg zur Hölle ist mit guten Vorsätzen gepflastert *(Sprichw.)*

ENSEIGNE **être logé à la même enseigne** *voir bateau*

ENVIER **n'avoir rien à envier à qqn.** jmdn. nicht zu beneiden brauchen; jmdm. in nichts nachstehen

ÉPÉE **donner des coups d'épée dans l'eau** *voir coup*

ÉPONGE **jeter l'éponge** *voir (baisser les) bras*

ÉTOILE **né sous une mauvaise étoile** unter einem ungünstigen Stern geboren sein
son étoile pâlit/blanchit *voir actions*

F

FACE **jouer/décider à pile ou face** eine Münze werfen; knobeln

FAIRE **(il) faut faire avec ce qu'on a** man muß zufrieden sein mit dem, was man hat

FAUX **avoir tout faux** alles falsch gemacht haben

FEU **être pris entre deux feux** zwischen zwei Feuer geraten
mettre le feu aux poudres den Funken ins Pulverfaß schleudern; der Funke im Pulverfaß sein

FICELLE **tirer sur la ficelle** *voir corde*

FIGURE **en prendre plein la figure (pour pas un rond)** (voll) eine/eins reingewürgt bekommen/kriegen; (ganz schön) was abbekommen
se casser la figure *voir bouillon*

FILER **filer un mauvais coton** *voir coton*

FLINGUER (SE) **il y a de quoi/c'est à se flinguer** *voir balle*

FOND **toucher le fond** auf dem/seinem Tiefpunkt ankommen; einen seelischen Tiefpunkt haben

FORFAIT **déclarer forfait** aufgeben; ausscheiden; sich zurückziehen

FORTUNE **faire contre mauvaise fortune bon cœur** gute Miene zum bösen Spiel machen

FOSSÉ **au bout du fossé, la culbute** *voir culbute*

FRAIS **arrêter les frais** mit etwas aufhören; etwas aufgeben
faire les frais de qqch. für etwas aufkommen müssen; die Hauptlast (der Kosten) für etwas tragen müssen

FRAIS **être frais** *voir drap*

FUMÉE **s'envoler/partir/disparaître en fumée** *voir boudin*

GENCIVE **en prendre plein les gencives** eine vor den Bug geknallt bekommen/kriegen; zusammengestaucht werden

GIFLE **prendre une gifle** *voir claque*

GOUFFRE **être au bord du gouffre** am Rande des Abgrunds stehen

GOUTTE **c'est la goutte (d'eau) qui fait déborder le vase** das ist der Tropfen, der das Faß zum Überlaufen bringt

GRAIN **il y a un/c'est le grain de sable dans la mécanique** es ist Sand im Getriebe

GRIVE **faute de grives, on mange des merles** *(prov.)* in der Not frißt der Teufel Fliegen *(Sprichw.)*

GROS-JEAN **être/se retrouver Gros-Jean comme devant** so klug sein wie zuvor

GUÊPIER **être/se mettre/se fourrer/se foutre dans un guêpier** *voir drap*

G

GADIN (se) **prendre/se ramasser un gadin** *voir claque*

GAFFE **faire une gaffe** *voir boulette*

GALÈRE **c'est (la) galère** das ist eine (richtige) Tretmühle
être (embarqué) dans la même galère *voir bateau*
vogue la galère ! auf gut Glück!; hoffen wir das Beste!

GAMELLE (se) **prendre/se ramasser une gamelle** *voir claque*

GÂTER (SE) **(c'est ici que) ça se gâte** *voir Athénien*

“c'est (la) galère”
Vous vous souvenez de la célèbre réplique de Molière : « Mais qu'allait-il faire dans cette galère ? » Eh bien, malgré son origine marine, cette expression n'a pas trop dérivé. Elle réapparaît voici une vingtaine d'années et, paradoxalement, prend une tonalité moderne, surtout avec ses dérivés : « galérer » ou « ramer », ou l'expression « il/elle est galère ».
cf. GALÈRE

GUERRE **à la guerre comme à la guerre** *(prov.) (etwa)* es geht nun einmal nicht anders; man muß sich ins Unvermeidliche fügen

GUEULE **en prendre plein la gueule (pour pas un rond)** *voir figure*
se casser la gueule *voir bouillon*
se jeter/se mettre dans la gueule du loup sich in die Höhle des Löwen begeben/wagen

GUIGNE **avoir la guigne** Pech/eine Pechsträhne haben
porter la guigne à qqn. jmdm. Unglück bringen

H

HARICOT **c'est la fin des haricots** jetzt ist alles aus; jetzt ist's ganz aus

HAUT **tomber de haut** um eine Illusion ärmer sein; eine bittere/herbe Enttäuschung erlebt haben; aus allen Wolken fallen

HIC **il y a un hic** *voir clocher*

I

IDÉE **avoir des/les idées noires** trüben Gedanken nachhängen

INCIDENT **un incident de parcours** *voir accident*

J

JAMBE **ça vaut mieux que de se casser la/une jambe ; ça vaut mieux qu'une jambe cassée** das ist doch kein Beinbruch; das ist doch nur halb so wild
cela/ça me fait une belle jambe ! was nützt mir das (schon)!; das bringt mir (doch) nichts!; dafür kann ich mir nichts kaufen!

JETER **il y a de quoi/c'est à se jeter dans le canal/sous un train** *voir balle*
jeter le bébé avec l'eau du bain *voir bébé*

JEU **les jeux sont faits** *voir dé*

JOUR **c'est un jour sans** das ist (wieder) einer von diesen (miesen) Tagen
(il y a) les/des jours avec et les/des jours sans es gibt gute und schlechte Tage; es gibt Glückstage und Unglückstage

L

LANTERNE **être (la) lanterne rouge** das Schlußlicht sein

LARGE **ne pas en mener large** sich in seiner Haut nicht wohl fühlen; sich unbehaglich fühlen

“il y a un hic”
En latin, hic signifie «ici, voici, voilà». «Hic est quaestio» (voilà la question) constitue une forme soumise à une condition, à un obstacle. Le «hic» exprime donc qu'un écueil se dresse, et qu'il faut y faire face.
cf. HIC

LARGUER **être largué** abgehängt/fallengelassen werden

LÉZARD **(il) y a un lézard** *voir* ***clocher***

LIÈVRE **c'est là que gît le lièvre** *voir* ***bât***

LOGER **être logé à la même enseigne** *voir* ***bateau***

LOIN **je reviens de loin** ich bin noch einmal (mit heiler Haut) davongekommen

LOTERIE **la vie est une loterie** das Leben ist ein Glücksspiel/eine Lotterie

LOUP **se jeter/se mettre dans la gueule du loup** *voir* ***gueule***

M

MAL **de deux maux, il faut choisir le moindre** *(prov.)* von zwei Übeln das kleinere wählen *(Sprichw.)*
le mal est fait das Unrecht ist geschehen

MALCHANCE **jouer de malchance** *voir* ***dieu***

MALHEUR **à quelque chose malheur est bon** auch das Unglück hat sein Gutes/ist zu etwas gut; durch Schaden wird man klug *(Sprichw.)*
jouer de malheur *voir* ***dieu***
le malheur des uns fait le bonheur des autres *(prov.)* *voir* ***bonheur***
pour comble de malheur zu allem Unglück/Überfluß; um das Unglück vollzumachen
un malheur n'arrive jamais seul ein Unglück kommt selten allein
un oiseau de malheur ein Unglücksrabe; ein Pechvogel

MANCHE **jeter le manche après la cognée** *voir* ***(baisser les) bras***

MANIVELLE **un retour de manivelle** *voir* ***bâton***

MANQUER **il ne manquait plus que ça !** das hat gerade noch gefehlt!

MARCHER **marche ou crève !** friß, Vogel, oder stirb!

MARÉE **contre vents et marées** allen Widerständen/Hindernissen zum Trotz; unter allen Umständen; komme, was wolle
une marée noire ein Ölteppich; eine Ölpest

MARQUISE **tout va très bien, Madame la Marquise** alles in bester Ordnung; es könnte nicht besser gehen; es besteht (überhaupt) kein Grund zur Sorge/Besorgnis/Unruhe

MAUVAIS **ça sent mauvais** *voir* ***brûlé***

MAYONNAISE **la mayonnaise n'a pas pris** *(etwa)* es hat (doch) nicht geklappt/funktioniert

MÉDAILLE **le revers de la médaille** die Kehrseite der Medaille

MÉLASSE **être/se mettre/se fourrer/se foutre dans la mélasse** *voir* ***caca***

MENER **ne pas en mener large** *voir* ***large***

MERDE **être/se mettre/se fourrer/se foutre dans la merde** *voir* ***caca***
on est dans la merde ! wir sitzen/stecken in der Scheiße! *(derb)*; uns steht die Scheiße bis zum Hals! *(derb)*

MERLE **faute de grives, on mange des merles** *(prov.)* *voir* ***grive***

MESSE **la messe est dite** *voir* ***carotte***

MEUBLE **sauver les meubles** das Notwendigste (vor dem Untergang) retten

MIEUX **faute de mieux** in Ermangelung eines Besseren

MISER **miser sur le mauvais cheval** *voir cheval*

MISÈRE (**s'abattre/tomber sur qqn.**) **comme la misère sur le** (**pauvre**) **monde** (etwas trifft jmdn.) wie ein Blitz aus heiterem Himmel

N

NAÎTRE **né sous une mauvaise étoile** *voir étoile*

NAVIRE **les rats quittent le navire** *(prov.)* die Ratten verlassen das sinkende Schiff *(Redew.)*

NEZ **ça lui pend au nez** (**comme un sifflet de deux ronds**) das steht ihm bevor; das kommt auf ihn zu
ça va retomber sur (**le** [**coin du**] **nez de**) **qqn.** das wird auf ihn zurückfallen; damit wird er sich Ärger einhandeln
passer/filer sous le nez jmdm. durch die Lappen gehen
se casser le nez *voir (tomber sur un) bec*

O

OISEAU **un oiseau de malheur/de mauvais augure** *voir malheur*

OMBRE **il y a une ombre au tableau** *voir cloche*

OS **il y a un os** *voir cloche*
tomber sur un os *voir (tomber sur un) bec*

P

PAILLE **tirer à la courte paille** Hälmchen ziehen; mit Strohhalmen knobeln

PANADE **être/se mettre/se fourrer/se foutre dans la panade** *voir caca*

PARTERRE **prendre/ramasser un billet de parterre** *voir bouillon*

PAS **céder le pas à qqn.** jmdm. den Vortritt/Vorrang lassen
faire un faux pas einen Fauxpas begehen; sich daneben benehmen

PASSAGE **connaître/avoir un passage à vide** *voir désert*

PASSE **être dans/traverser une mauvaise passe** *voir désert*

PASSER **ça passe ou ça casse** *voir casse*

PAUVRE **pauvre de moi/de nous/de toi/de vous !** ich Ärmste(r)/wir Ärmsten/ihr Ärmsten!

PAUVRETÉ **s'abattre/tomber sur qqn. comme la pauvreté sur le monde** *voir misère*

PEINE **à chaque jour suffit sa peine** *(prov.)* jeder Tag hat seine Plage *(Sprichw.)*
c'est peine perdue das ist verlorene Liebesmüh(e)
ne pas être au bout de ses peines *voir auberge*

PELLE (**se**) **prendre/**(**se**) **ramasser une pelle** *voir bouillon*

PENTE **être sur la/une mauvaise pente** auf die schiefe Bahn/Ebene geraten
être sur une pente glissante/dangereuse/savonneuse einen gefährlichen Weg eingeschlagen haben; sich auf eine gefährliche Bahn begeben

PÉPIN **avoir un pépin** Ärger/Scherereien haben

PERDRE **être perdu corps et biens** *voir corps*

PERTE **courir à sa perte** in sein Verderben rennen; seinem Ruin/Untergang entgegengehen

PÉTRIN **être/se mettre/se fourrer/se foutre dans le pétrin** *voir caca*

PIED **perdre pied** den Boden unter den Füßen/den Halt verlieren

PIERRE **une pierre d'achoppement** ein Stein des Anstoßes

PILE **jouer/décider à pile ou face** *voir face*

PILULE **avaler la pilule dure** die bittere Pille schlucken; in den sauren Apfel beißen

PLAN **rester en plan** *voir bec : être/rester le bec dans l'eau*

PLANCHE **c'est ma planche de salut** das ist meine letzte Rettung/mein Rettungsanker

PLANTER (SE) **se planter** sich irren/täuschen/vertun; falsch liegen

PLÂTRE **essuyer les plâtres** etwas ausbaden müssen

PLOMB **avoir du plomb dans l'aile** *voir aile*

PLUME **y laisser/y perdre des plumes** Federn/Haare lassen (müssen)

POINT **être au point mort** an einem toten Punkt angelangt sein

POISSE **avoir la poisse** *voir (avoir la) guigne*
porter la poisse à qqn. *voir (porter la) guigne*

POISSON **finir en queue de poisson** *voir boudin*

PORTE **trouver porte close** vor verschlossener Tür stehen

POSTURE **être en mauvaise posture** in einer schlechten/ungünstigen/schlimmen Lage sein; schlecht dran sein

POT **c'est le pot de terre contre le pot de fer** das ist (wie) David gegen Goliath; das ist ein unfairer Kampf
manque de pot *voir bol*

POUCE **mettre les pouces** *voir (baisser les) bras*

POUSSIÈRE **mordre la poussière** ins Gras beißen

PRÉCIPICE **être au bord du précipice** *voir gouffre*

PRENDRE **(merci [bien],) je sors d'en prendre !** (vielen Dank,) ich bin bedient!/mir reicht's!

“avoir un pépin”
Pareillement au ver, le pépin est dans le fruit. Vous voilà donc en Espagne, confortablement installé devant une jolie assiette d'oranges, l'œil perdu sur la crête des vagues et les formes de quelques belles apparitions de plage. « Ah, » pensez-vous « décidément, la vie mérite d'être croquée à belles dents. » Ce que vous faites d'une délicieuse orange, avalant trop vite votre bouchée. Et voilà où ça coince : vous toussez, parce qu'un pépin vous est resté en travers de la gorge. Vous venez d'avoir un pépin.
cf. PÉPIN

PROPHÈTE **un prophète de malheur** ein Unglücksprophet

PURÉE **être/se mettre/se fourrer/se foutre dans la purée/dans une purée noire** *voir caca*

Q

QUART **passer un mauvais/sale quart d'heure** bange/böse/schlimme Minuten/Augenblicke durchmachen

QUEUE **finir en queue de poisson** *voir boudin*
revenir la queue entre les pattes/jambes ; revenir la queue basse mit hängendem/eingezogenem Schwanz abziehen; sich wie ein begossener Pudel davonschleichen

R

RADE **rester en rade** *voir bec : être/rester le bec dans l'eau*

RAMASSER (SE) **se ramasser** *voir bouillon*

RÂPER **c'est râpé (pour ce soir)** daraus wird (heute abend) nichts mehr

RAT **les rats quittent le navire** *(prov.)* *voir navire*

RÉCOLTER/RECUEILLIR **on (ne) récolte/recueille (que) ce qu'on a semé** man erntet, was man gesät hat; wie die Saat, so die Ernte *(Sprichw.)*

RÉGIME **avoir une baisse de régime** *voir baisse*

RESTER **rester en carafe/en plan/en rade** *voir bec : être/rester le bec dans l'eau*
rester sur le carreau *voir carreau*

RETOUR **par un juste retour des choses** als ausgleichende Gerechtigkeit; als gerechte Strafe; als gerechter Ausgleich
un retour de bâton *voir bâton*

REVERS **le revers de la médaille** *voir médaille*

RISQUE **c'est à tes/vos risques et périls** auf eigene Gefahr

ROSE **il n'y a pas de rose sans épines** keine Rose ohne Dornen

ROUE **la roue tourne** *voir chance*

ROUSSI **ça sent le roussi** *voir brûlé*

S

SABLE **il y a un/c'est le grain de sable dans la mécanique** *voir grain*

SAINT **ne plus/ne pas savoir à quel saint se vouer** nicht ein noch aus wissen; mit seiner Weisheit am Ende sein

SAUCE **se demander à quelle sauce on va être mangé** sich fragen, was einem (wohl) noch so alles bevorsteht/blüht; sich fragen, mit was man (wohl) noch zu rechnen hat

SCARLATINE **ça vaut mieux que d'attraper la scarlatine** *voir (ça vaut mieux que de se casser une) jambe*

SCIER **scier la branche sur laquelle on est assis** *voir branche*

SCYLLA **tomber de Charybde en Scylla** *voir Charybde*

SEMER **qui sème le vent récolte la tempête** *(prov.)* wer Wind sät, wird Sturm ernten *(Sprichw.)*

SENTIR **ça sent le brûlé/mauvais/le roussi** *voir* ***brûlé***

SIGNER **signer son arrêt de mort** *voir* ***arrêt***

SORT **le sort en est jeté** *voir* ***dé***

TRAFALGAR **un coup de Trafalgar** *voir* ***coup***

TRAIN **il y a de quoi/c'est à se jeter sous un train** *voir* ***balle***

TUILE **quelle tuile !** das war vielleicht ein Schlag ins Kontor!

T

TALON **le talon d'Achille** *voir* ***Achille***

TERRE **tomber plus bas que terre** *voir* ***fond***

TÊTE **garder la tête hors de l'eau** sich über Wasser halten

TINTIN **faire tintin** in den Mond/die Röhre gucken; das Nachsehen haben

TIRER **il y a de quoi/c'est à se tirer une balle (dans la tête)** *voir* ***balle***

TOMBE **creuser sa propre tombe** *voir* ***branche***
se retourner dans sa tombe sich im Grab(e) umdrehen

TOUCHE **rester sur la touche** ausgebootet/kaltgestellt werden

TOURNER **mal tourner** eine schlechte Wendung nehmen; fehlschlagen; schiefgehen/-laufen
tourner court *voir* ***boudin***

TOURNURE **prendre mauvaise tournure** *voir* ***(mal) tourner***

TOUT **on ne peut pas tout avoir** *voir* ***avoir***

V

VACHE **manger/bouffer de la vache enragée** viel durchmachen müssen; Elend und Not ausstehen; sich hart durchbeißen müsssen

VAU-L'EAU **(s'en) aller/partir à vau-l'eau** *voir* ***débandade***

VENT **contre vents et marées** *voir* ***marée***

VÉROLE **ça m'est tombé dessus comme la vérole sur le bas clergé** das hat mich mit voller Wucht erwischt/getroffen

VERT **en avoir vu des vertes et des pas mûres** *voir* ***couleur***

VESTE **prendre/ramasser une veste** *voir* ***bouillon***

VINAIGRE **tourner (au) vinaigre** *voir* ***aigre***

VOLCAN **danser/être/se tenir sur un volcan** auf einem Vulkan tanzen; auf einem Pulverfaß sitzen

VOLER **ne pas l'avoir volé** *voir* ***chercher***

7

La santé, la mort

Un chapitre à ne lire qu'à la condition d'avoir le cœur bien accroché : les misères humaines sont tellement nombreuses que vous en perdriez le boire et le manger. Alors, que vous souhaiter, sinon d'avoir la patate, la frite et la pêche, bref de péter le feu ? C'est quand même plus réjouissant que de bouffer les pissenlits par la racine…

A

ACHARNEMENT **l'acharnement thérapeutique** *(etwa)* der Einsatz medizinischer Maßnahmen, um jmdn. künstlich am Leben zu erhalten

ÂME **avoir l'âme chevillée au corps** ein zähes Leben haben
rendre l'âme die Seele aushauchen; seinen Geist aufgeben

AMOUR **à tes amours !** Gesundheit!

ARME **passer l'arme à gauche** ins Gras beißen; abkratzen

ARTICLE **à l'article** (**de la mort**) im Sterben liegen

ASSIETTE **ne pas être dans son assiette** sich nicht (recht) wohl fühlen; nicht (ganz) auf der Höhe/auf dem Posten/auf dem Damm sein

ATTAQUE **d'attaque** voll(er) Energie/Schwung/Antriebskraft/Dynamik sein; Drive haben

B

BERLUE **avoir la berlue** Halluzinationen haben; sich etwas einbilden

BILLARD **passer sur le billard** unters Messer kommen

BŒUF **fort comme un bœuf** stark wie ein Bulle sein; bärenstark sein

BOIRE **en perdre le boire et le manger** Essen und Trinken über etwas vergessen

BOTTE **en avoir plein les bottes** gehmüde sein

BOUCHE-À-BOUCHE **le bouche-à-bouche** die Mund-zu-Mund-Beatmung; die Atemspende

BOULE **avoir les nerfs en boule** furchtbar nervös/angespannt sein

BOUT **être au bout du/de son rouleau** aus dem letzten Loch pfeifen; am Ende seiner Kraft sein

BRELOQUE **son coeur bat la breloque** sein/ihr Herz hüpft/stolpert/spielt verrückt/schlägt Kapriolen

BULLETIN **avaler son bulletin de naissance** *voir arme*

“passer l'arme à gauche”
Rien à voir avec la politique : en escrime, lorsqu'on passe l'arme à gauche, c'est que l'on est désarmé. D'où cette expression d'origine militaire qui désigne la perte de ce bastion si fragile et si précieux à la fois : la vie.

“avoir la berlue”
La mémoire d'une langue se perd vite et cette expression en constitue la preuve. Comme le verbe « challoir » (dont la phrase « peut me chaut » est la seule survivante) « berluer/belluer » a été perdu corps et biens. Il signifiait « éblouir », ce qui donna aussi « éberluer ». La berlue est donc l'acte qui consiste à tromper par la vue, à être ébloui.
cf. ARME et cf. BERLUE

C

CABRIOLE **faire la cabriole** *(vieilli)* *voir arme*

CADAVRE **être un cadavre ambulant** ein wandelnder/lebender Leichnam sein

CAISSON **se faire sauter le caisson** sich eine Kugel in den Kopf schießen/durch den Kopf jagen

CARABINER **un rhume carabiné** ein Mordsschnupfen
une migraine carabinée heftige/rasende Kopfschmerzen

CARREAU **rester sur le carreau** getötet/verwundet zurückgelassen werden *(milit.)*; tot/verletzt am Boden liegen bleiben

CERVELLE **se faire sauter la cervelle** *voir caisson*

CHANDELLE **voir 36 chandelles** Sterne sehen; die Engel (im Himmel) singen hören

CHAPELLE **une chapelle ardente** Trauerkapelle; Raum, in dem ein Toter von brennenden Kerzen umgeben aufgebahrt wird

CHARCUTER **charcuter un malade** an einem Kranken herumschnippeln/-schnipseln

CHARME **se porter comme un charme** kerngesund sein; sich bester Gesundheit erfreuen; sich ausgezeichnet fühlen

CHAT **avoir un chat dans la gorge** einen Frosch im Hals haben

CHAUSSURE **être à côté de ses chaussures** von der Rolle sein; danebensein; neben der Kappe sein

CHÊNE **se porter comme un chêne** *voir charme*

CHEVAL **un remède de cheval** eine Pferde-/Roßkur
une fièvre de cheval hohes Fieber

CHEVEU **avoir un cheveu sur la langue** lispeln; mit der Zunge anstoßen

CHIEN **faire un mal de chien** höllisch schmerzen/weh tun
j'ai été malade comme un chien mir war/ich fühlte mich hundeelend

CHOSE **se sentir/être tout chose** unpäßlich sein; sich unwohl/nicht wohl fühlen

CI **comme ci, comme ça** so lala

CIRAGE **être dans le cirage** im Tran sein

CLAMECER ; CLAMSER **clamecer ; clamser** *voir arme*

CLAQUER **claqué** fix und fertig; fix und foxi; total erschöpft; ausgelaugt; groggy
claquer *voir arme*

CŒUR **avoir le cœur bien accroché** einen guten Magen/einen Pferdemagen haben
avoir le cœur qui bat la chamade wahnsinniges Herzklopfen haben
son cœur bat la breloque *voir breloque*

COMPAS **avoir un/le compas dans l'œil** ein ausgezeichnetes Augenmaß haben

COMPOTE **avoir les jambes en compote** Pudding in den Beinen haben; wackelig auf den Beinen sein

COMPTE **avoir son compte** tödlich verletzt sein

COQUETTERIE **avoir une coquetterie dans l'œil** einen Silberblick haben

COSTUME **se faire tailler un costume en bois** (**de sapin**) in die Kiste springen; den Löffel abgeben/ hinlegen/fallen lassen/ wegschmeißen

COTON **avoir les jambes en coton** *voir compote*

COUP **avoir le coup du lapin** *(etwa)* bei einem Autounfall einen Halswirbelbruch (durch Peitscheneffekt) erleiden
avoir un coup de pompe/barre einen Durchhänger haben
recevoir un coup de pied de Vénus eine Liebesgabe bekommen; sich eine Geschlechtskrankheit einhandeln

CRÊPE **s'aplatir comme une crêpe** der Länge nach hinfallen

CRÈVE **attraper/choper la crève** sich eine Mordserkältung/den Tod holen

CREVER **crevé** völlig fertig; erledigt; (total) am Ende; kaputt; erschossen *(voir aussi claquer: claqué)*
crever *voir arme*
crever la gueule ouverte krepieren *(derb)*; verrecken *(derb)*

CUILLER **à ramasser à la petite cuiller** *voir crever : crevé*

D

DANSE **avoir la danse de Saint-Guy** den Veitstanz haben

DEBOUT **ne plus tenir debout** sich nicht mehr/kaum noch auf den Beinen halten können; im Stehen schlafen; zum Umfallen müde sein; vor Müdigkeit umfallen

DÉGUEULER **dégueuler tripes et boyaux** sich die Seele aus dem Leib kotzen *(derb)*; kotzen wie ein Reiher *(derb)*

DENT **être sur les dents** *voir crever : crevé*

DOIGT **avoir des doigts de fée** fingerfertig sein; mit den Fingern/ Händen sehr geschickt sein

E

ENTERRER **il nous enterrera tous** der überlebt uns (noch) alle

F

FEU **mourir à petit feu** langsam dahinsiechen
péter le feu/du feu/des flammes vor Unternehmungslust sprühen/ überschäumen; in Fahrt sein

> **“avoir la danse de Saint-Guy”**
> Il ne s'agit pas d'une danse passée de mode ou d'époque, mais d'une expression qui nous plonge au cœur du Moyen-Age. Jadis, pour guérir la chorée, maladie nerveuse caractérisée par des mouvements désordonnés, on faisait appel à Saint-Guy ou à Saint-Witt. Depuis, la médecine a permis de mettre ces Saints bienfaisants au repos.
> cf. DANSE

FEUILLE **être dur de la feuille** schwerhörig sein; schlecht hören
trembler comme une feuille zittern wie Espenlaub

FICHU **être mal fichu** sich schlecht/elend/jämmerlich fühlen; nicht gut beieinander sein; angeschlagen sein

FLANELLE **avoir les jambes en flanelle** *voir compote*

FLEUR **avoir les nerfs à fleur de peau** überreizte/überempfindliche Nerven haben

FORCE **être une force de la nature** voller Vitalität stecken; eine Bärennatur haben

FORME **au mieux de sa forme** topfit; fit wie ein Turnschuh; in Hoch-/Best-/Topform
en pleine/grande forme richtig fit; gut in Form; so richtig in Schwung
ne pas être en forme nicht in Form/Schwung sein

FORT **fort comme un bœuf/un Turc** *voir bœuf*

FOSSE **avoir un/le pied dans la fosse** mit einem Bein im Grab stehen

FOURMI **avoir des fourmis dans les jambes** Ameisen in den Beinen haben; eingeschlafene Beine haben

FRAIS **frais comme une rose/comme un gardon/comme l'œil** wie das blühende Leben aussehen

FRAISE **sucrer les fraises** den Tatterich haben; ganz zittrig/tattrig sein

FRITE **avoir la frite** gut drauf sein; in guter Stimmung sein

FUMER **fumer comme un Turc/une locomotive/une cheminée/un pompier/un sapeur** rauchen/qualmen wie ein Schlot

G

GARDON **frais comme un gardon** *voir frais*

GAZ **dans le gaz** *voir cirage*

GENOU **sur les genoux** hundemüde; matt; schlaff; schlapp; wie zerschlagen/geräderté *(voir aussi crever : crevé)*

GODASSE **être à côté de ses godasses** *voir chaussure*

GOUTTE **n'y voir goutte ; n'y entendre goutte** *(vieilli)* überhaupt nichts/nicht das Geringste sehen/hören

GRIPPE **se payer une bonne grippe** sich eine anständige Grippe holen/zuziehen

GROLLE **être à côté de ses grolles** *voir chaussure*

GUÉRIR **mieux vaut prévenir que guérir** vorbeugen ist besser als heilen

GUILLERET **tout guilleret** putzmunter; mopsfidel; munter wie ein Fisch im Wasser

H

HANNETON **(un rhume) pas piqué des hannetons** (ein Schnupfen,) der sich gewaschen hat/der nicht von schlechten Eltern ist

HAUT-LE-CŒUR **j'ai un haut-le-cœur** mir ist schlecht; mir ist spei-/kotzübel *(derb)*; ich muß brechen/mich übergeben

HEURE **attendre que son heure sonne** warten, bis einem die Stunde schlägt

J

JAMBE **avoir les jambes en coton/compote/flanelle** *voir compote*
ne plus avoir ses jambes de vingt ans nicht mehr so gut zu Fuß sein (wie früher)
se dérouiller les jambes sich die Beine vertreten

JOUR **mettre fin/attenter à ses jours** seinem Leben ein Ende machen/setzen
ses jours sont comptés seine Tage sind gezählt

JUIF **le petit Juif** das Mäuschen; der Musikantenknochen

L

LESSIVER **complètement lessivé** kaputt; völlig erschlagen/erschossen; ausgepumpt *(voir aussi crever : crevé)*

LION **avoir mangé/bouffé du lion** Bäume ausreißen können; ungewöhnliche Energie haben

LOCOMOTIVE **fumer comme une locomotive** *voir fumer*

LYNX **avoir des yeux de lynx** Augen wie ein Luchs haben

M

MAIN **avoir deux mains gauches** zwei linke Hände haben

MAL **faire un mal de chien** *voir chien*
il est au plus mal es steht sehr ernst/schlecht um ihn; es geht mit ihm zu Ende

MALADE **malade comme un chien** *voir chien*

MANCHOT **ne pas être manchot** keine zwei linke Hände haben; nicht ungeschickt sein

MANGER **en perdre le boire et le manger** *voir boire*

MARTYRE **souffrir le martyre** höllische Qualen/Höllenqualen ausstehen/leiden/erdulden (müssen)

MERDE **avoir un œil qui dit merde à l'autre** *voir coquetterie*

MERVEILLE **se porter à merveille** *voir charme*

MINE **avoir une mine de papier mâché** toten-/leichenblaß sein; bleich wie der Tod sein; kreidebleich sein/aussehen
avoir une petite mine schlecht/krank aussehen; angegriffen/mitgenommen aussehen

MONDE **envoyer/expédier qqn. dans l'autre monde** jmdn. ins Jenseits befördern
ne plus être de ce monde nicht mehr unter den Lebenden/am Leben sein; nicht mehr leben

MORT **à l'article de la mort** *voir article*
entre la vie et la mort zwischen Leben und Tod
je suis mort ich bin tot/todmüde/zu Tode erschöpft *(voir aussi crever : crevé)*
mort et enterré tot und begraben; längst tot/unter der Erde
mourir de sa belle mort eines natürlichen Todes sterben
souffrir mille morts tausend Tode sterben
tomber raide mort tot umfallen

tout ce qu'il y a de plus mort mausetot
voir la mort de près dem Tod ins Auge schauen

MOURIR **mourir à petit feu** *voir* *feu*
mourir comme des mouches sterben wie die Fliegen
mourir de sa belle mort *voir* *mort*
on meurt comme on a vécu wie gelebt, so gestorben
on ne meurt qu'une fois man stirbt nur einmal

MOYEN **perdre (tous) ses moyens** (körperlich und seelisch) zusammenbrechen

N

NAGE **en nage** schweißgebadet/-triefend; klatschnaß (vor Schweiß)

NATURE **une petite nature** eine schwache Natur; eine kränkliche/kränkelnde Person

NAZE **naze** *voir* *crever : crevé*

NERF **avoir les nerfs à fleur de peau** *voir* *fleur*
avoir les nerfs en boule/pelote *voir* *boule*

NEZ **piquer du nez** einnicken

O

ŒIL **avoir (encore/toujours) bon pied bon œil** (immer noch) gesund und rüstig sein; noch gut bei Wege sein *(veralt.)*
avoir le coup d'œil einen scharfen Blick haben
avoir un/le compas dans l'œil *voir* *compas*
avoir un œil qui dit merde/zut à l'autre *voir* *coquetterie*
frais comme l'œil *voir* *frais*
tourner de l'œil in Ohnmacht fallen; umfallen/-kippen

OR **avoir de l'or dans les mains** *voir* *doigt*

OS **ne pas faire de vieux os** es nicht mehr lange machen; nicht alt werden

P

PÂLE **se faire porter pâle** *(argot milit.)* sich krank melden; sich krank schreiben lassen

PAPIER **avoir une figure/mine de papier mâché** *voir* *mine*

PATATE **avoir la patate** *voir* *frite*

PATRAQUE **être patraque** *voir* *assiette*

PATTE **traîner la patte** ein Bein nachziehen; hinken; lahmen

PEAU **sauver sa peau** sein Leben/seine Haut retten

PÊCHE **avoir la pêche ; avoir une pêche d'enfer** *voir* *frite*

PELOTE **avoir les nerfs en pelote** *voir* *boule*

PIED **à six pieds sous terre** sechs Fuß unter der Erde
avoir (toujours) bon pied bon œil *voir* *œil*
avoir un pied dans la fosse/la tombe/le trou *voir* *fosse*
être remis sur pieds wieder auf die Beine kommen

partir les pieds devant mit den Füßen voran das Haus verlassen

PILE **être une vraie pile électrique** ein richtiges Energiebündel sein

PIPE **casser sa pipe** *voir arme*

PISSENLIT **bouffer les pissenlits par la racine** sich die Radieschen von unten ansehen

PLANCHE **entre quatre planches** in der Kiste *(voir aussi mort (et enterré) et pied : à six pieds sous terre)*

PLAT **à plat** *voir crever : crevé*

POMME **tomber dans les pommes** *voir (tourner de l')œil*

POMPE **marcher/être à côté de ses pompes** *voir chaussure*

POMPIER **fumer comme un pompier** *voir fumer*

PONT NEUF **se porter comme le Pont Neuf** *voir charme*

PORTUGAISE **avoir les portugaises ensablées** *voir feuille*

POT **sourd comme un pot** stocktaub; völlig taub

POUDRE **de la poudre de perlimpinpin** eine Wunderarznei; ein Wunder-/Allheilmittel

POUMON **cracher ses poumons** sich die Lunge aus dem Hals husten

POUVOIR **n'en plus pouvoir** nicht mehr können

PRÉVENIR **mieux vaut prévenir que guérir** *voir guérir*

Q

QUILLE **ne pas/plus tenir sur ses quilles** schwach auf den Beinen sein

R

RADAR **marcher au radar** wie ein Zombie durch die Gegend laufen

RA-PLA-PLA **être/se sentir ra-pla-pla** *voir crever : crevé*

REIN **avoir les reins solides** einen breiten Buckel/Rückel haben; einiges aushalten können/abkönnen

REMÈDE **un remède de bonne femme** ein Hausmittel
un remède de cheval *voir cheval*
un remède miracle eine Wunderkur

RESTER **il a bien failli y rester** er wäre fast (dabei) umgekommen; es hätte ihn fast erwischt

RETOUR **le retour d'âge** die Wechseljahre
être sur le retour allmählich alt werden; in die Jahre kommen

ROSE **frais comme une rose** *voir frais*

“avoir les portugaises ensablées”
Une portugaise : telle est la dénomination d'une succulente petite pomme garnie de confiture. Celle-ci se transforme en oreille par le truchement d'une comparaison aussi argotique qu'imagée. Lorsqu'elle s'ensable, elle se retrouve en rade, pareille à une barque portugaise attendant de voguer sur la mer des sons pour y pêcher des paroles.
cf. PORTUGAISES

ROTULE **être sur les rotules** *voir* ***genou***

ROULEAU **être au bout du/de son rouleau** *voir* ***bout***

S

SAINT-GUY **avoir la danse de Saint-Guy** *voir* ***danse***

SANTÉ **avoir une petite santé** von zarter/schwacher Gesundheit sein; anfällig sein
avoir une santé de fer eine eiserne Gesundheit haben; eine gute/eiserne Konstitution haben
se refaire une santé wieder zu Kräften kommen; sich wieder erholen
y laisser la/sa santé seine Gesundheit (bei etwas) ruinieren

SAPEUR **fumer comme un sapeur** *voir* ***fumer***

SAPIN **ça sent le sapin** der macht's nicht mehr lange; der steht schon mit einem Fuß im Grab

SOLIDE **solide comme un roc/un chêne** eine sehr robuste Gesundheit haben; sehr robust sein

SOUFFLE **rendre son dernier souffle** *voir* ***âme***

SOUFFLER **souffler comme un bœuf/phoque** schnaufen wie ein Gaul/ein Walroß/eine Lokomotive

SOUFFRIR **souffrir le martyre** *voir* ***martyre***
souffrir mille morts *voir* ***mort***

SOUHAIT **à tes/vos souhaits** Gesundheit:

T

TAUPE **aller au royaume des taupes** *voir* ***pied : à six pieds sous terre***
myope comme une taupe blind wie ein Maulwurf

TOMBE **avoir un pied dans la tombe** *voir* ***fosse***

TOMBER **tomber comme des mouches** *voir* ***mourir (comme des mouches)***
tomber de fatigue/de sommeil vor Müdigkeit umfallen; zum Umfallen müde sein

TREMBLER **trembler comme une feuille** *voir* ***feuille***

TRENTE-TROIS **dites trente-trois !** sagen Sie mal Aaa!; machen Sie mal den Mund auf!

TRÉPAS **passer de vie à trépas** aus dem Leben scheiden; hinscheiden

TRIBUT **payer son tribut à la nature** den Weg allen Fleisches gehen *(geh.)*

TROU **avoir un pied dans le trou** *voir* ***fosse***

TURC **être fort comme un Turc** *voir* ***bœuf***

V

VAPE **(complètement) dans les vapes** benommen; benebelt; (völlig) daneben

VÉNUS **recevoir un coup de pied de Vénus** *voir* ***coup***

VERS **rongé par les vers ; rongé aux vers** von den Würmern zerfressen; verwest
(un rhume) pas piqué des vers *voir* ***hanneton***

VIE **entre la vie et la mort** *voir* *mort*
passer de vie à trépas *voir* *trépas*
tant qu'il y a de la vie, il y a de l'espoir man hofft, solange man lebt

VIEUX **se faire vieux** alt werden; altern

VOMIR **vomir tripes et boyaux** *voir* *dégueuler*

Y

YEUX **avoir les yeux qui se croisent les bras** *voir* *coquetterie*
ne pas avoir les yeux en face des trous Tomaten auf den Augen haben; ganz verschlafen aus der Wäsche gucken

Z

ZUT **avoir un œil qui dit zut à l'autre** *voir* *coquetterie*

8

Le travail, les affaires

Pour vous livrer cette série, nous avons turbiné et mis les bouchées doubles : dans la jungle contemporaine, le boulot et le « business » se taillent la part du lion. Vous verrez. Après avoir lu les expressions qui suivent, vous serez devenu un orfèvre en la matière. Et maintenant, allez-y, vous avez du pain sur la planche.

A

ACTION **dans le feu de l'action** im Eifer des Gefechts

AFFAIRE **c'est une affaire entendue** die Sache geht klar/in Ordnung!; die Sache ist geritzt!
être à son affaire in seinem Element sein
être sur une affaire etwas laufen haben; an einer Sache dran sein; etwas in Aussicht haben
faire marcher/faire tourner l'affaire den Laden schmeißen; das Geschäft/den Betrieb schwungvoll leiten
l'affaire est dans le sac die Sache ist unter Dach und Fach
les affaires sont les affaires Geschäft ist Geschäft
mener une affaire rondement ein Geschäft prompt/im Handumdrehen abwickeln
une affaire louche ein unsauberes/zweifelhaftes Geschäft

ALOUETTE **attendre que les alouettes vous tombent toutes rôties dans la bouche** warten, bis einem die gebratenen Tauben ins Maul fliegen

APPAREIL **M. Dupont à l'appareil** Dupont am Apparat

APPELER **(il y a) beaucoup d'appelés, (mais) peu d'élus** viele sind berufen, aber nur wenige sind auserwählt

ARÈNE **descendre dans l'arène** in die Arena steigen; den Kampf aufnehmen; die Herausforderung annehmen

ARME **faire ses premières armes** sich die Sporen verdienen; ersten Erfolg/erste Anerkennung erringen

ARRACHE-PIED **travailler d'arrache-pied** wie verrückt arbeiten; sich die Finger abarbeiten; sich ein Bein ausreißen

ARRIÈRE **assurer/protéger ses arrières** sich noch ein Hintertürchen offenhalten; nicht alle Brücken hinter sich abbrechen

ARRIVER **y arriver** es schaffen

ART **avoir l'art et la manière** es meisterlich verstehen, etwas zu tun

AUTORITÉ **faire autorité dans qqch.** als Autorität/Kapazität/Koryphäe (auf einem Gebiet) gelten

AVENIR **avoir de l'avenir** eine glänzende Zukunft vor sich haben; glänzende Zukunftsaussichten haben

“attendre que les alouettes vous tombent toutes rôties dans la bouche”
Les alouettes, ça se mange. Si l'habitude en est généralement tombée en désuétude, autrefois, ces beaux oiseaux et bien d'autres constituaient des plats fort appréciés. Des chansons traditionnelles («Alouette, gentille alouette, alouette, je te plumerai») et des expressions («faute de grives, on mange des merles») attestent cette tradition d'oisellerie gastronomique.
cf. ALOUETTE

B

BAGUETTE mener qqn. à la baguette jmdn. nach seiner Pfeife tanzen lassen; jmdn. herumkommandieren

BAIN se mettre dans le bain sich auf das laufende bringen; sich einen Überblick verschaffen; sich zurechtfinden; sich einarbeiten

BALLE la balle est dans votre camp jetzt sind Sie dran/an der Reihe; jetzt sind Sie gefragt
renvoyer la balle à qqn. die Verantwortung (von sich) auf einen anderen abwälzen

BARQUE bien mener sa barque seine Geschäfte erfolgreich führen/ betreiben

BARRE placer la barre haut große/ hohe Erwartungen haben
tenir la barre am Ruder/Drücker sitzen; das Ruder in der Hand haben/halten

BATEAU nous sommes tous dans le même bateau wir sitzen alle in einem/im gleichen Boot

BÂTIMENT quand le bâtiment va, tout va *(etwa)* wenn es der Bauwirtschaft gut geht, geht es allen gut

BÂTON ce poste est son bâton de maréchal mit diesem Posten hat er die oberste Sprosse (der Karriereleiter) erreicht

BAVER en baver (des ronds de chapeau) ; en baver comme un Russe schuften müssen; sich plagen/schinden müssen; sich ins Zeug/Geschirr legen müssen

BAYER bayer aux corneilles Maulaffen feilhalten

BÉBÉ jeter le bébé avec l'eau du bain das Kind mit dem Bade ausschütten
(se) repasser/(se) refiler le bébé sich (gegenseitig) den Schwarzen Peter zuschieben

BÉNÉDICTIN un travail de bénédictin mühsame/mühevolle Kleinarbeit

BESOGNE mâcher la besogne à qqn. die halbe Arbeit für jmdn. machen; jmdm. die halbe Arbeit abnehmen

BÊTE travailler comme une bête (de somme) *voir* ***arrache-pied***

BIFTECK défendre son bifteck sein eigenes Süppchen kochen; den eigenen Vorteil verfolgen

BILAN déposer son bilan Konkurs anmelden; Bankrott machen

BILLE reprendre ses billes nicht mehr mitmachen; sich zurückziehen; abspringen; aussteigen

BLASON redorer son blason (nach einer erlittenen Einbuße) wieder zu Vermögen/Ansehen/Einfluß gelangen

BLEU un bleu ein Neuling; ein Anfänger; ein Greenhorn
un bleu de travail ; des bleus (de chauffe) ein Blaumann; ein blauer Anton; ein blauer Arbeitsanzug

BONNE la bonne à tout faire das Mädchen für alles; der Laufbursche

BONNET un gros bonnet ein hohes Tier; ein Bonze

BOSSER bosser (comme un dingue) *voir* ***arrache-pied***

BOTTE être à la botte de qqn. unter jmds. Knute seufzen/stöhnen
une botte secrète ein geschicktes Manöver; ein kluger Schachzug

BOUCHÉE **mettre les bouchées doubles** Dampf machen; sich daranhalten; sich reinknien; ranklotzen

BOUILLON **boire un/le bouillon** Geld in den Sand setzen; finanzielle Einbußen erleiden

BOULOT **au boulot !** an die Arbeit!; packen wir's an!
être un dingue du boulot ; être boulot boulot ein Arbeitstier sein; ein Workaholic sein; arbeitswütig sein
faire du bon boulot gute Arbeit leisten; seine Sache gut machen
métro, boulot, dodo *(etwa)* das tägliche Einerlei
parler boulot über die Arbeit reden

BOUM **être en plein boum** alle Hände voll zu tun haben

BOURREAU **être un bourreau de travail** *voir (dingue du) boulot*

BOUTIQUE **fermer (la) boutique** den Laden dichtmachen
parler boutique über Geschäftliches/Geschäftsangelegenheiten reden

BRAS **avoir le bras long** einen langen Arm haben; weitreichenden Einfluß haben
être le bras droit de qqn. jmds. rechter Arm sein
rester les bras croisés die Hände in den Schoß legen; untätig herumsitzen/-stehen; Däumchen drehen
travailler à tour de bras voll hinlangen; kräftig mit anpacken

BRÈCHE **être sur la brèche** sehr eingespannt sein; ständig auf Achse sein; unermüdlich im Einsatz sein

BRIDE **lâcher la bride à qqn.** jmdm. nachgeben; jmdm. seinen Willen lassen
laisser la bride sur le cou à qqn. jmdm. freie Hand geben; jmdm. völlige Freiheit lassen

BROSSE **passer la brosse à reluire à qqn.** jmdn. um den Bart gehen/streichen

BRUIT **des bruits de couloir(s)** Gerüchte; Tratsch; Büroklatsch

BRUTE **travailler comme une brute** *voir arrache-pied*

BÛCHEUR **un bûcheur** *voir (dingue du) boulot*

C

CADRE **un jeune cadre dynamique** ein (junger, dynamischer) Erfolgsmensch/Aufsteiger/Senkrecht starter

CAISSE **passer à la caisse** entlassen werden; hinausgeworfen/rausgeschmissen werden

CAMPAGNE **se mettre en campagne (pour faire qqch.)** alle Hebel in Bewegung setzen (für etwas)

CANAPÉ **promotion canapé** *(etwa)* sich nach oben schlafen

CANARD **un canard boiteux** eine lahme Ente; eine taube Nuß

CARPETTE **s'aplatir comme une carpette** vor jmdm. kriechen/dienern/buckeln/katzbuckeln

CARRIÈRE **faire carrière** Karriere machen

CARTE **connaître le dessous des cartes** wissen, was dahintersteckt; die Hintergründe (einer Angelegenheit) kennen

donner carte blanche à qqn. jmdm. einen Freibrief geben; jmdm. uneingeschränkte Vollmacht geben; jmdm. Carte blanche geben
jouer cartes sur table mit offenen Karten spielen

CASQUETTE avoir plusieurs casquettes mehrere Aufgaben/Funktionen (inne)haben

CAVALIER faire cavalier seul einen Alleingang unternehmen/machen; auf eigene Faust handeln; als Einzelkämpfer auftreten

CHANTIER mettre qqch. en chantier etwas in Angriff nehmen

CHARBON aller au charbon zur Maloche gehen

CHARRETTE se mettre en/être en charrette im Wettlauf gegen die Zeit/unter Zeitdruck arbeiten; eine dringende (Termin-)Arbeit zu Ende bringen (müssen)

CHASSE c'est chasse gardée ! das (hier) ist mein Revier!
se mettre en chasse sich auf die Suche machen

CHAT acheter chat en poche die Katze im Sack kaufen
avoir d'autres chats à fouetter Wichtigeres zu tun haben; andere Sorgen haben
quand le chat n'est pas là, les souris dansent *(prov.)* wenn die Katze aus dem Haus ist, tanzen die Mäuse auf dem Tisch *(Sprichw.)*

CHEF se débrouiller/s'en sortir comme un chef erstklassige/ausgezeichnete Arbeit leisten; seine Sache sehr gut machen

CHEMIN faire du chemin vorwärts-/vorankommen
faire son chemin seinen Weg machen

CHEVAL miser sur le bon cheval auf das richtige Pferd setzen
travailler comme un cheval arbeiten wie ein Pferd
un cheval de bataille ein Lieblingsthema; ein Steckenpferd
un cheval de retour *(etwa)* ein alter Routinier (in der Politik), der immer wieder zum Zuge kommt

CHEVILLE être la cheville ouvrière d'un projet/travail die treibende Kraft eines Projekts/einer Arbeit sein

CHIEN faire le chien couchant auprès de qqn. vor jmdm. im Staub kriechen; jmdm. in den Arsch kriechen *(derb)*
faire les chiens écrasés ; tenir la rubrique des chiens écrasés Schreiberling für den Lokalteil (einer Zeitung) sein; nichts als Füller zu Papier bringen

CHÔMEDU être au chômedu auf der Straße sitzen; stempeln gehen

CHOSE voilà une bonne chose de faite das wäre schon mal geschafft/erledigt

CIRER cirer les pompes de qqn. *voir brosse*

CITRON presser le citron jmdn. auspressen/-quetschen wie eine Zitrone; jmdn. bis aufs Blut aussaugen

CLASSEMENT le classement vertical Ablage P *(= Papierkorb)*

CLEF être la clef de voûte d'un projet der Dreh- und Angelpunkt eines Projekts sein
mettre la clef sous le paillasson/la porte *voir (fermer [la]) boutique*

COCOTIER secouer le cocotier *(Unternehmen)* Ballast abwerfen; sich gesundschrumpfen

CŒUR avoir le/mettre du cœur à l'ouvrage ganz bei der Sache sein; sich mit Schwung/Begeisterung an die Arbeit machen

COIFFER coiffer qqn. au/sur le poteau jmdm. um Haaresbreite zuvorkommen; jmdn. um eine Nasenlänge schlagen

COL un col blanc ein Büroangestellter; ein Weißer-Kragen-Arbeiter *(= mit weißem Hemdkragen)*
un col bleu ein Arbeiter *(= mit blauem Arbeitsanzug)*

COLLIER reprendre le collier wieder ins Joch gespannt werden

COMMANDE être aux commandes *voir (tenir la) barre*

COMPTE s'installer à son compte sich selbständig machen

CONNAÎTRE ça me connaît davon versteh' ich was; damit kenn' ich mich gut aus; darin bin ich bewandert/firm/fit

CONTRIBUTION mettre qqn. à contribution jmds. Dienste in Anspruch nehmen; jmdn. hinzuziehen

CORDE avoir plus d'une corde à son arc mehrere Pfeile im Köcher haben; auch anders können
c'est dans mes cordes *voir connaître*

CORDONNIER les cordonniers sont toujours les plus mal chaussés der Schuster hat die schlechtesten Schuhe

CORVÉABLE être taillable et corvéable à merci sich alles aufhalsen lassen müssen; den Depp (vom Dienst) machen müssen

COUDE avoir/garder qqch. sous le coude etwas zurückstellen; etwas noch hinausschieben
jouer des coudes seine Ellbogen gebrauchen
mettre de l'huile de coude Energie/(körperliche) Kraft aufwenden
travailler coude à coude Schulter an Schulter/Hand in Hand arbeiten; eng zusammenarbeiten

COUDÉE avoir les coudées franches Handlungs-/Bewegungs-/Ellbogenfreiheit haben

COULER (SE) se la couler douce *voir bras : rester les bras croisés*

COUP donner un coup de balai mit eisernen Besen auskehren
donner un coup de collier *voir bouchée*
donner un coup de fouet à qqch. etwas ankurbeln; einer Sache neuen Schwung verleihen
donner un coup de pouce à qqn. jmdm. in den Sattel helfen
en mettre un coup *voir bouchée*
être sur un coup *voir (être sur une) affaire*
un coup fourré *voir affaire : une affaire louche*

COUR jouer dans la cour des grands bei den Großen mitmischen

COURANT être au courant auf dem laufenden sein; im Bilde sein; Bescheid wissen

COUVERTURE tirer la couverture à soi alles für sich beanspruchen; sich mit fremden Federn schmücken

CUL **avoir le cul vissé (sur sa chaise)** sich nicht von seinem Stuhl rühren
se casser le cul sich den Arsch ausreißen *(derb)*

CULBUTE **faire la culbute** 1) *voir* ***bilan***; 2) einen Gewinn/Schnitt/Reibach von 100% machen

D

DANSE **mener la danse** das Zepter führen/schwingen

DÉBORDER **être débordé** bis über den Kopf/über beide Ohren in Arbeit stecken; mit Arbeit reichlich eingedeckt sein

DÉBROUSSAILLER **débroussailler le terrain** den Weg ebnen; Vorbereitungen treffen

DÉBUT **faire ses débuts** *voir* ***arme***

DÉCONFITURE **être en déconfiture** *voir* ***bilan***

DENT **avoir les dents longues/qui rayent le parquet** ehrgeizig sein; hoch hinauswollen
être sur les dents auf dem Zahnfleisch gehen/kriechen
prendre le mors aux dents in Harnisch geraten; sich ereifern; aufbrausen
une carrière en dents de scie eine Karriere mit Höhen und Tiefen

DESSOUS **donner un dessous de table à qqn.** jmdm. Schmiergeld geben; jmdn. schmieren

DESSUS **avoir/prendre le dessus** die Oberhand gewinnen/bekommen

DEVOIR **le devoir m'appelle !** die Pflicht ruft!

DIEU **il vaut mieux avoir affaire à Dieu qu'à ses saints** *(etwa)* mit dem Fußvolk sollte man sich gar nicht aufhalten; am besten, man wendet sich gleich an die oberste Stelle

DINGUE **travailler comme un dingue** *voir* ***arrache-pied***

DISTANCE **tenir la distance** Durchhaltevermögen zeigen; etwas bis zum Ende durchziehen

DODO **métro, boulot, dodo** *voir* ***boulot***

DOIGT **avoir des doigts de fée** fingerfertig sein; mit den Fingern/Händen sehr geschickt sein
mener qqn. au doigt et à l'œil *voir* ***baguette***
ne pas remuer/ne pas bouger/ne pas lever le petit doigt keinen Finger krumm machen
ne rien faire de ses dix doigts *voir* ***bras : rester les bras croisés***
obéir au doigt et à l'oeil jmdm. auf den leisesten Wink gehorchen; nach jmds. Pfeife tanzen

E

ÉCHELLE **commencer au bas de l'échelle** (ganz) unten/klein anfangen

ENTORSE **faire une entorse au règlement** sich über die Vorschriften/Bestimmungen hinwegsetzen

ENTREGENT **avoir de l'entregent** ein gewandtes Auftreten haben; mit den Leuten umgehen können

EXPÉDIENT **vivre d'expédients** sich so durchlavieren/-mogeln/-schlagen

F

FERRER **ferrer le goujon/le poisson** einen dicken Fisch an Land ziehen

FEU **donner le feu vert à qqn./qqch.** jmdm./etwas grünes Licht geben

FICELLE **connaître les ficelles du métier** alle Kniffe eines Berufs kennen; ein alter Hase sein
tirer les ficelles die Fäden in der Hand haben/halten

FILET **travailler sans filet** ohne Netz und doppelten Boden agieren; Risiken eingehen

FILON **trouver le (bon) filon** einen einträglichen/lukrativen Job/Posten finden

FLAMBEAU **passer le flambeau (à qqn.)** die Fackel weitertragen/(an jmdn). weitergeben

FLANC **tirer au flanc** sich vor der Arbeit drücken

FOIRE **c'est la foire d'empoigne** *(etwa)* das ist ja ein fürchterliches Gerangel

FOND **se donner à fond** alles/sein Bestes geben; alle Energie aufbieten; alles daransetzen; keine Mühe scheuen

FORGER **c'est en forgeant qu'on devient forgeron** *(prov.)* Übung macht den Meister *(Sprichw.)*

FOULER (SE) **ne pas se fouler (la rate)** sich kein Bein ausreißen; sich nicht verausgaben

FOUR **on ne peut pas être au four et au moulin** man kann nicht auf zwei Hochzeiten tanzen

FOURMI **un travail de fourmi** *voir bénédictin*

FRIGIDAIRE **mettre un projet au frigidaire/au frigo** das Projekt einfrieren/auf Eis legen

FRONT **à la sueur de son front** im Schweiße seines Angesichts

FRUIT **porter ses fruits** Früchte tragen; etwas abwerfen

G

GALÈRE **c'est (la) galère** das ist eine (richtige) Tretmühle

GALÉRER **galérer** schuften; malochen; sich schinden

GALON **prendre du galon** befördert werden; aufsteigen

GALOP **un galop d'essai** ein Probelauf

GANT **relever le gant** die Herausforderung annehmen; den Fehdehandschuh aufnehmen *(geh.)*

GLOIRE **travailler pour la gloire** aus Idealismus arbeiten

GOBER **gober les mouches** *voir bayer*

GOMMER **mettre (toute) la gomme** mit Vollgas arbeiten; aufs Ganze gehen

“tirer au flanc”
Voici un siècle et plus, l'expression «tirer au flanc» signifiait: «aller sur le côté», puis «se dérober». Appliquée aux soldats, elle prit une nuance différente: le pioupiou qui tirait au flanc tentait d'échapper à ses corvées. Dans le chef de ses chefs, il ne pouvait donc qu'être paresseux, ce qui peut se discuter.
cf. FLANC

GOUFFRE au bord du gouffre am Rand(e) des Abgrunds

GOUVERNAIL tenir le gouvernail *voir (tenir la) barre*

GRADE en prendre pour son grade abgekanzelt werden; gehörig eins aufs Dach/auf den Deckel bekommen/kriegen
monter en grade *voir galon*

GRAND voir (les choses en) grand große/hochfliegende Pläne haben; Visionen haben

GRÈVE faire la grève du zèle Dienst nach Vorschrift machen
faire une grève perlée einen Bummelstreik machen
une grève sur le tas einen Sitzstreik machen

GUEULE se casser la gueule auf die Nase/Schnauze fallen; Schiffbruch erleiden; einen Reinfall erleben

H

HALEINE un travail de longue haleine eine langwierige Arbeit

HAUTEUR être à la hauteur de qqch einer Sache/Aufgabe gewachsen sein

HOMME l'homme de la situation der rechte Mann am rechten Platz
un homme à tout faire ein Gelegenheitsarbeiter; ein Handlanger
un homme de paille ein Strohmann

HUILE une huile *voir bonnet*

J

JALON poser des jalons den Weg vorzeichnen; die Richtung weisen

JOUR donner ses huit jours à qqn. jmdn. entlassen; jmdm. kündigen

JUNGLE la jungle jeder gegen jeden; fressen und gefressen werden

L

LAMPISTE s'en prendre au/faire payer le lampiste dem kleinen Angestellten die Schuld geben/zuschreiben; den kleinen Angestellten für etwas verantwortlich machen

LANGUE tirer la langue *voir baver*

LAURIER être couvert de lauriers mit Lorbeeren/Lob überhäuft werden
s'endormir sur ses lauriers sich auf seinen Lorbeeren ausruhen

LÈCHE-BOTTE être lèche-botte/-cul *voir brosse*

LÉGUME une grosse légume *voir bonnet*

“une grosse légume”
La société des hommes serait une sorte de potager où coexistent les petits et les grands, les chétifs et les gros. Une grosse légume domine les autres, tirant plus de substance du sol que ses confrères et consœurs. Voilà une métaphore des plus finement observées, dont l'origine de la forme féminine est à trouver dans la tournure argotique.
cf. LÉGUME

LETTRE **acquérir/gagner ses lettres de noblesse** Fuß fassen; sich etablieren; Ansehen/Geltung erlangen

LICE **entrer en lice** die Arena betreten; mitmischen; mit von der Partie sein

LIEU **en haut lieu** an höchster Stelle

LIEUTENANT **être le lieutenant de qqn.** *voir* ***bras (droit)***

LIÈVRE **courir/chasser deux lièvres à la fois** zwei Dinge auf einmal betreiben; zwei Ziele auf einmal verfolgen; zwei Herren dienen

LION **se tailler la part du lion** den Löwenanteil bekommen/für sich behalten

LOI **la loi de la jungle** das Gesetz des Dschungels
la loi du plus fort das Gesetz des Stärkeren

LOUP **les loups ne se mangent pas entre eux** *(prov.)* eine Krähe hackt der anderen kein Auge aus *(Sprichw.)*
un jeune loup ein Goldjunge; ein erfolgreicher junger Mann

M

MAIN **agir en sous-main** unter der Hand agieren
avoir deux mains gauches zwei linke Hände haben
avoir la haute main sur qqch. maßgebenden/entscheidenden Einfluß auf etwas haben
avoir la main lourde hart/fest zuschlagen; hart/schwer bestrafen
avoir/prendre le tour de main kunstfertig/geschickt sein
c'est une main de fer dans un gant de velours *(etwa)* er wirkt zwar entgegenkommend, kann aber knallhart sein/hat es aber faustdick hinter den Ohren
de main de maître von Meisterhand
diriger d'une main de fer mit eisernem Zepter regieren
il a les mains liées (par un contrat) ihm sind die Hände gebunden (durch einen Vertrag)
mettre la dernière main (à qqch.) letzte Hand (an etwas) anlegen
mettre la main à la pâte mit Hand anlegen; (selbst) mit anpacken/zugreifen
passer la main passen (müssen); (zugunsten eines anderen) verzichten/zurücktreten
perdre la main aus der Übung kommen
se faire la main sich üben; sich (Kenntnisse/Fähigkeiten) aneignen

MAÎTRE **régner en maître sur qqch.** das Regiment über etwas führen

MANCHE **avoir qqn. dans sa manche** jmdn. in der Tasche haben; jmdn. für sich haben
mettre qqn. dans sa manche jmdn. für sich gewinnen; jmdn. auf seine Seite bringen/ziehen
retrousser ses manches die Ärmel hochkrempeln

MANCHOT **ne pas être manchot** keine zwei linke Hände haben, nicht ungeschickt sein

MANITOU **être le grand manitou** *voir* ***danse***

MARCHAND **c'est un vrai marchand de tapis** der feilscht (um den Preis) wie ein Teppichhändler

“avoir quelqu’un dans sa manche”
Autrefois, les manches étaient souvent utilisées comme poches (lorsqu’elles ne servaient pas de mouchoirs, raison pour laquelle l’armée y ajouta des boutons de fer !). « Mettre ou avoir quelqu’un dans sa manche » voulait dire qu’on ne l’oubliait pas, qu’on le tenait à sa disposition. Aujourd’hui, l’expression signifie que l’on a gagné les bonnes grâces de quelqu’un.

cf. MANCHE

un marchand de soupe ein schlechter Gastwirt; der Inhaber eines drittklassigen Lokals

MARCHÉ marché conclu ! abgemacht!

MARGE avoir de la marge Spielraum haben

MARRON tirer les marrons du feu pour qqn. für jmdn. die Kastanien aus dem Feuer holen

MARRON (un médecin, un avocat, etc.) marron ein unseriöser (Arzt, Anwalt usw.)

MATRICULE en prendre pour son matricule *voir* ***grade***

MERLE trouver le merle blanc den Richtigen/die Richtige (für eine Aufgabe/Tätigkeit/Stelle usw.) finden

MÉTIER avoir du métier Berufserfahrung haben; sein Handwerk verstehen/beherrschen; etwas von seinem Handwerk verstehen
chacun son métier, les vaches seront bien gardées *(prov.)* Schuster, bleib bei deinem Leisten *(Sprichw.)*
gâcher/gâter le métier die Preise verderben
il est du métier er ist vom Fach; er versteht sein Fach/Handwerk; er versteht etwas von seiner Sache/seinem Geschäft
il n’y a point de sot métier, il n’y a que de sottes gens *(prov.) (etwa)* kein Beruf ist schlechter als der andere, es gibt nur Leute, die ihn schlecht ausüben
le plus vieux métier du monde das älteste Gewerbe der Welt

MÉTRO métro, boulot, dodo *voir* ***boulot***

MEUBLE faire partie des meubles zum Mobiliar/Inventar gehören

MOUCHE faire/jouer la mouche du coche sich wichtig machen; sich für unentbehrlich halten; sehr geschäftig tun

MUSIQUE connaître la musique wissen, wie der Hase läuft

N

NEZ avoir du nez ; avoir le nez creux/le nez fin einen guten Riecher haben; den richtigen Riecher/die richtige Nase haben
mener qqn. par le bout du nez jmdn. an der Nase herumführen

NŒUD le nœud du problème der springende Punkt

NOIR **le travail au noir** die Schwarzarbeit
travailler au noir schwarz arbeiten

NOM **se faire un nom** sich einen Namen machen

O

ŒUF **mettre tous ses œufs dans le même panier** alles auf eine Karte setzen

OISEAU **trouver l'oiseau rare** *voir* *merle*

OISIVETÉ **l'oisiveté est (la) mère de tous les vices** *(prov.)* Müßiggang ist aller Laster Anfang *(Sprichw.)*

OMBRE **faire de l'ombre à qqn.** jmdn. in den Hintergrund drängen
travailler/rester dans l'ombre hinter den Kulissen agieren; im Hintergrund bleiben; sich im Hintergrund halten

OR **une affaire en or** ein Bombengeschäft; eine Goldgrube

ORFÈVRE **c'est un orfèvre en la matière** er ist ein Fachmann auf diesem Gebiet; er kennt sich in dieser Sache aus (wie kein anderer)

OS **donner un os à ronger à qqn.** jmdm. etwas hinwerfen/zum Fraß vorwerfen, um ihn vorläufig ruhigzustellen/zu beschäftigen

P

PAIN **avoir du pain sur la planche** wirtschaftlichen Rückhalt haben; sichere (und gewinnbringende) Arbeit vor sich haben
manger son pain blanc (le premier) das Angenehme vorwegnehmen; mit dem Angenehmen/Leichten zuerst beginnen
retirer le pain de la bouche à qqn. jmdn. brotlos machen; jmdn. ums Brot/um Lohn und Brot bringen
se vendre comme des petits pains weggehen wie warme Semmeln; reißenden Absatz finden

PAQUET (y) **mettre le paquet** *voir* *fond*

PAROLE **joindre le geste à la parole** seinen Worten Taten folgen lassen; seine Worte durch Taten beweisen; Taten sprechen lassen
prendre/demander la parole das Wort ergreifen; um das Wort bitten

PARTIR **partir de rien** mit nichts anfangen; bei Null anfangen

PAS **faire ses premiers pas** *voir* *arme*
mettre qqn. au pas jmdn. zur Ordnung rufen; jmdm. den Kopf zurechtrücken/-setzen

“travailler au noir”
Ce qui est ténébreux est souvent considéré comme mystérieux, caché, dissimulé ou clandestin pour de mauvaises raisons. C'est de cette façon que s'entend ici le mot «noir». Il ne s'agit donc pas, comme d'aucuns l'affirment, d'un travail réalisé dans le noir. Il suffit de jeter un coup d'œil autour de soi pour s'en convaincre!
cf. NOIR

PATTE graisser la patte à qqn. *voir* *dessous*

PAUSE-CAFÉ la pause-café die Kaffee-/Teepause

PEINE toute peine mérite salaire *(prov.)* jede Arbeit ist ihres Lohnes wert *(Sprichw.)*

PENCHER (SE) se pencher sur un cas/dossier sich mit einem Fall/einer Akte beschäftigen/befassen

PENDRE être (toujours) pendu au téléphone dauernd/ständig am Telefon hängen; unablässig telefonieren

PERLE enfiler des perles Däumchen drehen

PHYSIQUE avoir le physique de l'emploi aussehen wie ein typischer Vertreter seines Berufs

PIED avoir le pied à l'étrier auf dem richtigen/besten Weg zum Erfolg sein; auf Erfolgskurs steuern
avoir un pied dans la firme/boîte bei einem Unternehmen einen Fuß in die Tür bekommen/in der Tür haben
être à pied d'œuvre an Ort und Stelle/vor Ort sein
marcher sur les pieds de qqn. jmdm. auf den Fuß/die Füße treten; jmdm. in die Quere kommen
mettre le pied à l'étrier à qqn. jmdm. den Steigbügel halten; jmdm. in den Sattel helfen
mettre qqch. sur pied(s) etwas aufbauen/errichten; etwas schaffen/ins Leben rufen
mettre qqn. à pied *voir* *jour*
ne pas avoir les deux pieds dans le même sabot sich nicht unterkriegen lassen; sich zu helfen wissen
pieds et poings liés wehrlos ausgeliefert
traiter qqn. sur un pied d'égalité jmdn. gleichberechtigt/wie seinesgleichen behandeln

PIERRE apporter sa pierre à l'édifice seinen Teil zu etwas beitragen; einen Baustein (zum Gelingen von etwas) beisteuern
poser la première pierre de qqch. den Grundstein zu etwas legen

PIGNON avoir pignon sur rue *(etwa)* ein angesehener (und gutbetuchter) Geschäfts-/Kaufmann sein

PISTE entrer en piste auf den Plan treten/auf dem Plan erscheinen; in Erscheinung treten

PISTON avoir du piston Beziehungen/Connections/Vitamin B haben

PLACE se faire sa/une place au soleil nach einem Platz an der Sonne streben

PLATE-BANDE marcher sur les plates-bandes de qqn. jmdm. ins Gehege kommen

PLUIE faire la pluie et le beau temps *voir* *danse*

PLUME y laisser/y perdre des plumes Federn/Haare lassen (müssen)

POCHE c'est dans la poche *voir* *affaire : l'affaire est dans le sac*
mettre qqn. dans sa poche jmdn. in die Tasche/in den Sack stecken

POIGNET à la force du poignet *voir* *front*

POIL avoir un poil dans la main stinkfaul sein; die Arbeit nicht erfunden haben

POISSON les gros poissons mangent les petits die großen Fische fressen die kleinen

POMMADE **passer/mettre de la pommade à qqn.** *voir* ***brosse***

PONT **faire le pont** einen Brückentag nehmen
faire un pont d'or à qqn. jmdm. ein äußerst lukratives Angebot machen; jmdm. ein verlockendes Sümmchen anbieten

PORTE **entrer par la grande porte** sofort in eine gehobene Stellung kommen/einen hohen Posten bekommen
entrer par la petite porte sich hocharbeiten (müssen); unten/klein anfangen (müssen)
frapper/sonner à la bonne porte sich an die richtige Adresse/Stelle wenden
mettre qqn. à la porte *voir* ***jour***
recevoir qqn. entre deux portes jmdn. zwischen Tür und Angel empfangen

POT **verser un pot de vin à qqn.** *voir* ***dessous***

POUCE **se tourner les pouces** *voir* ***bras : rester les bras croisés***

POULE **une poule de luxe** eine Edelnutte

PRENDRE **c'est à prendre ou à laisser** Ja oder Nein; entweder oder; eines von beiden

PROFESSIONNEL **c'est une déformation professionnelle** das ist eine Berufskrankheit; das sind die Folgen des Berufs; das bringt (halt) der Beruf mit sich

PROIE **il ne faut pas lâcher la proie pour l'ombre** *(prov.)* besser ein Spatz in der Hand als eine Taube auf dem Dach *(Sprichw.)*

R

RAIL **(re)mettre sur les rails** (ein Unternehmen) wieder in Schwung bringen/hochbringen/flottmachen

RAISON **la raison du plus fort est toujours la meilleure** der Stärkere hat immer recht

RAMASSER (SE) **se ramasser** *voir* ***(se casser la) gueule***

RAMER **ramer** *voir* ***galérer***

RARE **se faire rare** sich rar machen; sich selten sehen lassen

RÂTELIER **manger à tous les râteliers** sein Mäntelchen nach dem Wind hängen; überall seinen Profit suchen

RAYON **c'est mon rayon** *voir* ***connaître***
en connaître un rayon etwas aus dem Effeff beherrschen/können/verstehen

RÉGLO **réglo** korrekt; anständig; wie es sich gehört

“faire le pont”
Comme chacun sait, le pont est un ouvrage reliant deux rives. De même, dans son sens figuré et depuis la fin du XIXe siècle, le pont est une période de jours fériés reliant deux périodes de travail. Il ne faut pas confondre cette locution avec l'expression homonyme : «faire le pont», qui est une figure de gymnastique, ou «faire un pont d'or» qui signifie : «offrir des conditions extrêmement avantageuses».
cf. PONT

REIN **avoir les reins solides** gut bei Kasse sein; gut bemittelt sein; zahlungskräftig sein
casser les reins à qqn. jmdn. (beruflich) ruinieren
mettre l'épée dans les reins de qqn. jmdm. die Pistole auf die Brust setzen; jmdn. unter Druck setzen

REMERCIER **remercier qqn.** *voir* ***jour***

RENOMMÉE **bonne renommée vaut mieux que ceinture dorée** *(prov.)* guter Ruf geht über Reichtum/ist Goldes wert *(Sprichw.)*; besser arm in Ehren als reich in Schanden *(Sprichw.)*

RÉPUTATION **asseoir sa réputation sur qqch.** seinen Ruf auf etwas gründen/stützen

REQUIN **un (véritable) requin en affaires** ein (richtiger) Hai; ein Halsabschneider

RESSORT **ce n'est pas de mon ressort** das ist nicht mein Ressort; dafür bin ich nicht zuständig

RIEN **partir de rien** *voir* ***partir***

ROI **travailler pour le roi de Prusse** für nichts und wieder nichts arbeiten

ROMPRE **être rompu aux affaires** ein erfahrener Geschäftsmann sein; geschäftstüchtig sein

ROND-DE-CUIR **un rond-de-cuir** ein Büromensch/-hengst

ROSSIGNOL **vendre un rossignol** einen Ladenhüter verscherbeln

ROULER **ça roule !** o.k./okay!; in Ordnung!; das geht klar!

S

SABLE **être sur le sable** *voir* ***chômedu***

SABOT **ne pas avoir les deux pieds dans le même sabot** *voir* ***pied***

SALADE **vendre sa salade** seinen Kram/Krempel verkaufen

SAQUER **se faire saquer** vor die Tür gesetzt werden; rausgeworfen/-geschmissen werden; gefeuert werden

“vendre un rossignol”
L'origine du terme rossignol n'est pas formellement établie. La plupart des étymologistes s'accordent à penser que le rossignol constitue une façon imagée de désigner un livre haut perché sur une étagère et qui ne se vend pas. C'est ainsi que Balzac l'entend. Le journaliste Sarcey en étendra le sens à la fin du XIXe siècle: «ils ressemblent aux marchands de nouveautés qui comptent sur les visiteurs de l'exposition pour écouler leurs vieux rossignols».

“se faire saquer”
En français médiéval, «sachier» ou «saquer» signifie «retirer violemment» et même «tirer l'épée du fourreau». Plus tard, il signifiera également «agiter par saccades». L'individu qui se fait saquer est donc retiré violemment et, s'il s'agite par saccades, c'est généralement de colère. Il garde plus d'un tour dans son sac à l'intention de celui ou de celle qui ne pouvait vraiment plus le saquer.

cf. ROSSIGNOL
et
cf. SAQUER

SAUCE on peut le mettre à toutes les sauces das ist ein Hansdampf in allen Gassen

SAUVETTE un marchand/vendeur à la sauvette ein fliegender Händler

SECRET être dans le secret des dieux zu den Eingeweihten gehören

SELLE (re)mettre qqn. en selle *voir pied : mettre le pied à l'étrier*

SEMAINE vivre à la petite semaine *voir expédient*

SINGE le singe der Alte; der Boß

SOUFFLER souffler un brin eine (kurze) Verschnaufpause machen/einlegen

SOUFFRANCE en souffrance unerledigt; unabgeschlossen; ausstehend

SUER suer sang et eau sich mächtig ins Zeug legen

SUEUR à la sueur de son front *voir front*

T

TABLE donner un dessous de table à qqn. *voir dessous*
faire table rase (de qqch.) Tabula rasa/reinen Tisch machen (mit etwas); gründlich aufräumen (mit etwas)

TABLIER rendre son tablier seine Stelle aufgeben; sein Arbeitsverhältnis lösen, seinen Dienst quittieren

TACHE une carrière sans tache eine mustergültige/beispielhafte Karriere; eine Bilderbuchkarriere

TAILLABLE être taillable et corvéable à merci *voir corvéable*

TAS apprendre sur le tas bei der Arbeit/am Arbeitsplatz lernen

TENIR mieux vaut tenir que courir *voir proie*
un tiens vaut mieux que deux tu l'auras *voir proie*

TERRAIN débroussailler le terrain *voir débroussailler*

TÊTE avoir ses têtes (so) seine Lieblinge haben
des têtes vont tomber ! es werden Köpfe rollen!
la tête pensante de qqch. der kluge Kopf hinter etwas
ne plus savoir où donner de la tête nicht wissen, wo einem der Kopf steht
prendre la tête (de qqch.) die Führung (von etwas) übernehmen; an der Spitze (von etwas) stehen
une femme de tête eine kluge Frau; eine Frau mit Köpfchen

TIRE-AU-FLANC/TIRE-AU-CUL un tire-au-flanc ; un tire-au-cul ein Drückeberger; ein Faulenzer; ein Nichtstuer

TITAN un travail de titan eine gigantische Aufgabe

TOPER tope-là ! schlag ein!; deine Hand drauf!
toper etwas mit Handschlag bekräftigen/besiegeln

TOUCHE-À-TOUT un touche-à-tout ein Tausendsassa; ein Allroundman

TRACE marcher sur/suivre les traces de qqn. in jmds. Fußstapfen treten

TRAIN prendre le train en marche auf den Zug aufspringen; nachziehen

TRAIN-TRAIN c'est le train-train quotidien der Alltagstrott; der graue Alltag; das tägliche Einerlei

TRAVAIL **et voilà le travail !** so, das hätten wir/das wäre geschafft!
le travail au noir *voir* ***noir***
le travail c'est la santé *(etwa)* wer rastet, rostet

TRAVERSÉE **connaître/vivre une traversée du désert** eine Durststrecke durchmachen

TREMPLIN **servir de tremplin** als Sprungbrett dienen

TRIMER **trimer** *voir* ***arrache-pied***

TROU **faire son trou** es zu etwas bringen; sich eine ge-sicherte Position schaffen

TRUC **avoir le truc** den Dreh raushaben
c'est mon truc *voir* ***connaître***
connaître les trucs du métier *voir* ***ficelle***

TURBIN **aller au turbin** *voir* ***charbon***

TURBINER **turbiner ; un turbineur** *voir* ***(dingue du) boulot***

TUYAU **avoir un (bon) tuyau** einen (guten) Tip haben

U

UTILE **joindre l'utile à l'agréable** das Angenehme mit dem Nützlichen verbinden

V

VENDRE **il ne faut pas vendre la peau de l'ours avant de l'avoir tué** *(prov.)* man soll den Pelz nicht verteilen, ehe der Bär geschossen ist *(Sprichw.)*
se vendre comme des petits pains *voir* ***pain***

VENTRE **être/se mettre à plat ventre devant qqn.** *voir* ***carpette***

VIRER **se faire virer** *voir* ***saquer***

VOIE **mettre qqn. sur une voie de garage** jmdn. aufs Abstellgleis schieben; jmdn. kaltstellen

VOLÉE **un expert de haute volée** ein hochrangiger Experte; ein Top-Experte

VOLET **des candidats triés sur le volet** sorgfältig ausgewählte Kandidaten

Z

ZÈLE **faire la grève du zèle** *voir* ***grève***

ZÉRO **repartir à zéro** wieder ganz von vorne anfangen

“il ne faut pas vendre la peau de l'ours avant de l'avoir tué”

En s'inspirant de l'ancienne formulation (« marchander la peau de l'ours jusques ad la beste fut morte», XVIe siècle), et des contes qui entouraient cette expression, La Fontaine a écrit cette fable (V. 20) :

«Deux compagnons pressés [d'argent
A leur voisin fourreur vendirent
La peau d'un ours encore vivant
Mais qu'ils tueraient bientôt,
Du moins à ce qu'ils dirent.»

cf. VENDRE

9

Les bons côtés des gens

C'est le moment de faire notre B.A. Dès lors, nous annonçons la couleur et cette fois, elle est rose : voici le domaine des chics types, des merles blancs et des joyeux drilles. Ça nous changera un peu !

A

ADMIRATION forcer l'admiration Bewunderung abnötigen; Respekt einflößen

ÂME en son âme et conscience nach bestem Wissen und Gewissen

B

B.A. faire sa B.A. (= **bonne action**) seine gute Tat (des Tages) vollbringen

BLANC être blanc (**comme neige**) eine saubere/reine/weiße Weste haben; unschuldig sein

BOIS être du bois dont on fait les héros aus dem Holz (geschnitzt) sein, aus dem man Helden macht

BON bon comme le/du bon pain ein seelens-/herzensguter Mensch sein; eine Seele von Mensch sein

BOUTE-EN-TRAIN un boute-en-train ein Stimmungsmacher; eine Stimmungskanone; eine Betriebsnudel

C

CARREAU se tenir à carreau auf der Hut sein; vorsichtig sein

CARTE jouer cartes sur table mit offenen Karten spielen

CAUSE c'est pour la/une bonne cause das ist für die/eine gute/gerechte Sache

CHAT appeler un chat un chat das Kind beim Namen nennen

CHEVAL être (très) à cheval sur les principes ein Prinzi-pienreiter sein

CHIC un chic type ein prima/feiner/fabelhafter Kerl

CHIEN chien qui aboie ne mord pas ; tous les chiens qui aboient ne mordent pas *(prov.)* Hunde, die bellen, beißen nicht *(Sprichw.)*

CHOSE chose promise, chose due versprochen ist versprochen

CŒUR avoir bon cœur ein gutes Herz haben
avoir du cœur Herz haben
avoir le cœur sur la main eine offene Hand haben; großzügig/freigebig sein
avoir un cœur d'or ; avoir un cœur gros comme ça ein goldenes Herz/Gemüt haben
un homme/une femme de cœur ein Mann/eine Frau mit Herz

COMPOSITION être de bonne composition umgänglich/verträglich sein

“un boute-en-train”

L'animation et l'enthousiasme peuvent se communiquer par plusieurs voies. Si l'acceptation moderne y voit un étalon excitant les juments pour les préparer à l'accouplement, la tradition, elle veut que le boute-en-train soit un petit oiseau ayant le don d'être un animateur de talent.

cf. BOUTE-EN-TRAIN

CONSCIENCE **avoir la conscience tranquille** ein ruhiges Gewissen haben
en son âme et conscience *voir âme*

COULEUR **annoncer la couleur** *voir carte*

COUP **un coup d'éclat** ein Geniestreich; ein Glanzstück

CRAN **avoir du cran** Courage haben; beherzt/couragiert sein

CROIX **croix de bois, croix de fer, si je mens je vais en enfer** großes Ehrenwort; Hand drauf; (auf) mein Wort; auf Ehre

D

DOS **avoir bon dos** einen breiten Rücken/Buckel haben

DOUX **doux comme un agneau** sanft/geduldig wie ein Lamm; lammfromm

DRILLE **un joyeux drille** ein lustiger Kerl/Bruder; ein lustiges/fideles Haus

E

ÉGAL **rester égal à soi-même** sich selbst treu bleiben

ÉTOFFE **avoir l'étoffe d'un héros** *voir bois*

F

FACILE **elle est facile à vivre** mit ihr kann man gut auskommen/ist gut auszukommen

FAUTE **faute avouée est à moitié pardonnée** *(prov.)* gebeichtet ist halb gebüßt *(Sprichw.)*

FIDÈLE **être fidèle au poste** die Stellung halten; bei der Stange bleiben

FLEUR **faire une fleur à qqn.** jmdm. einen großen Dienst erweisen; jmdm. sehr entgegenkommen; etwas Außergewöhnliches/Besonderes für jmdn. tun

FROID **ne pas avoir froid aux yeux** kein Hasenfuß sein

H

HÉROS **avoir l'étoffe d'un héros** *voir bois*

HONNEUR **c'est tout à son honneur** das macht ihm alle Ehre; das gereicht ihm zur Ehre *(geh.)*
mettre un/son point d'honneur à faire qqch. seine Ehre daransetzen, etwas zu tun; es als Ehrensache ansehen, etwas zu tun

I

IMAGE **être sage comme une image** mustergültig brav sein; lieb und brav sein

J

JEU **jouer franc jeu** *voir carte*

JOYEUX **un joyeux drille** *voir drille*

“mettre son point d’honneur à faire quelque chose”
Ah, l’honneur ! Pour lui, on tuait, on se faisait tuer et le perdre était plus affligeant que la mort elle-même. Aldous Huxley a dit de lui « qu’il ressemble aux jupes des femmes. Il se porte long, il se porte court, il se porte large, il se porte étroit, il se porte avec des jupons,il se porte sans culotte. » Culotté ou non, l’honneur c’est l’essence de la dignité. Il devient donc essentiel de lui faire honneur et d’en réussir la démonstration avec bonheur.
cf. ACTUALITÉ

L

LURON **un gai luron** *voir* *drille*

M

MAL **il ne ferait pas de mal à une mouche** er würde keiner Mücke etwas zuleide tun

MERLE **un merle blanc** das achte Weltwunder; ein toller Kerl; eine Wucht

MORAL **il a un moral d’acier** das ist eine Kämpfernatur; den wirft so leicht nichts um

MOURIR **plus (gentil, beau…) que ça tu meurs** (netter, schöner ...) geht es nicht

MOUTON **le mouton à cinq pattes** *voir* *merle*

N

NOM **appeler les choses par leur nom** *voir* *chat*

O

ORPHELIN **défendre la veuve et l’orphelin** die Schwachen verteidigen/beschützen; sich für die Schwachen einsetzen

P

PAIN **comme le/du bon pain** *voir* *bon*
je ne mange pas de ce pain-là ! ohne mich!; da mach’ ich nicht mit!; darauf lass’ ich mich nicht ein!

PAROLE **donner sa parole (d’honneur) à qn** jmdm. sein (Ehren-)Wort geben
il n’a qu’une parole er hält sein Wort; er hält, was er verspricht
la parole est d’argent, (mais) le silence est d’or *(prov.)* Reden ist Silber, Schweigen ist Gold *(Sprichw.)*
tenir parole sein Wort halten
un homme de parole ein Mann von Wort; ein Mann, ein Wort

PÂTE **une bonne pâte** ein gutmütiger Mensch; eine gutmütige Haut

PATIENCE **avoir une patience d’ange** eine Engelsgeduld haben

PATTE **montrer patte blanche** sich gebührend ausweisen/legitimieren; seine Papiere vorweisen

PERSONNE **payer de sa personne** sich mit seiner ganzen Person für etwas einsetzen; völlig in etwas aufgehen

POINT **mettre un/son point d'honneur à faire qqch.** *voir honneur*

PRENDRE **prendre (qqch.) sur soi** für etwas geradestehen; etwas auf sich/auf seine Kappe nehmen

PRINCE **être bon prince** edelmütig sein; nobel sein

PRODIGE **tout ce qu'il fait tient du prodige** was er macht, grenzt ans Wunderbare/an ein Wunder

R

RAPPORT **être bien sous tous rapports** anständig/in Ordnung sein; integer sein *(geh.)*

REDRESSEUR **un redresseur de torts** ein Weltverbesserer

RESPECT **forcer le respect** *voir admiration*

S

SAGE **être sage comme une image** *voir image*

SAIGNER **se saigner aux quatre veines** (für jmdn.) bluten; große finanzielle Opfer bringen

SAMARITAIN **jouer les bons Samaritains** den guten Samariter spielen

SEIGNEUR **se montrer grand seigneur avec qqn.** sich großmütig gegenüber jmdm. zeigen/verhalten

T

TYPE **un chic type** *voir chic*

V

VENTRE **avoir qqch./en avoir dans le ventre** Schneid/Mumm haben

VEUVE **défendre la veuve et l'orphelin** *voir orphelin*

10

Les mauvais côtés des gens

Même si c'est un peu cavalier,vous allez apprendre des disciplines excitantes : mentir comme un arracheur de dents, se regarder le nombril, faire des frasques ou jouer au pince-sans-rire. Il ne s'agit pas de cracher dans la soupe, mais dans ce monde impitoyable, mieux vaut avoir du culot que d'être cucul la praline.

A

AIMABLE **être aimable comme une porte de prison** brummig/mürrisch/griesgrämig sein; ein Brummbär/Griesgram sein

AIR **ne pas manquer d'air** ganz schön kühn/dreist/unverfroren sein; Nerven haben; die Frechheit/Stirn besitzen (, etwas zu tun)
prendre/se donner de grands airs vornehm tun; sich großtun

AMEN **dire amen à tout** zu allem ja und amen sagen

AMI **un ami des beaux jours** ein Freund nur in guten Zeiten; ein unzuverlässiger Freund

ÂNE **être comme l'âne de Buridan** unentschlossen sein; hin- und hergerissen sein

ARRACHEUR **mentir comme un arracheur de dents** lügen, daß sich die Balken biegen; das Blaue vom Himmel herunterlügen; lügen wie gedruckt

ASCENDANT **subir l'ascendant de qqn.** unter jmds. Einfluß stehen

B

BALANCER **balancer (la cavalerie)** (seine Komplizen) auffliegen lassen

BEAU **un ami des beaux jours** *voir ami*

BÉNI-OUI-OUI **un béni-oui-oui** ein Jasager

BÊTE **bête et méchant** doof; dämlich; beschränkt
chercher la petite bête immer ein Haar in der Suppe finden; an allem etwas auszusetzen haben; an allem herummeckern

BLOUSON **un blouson doré** *(etwa)* ein junger Straftäter aus gutem Hause
un blouson noir ein Halbstarker *(veralt.)*; ein Rocker; ein Biker

BOND **faire faux bond à qqn.** jmdn. versetzen

BORD **être (menteur, etc.) sur les bords** ein kleiner (Lügner usw.) sein; einen leichten Hang zum (Lügen usw.) haben

BORDEL **foutre le bordel** alles auf den Kopf stellen; für ein heilloses Durcheinander sorgen; ein Chaos anrichten; Unruhe stiften

BORNE **dépasser les bornes** die Grenzen überschreiten; zu weit gehen

BOUCHE **avoir la bouche en cœur** schmollen; eine Schnute/einen Schmollmund machen/ziehen

“être comme l'âne de Buridan”
A force de ne pouvoir trancher entre l'eau et la nourriture, cet âne torturé par l'indécision finit par en mourir.
Son histoire est évoquée tendrement par Buridan, philosophe médiéval. Même s'il est probablement apocryphe, ce conte revêt une vérité que nous avons tous expérimentée un jour.
cf. ÂNE

faire la bouche en cul de poule die Lippen schürzen; den Mund (verächtlich) verziehen
faire la fine bouche die Nase rümpfen

BOUCHON **pousser le bouchon un peu loin** etwas zu weit gehen; es übertreiben

BOUE **remuer la boue** im Schmutz wühlen

BRAS **jouer les gros bras** den strammen Max spielen/markieren

BURIDAN **être comme l'âne de Buridan** *voir âne*

C

CARACTÈRE **avoir un caractère de cochon** einen schwierigen Charakter haben; ein schwieriger Mensch sein

CASSER **casser le morceau** auspacken; singen

CAVALIER **c'est un peu cavalier de sa part (de faire cela)** das ist aber ziemlich unverschämt/dreist/ geschmacklos von ihm

CEINTURE **un humour en dessous de la ceinture** ein derber Humor; ein Humor, der unter die Gürtellinie geht

CENTRE **se croire le centre du monde** sich für den Nabel der Welt halten; sich für etwas Besseres/Besonderes halten; sich sehr wichtig nehmen; sehr egoistisch/egozentrisch sein; sehr von sich eingenommen sein

CHARITÉ **c'est l'hôpital qui se moque de la charité** das sagt der/die Richtige; du hast's ja gerade nötig (, dich so über mich lustig zu machen)

CHARRIER **(il ne) faut pas charrier** das geht aber zu weit; jetzt reicht's aber

CHERCHER **chercher la petite bête** *voir bête*

CHEVALIER **le Chevalier à la Triste Figure** der Ritter von der traurigen Gestalt

CHEVEU **couper les cheveux en quatre** *voir (chercher la petite) bête*

CHEVILLE **avoir les chevilles qui enflent** *voir centre*
ne pas arriver à la cheville de qqn. jmdm. nicht das Wasser reichen können

CHICHI **faire des chichis ; faire du chichi** Mätzchen machen; ein Getue machen; zimperlich sein

CHIER **chier dans la colle** Blödsinn/ Scheiß *(derb)* reden

CHIFFE **une chiffe molle** ein Waschlappen; ein Schlappschwanz

CHOPER **choper la grosse tête** *voir centre*

CLOCHER **l'esprit de clocher** Lokalpatriotismus; Kleingeisterei

COCHON **avoir une tête de cochon** ein Dickkopf/-schädel sein; ein eigensinniger/dickköpfiger/sturer Mensch sein

COCO **un drôle de coco** ein komischer Kauz; ein schräger Vogel; ein fauler Kunde

CŒUR **avoir un cœur de pierre** ein Herz aus Stein haben; herzlos sein

COINCER **être coincé** verklemmt/ gehemmt/blockiert sein

COLLET **collet monté** (stock(steif; sehr förmlich/formell; knöchern

COLOSSE **un colosse aux pieds d'argile** ein Koloß auf tönernen Füßen

COMÉDIE **jouer la comédie** Theater spielen; sich verstellen; so tun, als ob

CONCIERGE **une vraie concierge** eine Klatschbase/-tante; eine Tratsche

CORDE **il ne faut pas parler de corde dans la maison d'un pendu** *(prov.)* *(etwa)* im Haus des Gehängten sprich nicht vom Strick

COUCHEUR **un mauvais coucheur** ein Meckerer; ein Nörgler; ein Streithahn/-hammel

COUDE **ne pas se moucher du coude** *voir centre*

COULEUVRE **être paresseux comme une couleuvre** stinkfaul sein; ein Faulpelz sein

COUTEAU **remuer/retourner le couteau dans la plaie** das Messer in der Wunde rumdrehen; Salz in die Wunde streuen

CRACHER **cracher dans la soupe** (denen, die es gut mit einem meinen,) in die Suppe spucken
cracher le morceau *voir casser*

CROIRE (SE) **se croire sorti de la cuisse de Jupiter** *voir centre*
se croire tout permis glauben, man kann/darf sich alles erlauben
s'y croire im Wolkenkuckucksheim leben; Luftschlösser bauen

CROQUEUSE **une croqueuse de diamants** eine kostspielige Kokotte/Mätresse

CRUCHE **tant va la cruche à l'eau qu'à la fin elle se brise/casse** *(prov.)* der Krug geht so lange zum Brunnen, bis er bricht *(Sprichw.)*

CUCUL **cucul (la praline)** einfältig; simpel; albern; läppisch; treudoof

CUISSE **se croire sorti de la cuisse de Jupiter** *voir centre*

CUL **un faux cul** ein falscher Fuffziger; eine Schlange *(Frau)*

CULOT **avoir du culot** *voir (ne pas manquer d')air*

CURIOSITÉ **la curiosité est un vilain défaut** *(etwa)* sei nicht so neugierig!

D

DÉGOÛTER **faire la dégoûtée** die Wählerische spielen; auf etwas/jmdn. verächtlich herabsehen

DÉPASSER **dépasser les bornes** *voir borne*

DIEU **on lui donnerait le bon Dieu sans confession** er sieht aus, als ob er kein Wässerchen trüben könnte/niemandem ein Haar krümmen könnte
se prendre pour Dieu le père *voir centre*

DINDE **une petite dinde** eine dumme Pute/Gans

DOIGT **avoir le petit doigt en l'air** affektiert/affig sein; sich gespreizt/gekünstelt benehmen

DOS **faire qqch. dans le dos de qqn.** etwas hinter jmds. Rücken tun

DRÔLE **un drôle d'oiseau/de coco/de lascar** *voir coco*

DUR **c'est un dur à cuire** das ist ein ganz Hartgesottener; dem ist schlecht beizukommen; der hat seinen eigenen Kopf
jouer les durs sich hart/abgebrüht geben; als harte Männer auftreten

E

EAU il n'est pire eau que l'eau qui dort *(prov.)* stille Wasser sind tief *(Sprichw.)*

ÉCOUTER (S') s'écouter parler sich (selbst) gern reden hören

EFFORT un partisan du moindre effort sich kein Bein ausreißen; den Weg des geringsten Widerstands gehen

ÉLÉPHANT être comme un éléphant dans un magasin de porcelaine sich wie ein Elefant im Porzellanladen benehmen

EMPÊCHEUR un empêcheur de tourner/de danser/etc. en rond ein Spielverderber

ENFANT ce n'est pas un enfant de chœur das ist kein Unschuldslamm; dem kann man nichts vormachen
faire l'enfant sich kindisch/albern/ wie ein Kind aufführen
un enfant terrible ein Enfant terrible *(geh.)*; ein Familienschreck

ÉPATE faire de l'épate Eindruck machen/schinden (wollen); sich aufspielen

ESBROUF(F)E faire de l'esbrouf(f)e *voir épate*

ESPRIT avoir l'esprit mal tourné immer gleich Schlechtes denken; immer gleich auf schlechte Gedanken kommen

ÉTAGE de bas étage primitiv; zweitklassig; minderwertig; mies

ÉTALAGE faire étalage de qqch. etwas zur Schau stellen; mit etwas angeben/prahlen/protzen

F

FAÇON faire des façons sich zieren; sich haben; sich anstellen; etepetete sein

FAUTE rejeter la faute sur qqn. jmdm. die Schuld in die Schuhe schieben

FAUTEUR un fauteur de troubles ein Unruhestifter

FER remuer le fer dans la plaie *voir couteau*

FIER être fier comme Artaban/comme un bar-tabac stolz sein wie ein Spanier

FIER-À-BRAS un fier-à-bras ein Prahlhans; ein Prahler; ein Großmaul; eine Großschnauze; ein Sprücheklopfer; ein Maulheld

FIN fin de siècle dekadent; (typisch) Fin de siècle *(geh.)*

FLEUR s'envoyer des fleurs sich selbst loben; sein eigenes Loblied singen

FRASQUE faire des frasques über die Stränge schlagen

FRIME c'est de la frime das ist doch alles nur Theater/Mache; er/sie spielt doch nur Theater; er/sie tut doch nur so

FRIMEUR un frimeur ein Angeber; ein Aufschneider; ein Protz

G

GALERIE dire/faire qqch. pour (épater) la galerie etwas aus Effekthascherei tun; etwas tun, um zu imponieren

GASCON **des promesses de Gascon** leere Versprechungen

GLORIOLE **par gloriole** aus reiner Angeberei/Wichtigtuerei

GONFLER **être gonflé** *voir (ne pas manquer d')air*

GRABUGE **faire du grabuge** Krawall/Stunk machen

GUEULE **être/avoir (une) grande gueule** eine große Klappe/Schnauze haben; die Klappe/das Maul *(derb)* aufreißen

H

HAUT **le prendre de haut** von oben herab tun; herablassend sein

HÔPITAL **c'est l'hôpital qui se moque de la charité** *voir charité*

HUILE **jeter de l'huile sur le feu** Öl ins Feuer gießen

I

ILLUSION **se faire des/se bercer d'illusions** sich Illusionen machen; sich Illusionen/Selbsttäuschungen hingeben

IMPORTANT **faire l'important** sich wichtig machen; wichtigtun

IVROGNE **des promesses d'ivrogne** *voir Gascon*

J

JE-M'EN-FOUTISTE **un je-m'en-foutiste** einer, dem alles wurscht/schnuppe/schnurz/scheißegal *(derb)* ist; jemand mit einer „Mir-doch-wurscht"-/„Null-Bock"-Mentalität; ein Egalo *(Jugendspr.)*

JETON **un faux jeton** *voir cul*

JOJO **un affreux jojo** ein mieser Typ; ein übler Bursche

JUPITER **se croire sorti de la cuisse de Jupiter** *voir centre*

L

LÂCHER **lâcher le morceau** *voir casser*

LANGUE **avoir une langue de serpent/de vipère/de pute** eine böse/spitze/scharfe Zunge haben
être (une) mauvaise langue ein Lästermaul sein

LANTERNE **prendre des vessies pour des lanternes** sich ein X für ein U vormachen lassen; sich einen Bären aufbinden lassen

LASCAR **un drôle de lascar** *voir coco*

“des promesses de Gascon”
Comme l'Italien, le personnage du Gascon (cf. Alexandre Dumas père) est réputé pour sa capacité à fanfaronner et à promettre la lune. Cependant, il arrive qu'il mette tous ses fantasmes à exécution, et cela donne un héros sublime comme Cyrano de Bergerac.
cf. GASCON

LAVETTE **une lavette** *voir chiffe*

LÉZARD/LOCHE/LOIR **paresseux comme un lézard/une loche/un loir** *voir couleuvre*

M

M'AS-TU VU **faire le m'as-tu-vu** sich in Szene setzen; große Reden schwingen; große Töne spucken; Wind machen
un m'as-tu vu ein kleiner Gernegroß; ein Möchtegern; ein Wichtigtuer; ein Großkotz

MAIN **ils peuvent se donner la main** die können sich die Hand reichen; die sind (alle) vom gleichen Schlag
tu lui donnes la main et il te prend le bras wenn man ihm den kleinen Finger gibt, nimmt er gleich die ganze Hand

MALIN **jouer au plus malin** jmdn. zu überlisten suchen; den Schlaumeier spielen

MANGER **manger le morceau** *voir casser*

MANIÈRE **faire des manières** *voir façon*

MARIE-CHANTAL **c'est une Marie-Chantal** *(etwa)* das ist eine eingebildete Pute/Schnepfe; die hält sich für was Besseres

MARIOLE **faire le mariole** sich aufspielen/-blasen; sich für weiß was/wen halten

MAUVAIS **être mauvais comme une teigne** ein Gift-zwerg/eine Giftnudel sein

MÉCANIQUE **rouler les/des mécaniques** *voir bras*

MÉCHANT **être méchant comme une teigne** *voir mauvais*

MÈCHE **vendre la mèche** die Katze aus dem Sack lassen; das Geheimnis verraten/ausplaudern

MENSONGE **un mensonge gros comme une maison** eine faustdicke Lüge

MENTIR **mentir comme un arracheur de dents ; mentir comme on respire** *voir arracheur*

MERDE **foutre/semer la merde** *voir bordel*
ne pas se prendre pour de la/une merde *voir centre*
remuer la merde *voir boue*

MIDI **chacun voit midi à sa porte** jeder ist sich selbst der Nächste
chercher midi à quatorze heures die Sache unnötig komplizieren; Schwierigkeiten sehen, wo keine sind; warum einfach, wenn's auch umständlich geht? *(Redew.)*

MIJAURÉE **faire la/sa mijaurée** *voir façon*

“c'est une Marie-Chantal”
Semblable à Baptiste (voir plus loin, chapitre 17), mais la prétention bourgeoise en plus, Marie-Chantal prend des airs intelligents, mais elle présente un sérieux déficit de cellules grises. N'est-ce pas elle qui, prenant un taxi anonyme, un soir, déclare hautement : «chauffeur, à la maison»?
cf. MARIE-CHANTAL

MISÈRE **faire des misères à qqn.** jmdn. piesacken; jmdn. plagen/quälen; jmdn. nicht in Ruhe lassen

MORCEAU
manger/lâcher/cracher/casser le morceau *voir casser*

MORVEUX **qui se sent morveux (qu'il) se mouche** *(prov.)* wen's juckt, der kratze sich *(Sprichw.)*

MOUCHE **enculer les mouches** *voir (chercher la petite) bête*

MOUCHER (SE) **ne pas se moucher du pied** *voir centre*

MOULE **une moule** *voir chiffe*

MOUSSER **se faire mousser** *voir fleur*

MOUTARDIER **se croire le premier moutardier du pape** *(vieilli)* *voir centre*

N

NATUREL **chassez le naturel, il revient au galop** *(prov.)* Art läßt nicht von Art *(Sprichw.)*

NÉCESSITÉ **faire de nécessité vertu** aus der Not eine Tugend machen

NERF **un paquet de nerfs** ein Nervenbündel

NEZ **fourrer son nez partout** seine Nase überall reinstecken

NOMBRIL **se prendre pour le nombril du monde** *voir centre*
se regarder/se contempler le nombril Nabelschau betreiben

NORMAND **donner/faire une réponse de Normand** ausweichend antworten; weder ja noch nein sagen

NUMÉRO **un drôle de numéro** *voir coco*

O

OIE **une oie blanche** ein naives Gänschen

OIGNON **ce ne sont pas tes oignons** das geht dich (gar) nichts an

OISEAU **un drôle d'oiseau** *voir coco*

OISIVETÉ **l'oisiveté est (la) mère de tous les vices** *(prov.)* Müßiggang ist aller Laster Anfang *(Sprichw.)*

OLÉ OLÉ **olé olé** keck; keß; unbefangen; ungeniert; vorlaut

OURS **un ours mal léché** ein ungehobelter/ungeschlachter Kerl; ein grober Klotz; ein Grobian

P

PAGAILLE **foutre la pagaille** *voir bordel*

PAIRE **les deux font la paire** die beiden passen (gut) zusammen *(iron.)*

PANIER **ils sont (tous) à mettre dans le même panier** *voir (ils peuvent se donner la) main*

PAON **être fier comme un paon** stolz sein/sich spreizen wie ein Pfau

PAPE **être sérieux comme un pape** todernst/knochentrocken sein

PARESSEUX **paresseux comme une couleuvre/un loir/un lézard/une loche** *voir couleuvre*

PARFAIT **nul/personne n'est parfait** nobody's perfect; niemand ist vollkommen

PAROLE **manquer à sa/de parole** sein Wort brechen; wortbrüchig werden

PARTISAN **un partisan du moindre effort** *voir effort*

PAYS **se comporter comme en pays conquis** sich aufführen, als ob man der Herr sei/als ob einem alles gehöre/als ob man zu befehlen hätte

PEAU **une (vraie) peau de vache** ein (richtiger) Schuft; ein (hunds)gemeiner Kerl; ein (gemeines) Aas

PERMIS **se croire tout permis** *voir croire*

PERSONNAGE **grossier personnage !** Flegel!; Rüpel!; Lümmel!

PÉTER **péter plus haut que son cul** zu hoch hinauswollen *(voir aussi centre)*

PIED **ne pas se moucher du pied** *voir centre*

PIERRE **pierre qui roule n'amasse pas mousse** *(prov.)* auf dem rollenden Stein wächst kein Moos *(Sprichw.)*

PINCE-SANS-RIRE **c'est un pince-sans-rire** der hat einen trockenen Humor

PISSER **ne plus se sentir pisser** *voir centre*

PLAIRE **avoir tout pour plaire** so ziemlich das Letzte sein; ein Unsympath sein; ein (ausgewachsenes) Ekel sein

POIDS **ne pas faire le poids (face à qqn./qqch.)** (jmdm./etwas) nicht gewachsen sein

POIL **avoir un poil dans la main** stinkfaul sein; die Arbeit nicht erfunden haben

POSE **prendre des poses** *voir air : prendre de grands airs*

POT **un pot de colle** eine Klette

POUDRE **jeter de la poudre aux yeux de qqn.** jmdm. Sand in die Augen streuen

POULE **une poule mouillée** *voir chiffe*

POUSSER **(il ne) faut pas pousser grand-mère dans les orties** *voir charrier*

PRÊCHER **prêcher pour sa paroisse/son saint** in eigener Sache reden/sprechen

PRIX **ne pas être un prix de vertu** *voir enfant (de chœur)*

PROMESSE **des promesses d'ivrogne/de Gascon** *voir Gascon*

Q

QUART **démarrer au quart de tour/de poil** schnell/leicht in die Luft gehen; sehr reizbar sein; leicht erregbar sein

“avoir un poil dans la main”
Expression millésimée 1808, mais dont l'origine est curieuse. Elle provient sans doute de ce qu'une main industrieuse se doit d'être sinon rugueuse (bien des aristocrates français et, plus tard russes, payèrent cette absence de rugosité), en tout cas nue, prouvant par-là même son activité.
cf. POIL

R

RABAT-JOIE un rabat-joie ein Spaßverderber; ein Miesmacher

RAMENER la ramener (immer) seinen Senf dazugeben; (immer) dazwischenquatschen

RATER ne pas en rater une dauernd ins Fettnäpchen treten

REFAIRE (SE) on ne se refait pas niemand kann aus seiner Haut; was Hänschen nicht lernt, lernt Hans nimmermehr *(Sprichw.)*

RESPIRER mentir comme on respire *voir arracheur*

RIEN un bon à rien ; un propre à rien ein Nichtsnutz; ein Taugenichts; ein Tunichtgut

ROI le roi n'est pas son cousin *voir centre*

ROUE faire la roue *voir paon*

ROULER rouler les/des mécaniques *voir mécanique*

S

SAC ils sont (tous) à mettre dans le même sac *voir panier*

SAINT ne pas être un saint *voir enfant (de chœur)*

SAINTE-NITOUCHE c'est une sainte-nitouche das ist eine Scheinheilige; die tut nur so scheinheilig

SÉRIEUX être sérieux comme un pape *voir pape*

SIENNE il a encore fait des siennes er hat sich wieder ein Stück geleistet; er hat wieder Dummheiten gemacht

SIMAGRÉE faire des simagrées *voir façon*

SIRE un triste/pauvre sire ein armer Teufel/Schlucker

SOUPE cracher dans la soupe *voir cracher*
être soupe au lait hitzig/hitzköpfig/aufbrausend sein; gleich hochgehen/in die Luft gehen

SOURD il n'est pire sourd que celui qui ne veut pas entendre *(prov.)* der ist sehr taub, der nicht hören will *(Sprichw.)*

SPECTACLE se donner en spectacle sich zur Schau stellen; sich produzieren

T

TABLE se mettre à/passer à table *voir casser*

TEIGNE être méchant/mauvais comme une teigne *voir mauvais*

TEMPÊTE qui sème le vent récolte la tempête *(prov.)* wer Wind sät, wird Sturm ernten *(Sprichw.)*

TÊTE attraper/choper la grosse tête *voir centre*
avoir/être une tête à claques ein Ohrfeigengesicht haben
une tête brûlée ein Feuer-/Hitzkopf

TOUPET avoir du toupet *voir (ne pas manquer d')air*

TRAVERS faire tout de travers alles falsch/verkehrt machen

TROUBLE-FÊTE jouer les trouble-fête den anderen die Laune verderben/die Freude an etwas nehmen; den anderen etwas vergällen/verleiden

V

VENT **qui sème le vent récolte la tempête** *voir tempête*

VERRE **se noyer dans un verre d'eau** bei der geringsten Schwierigkeit versagen; bei der geringsten Sache in Verlegenheit geraten

VERTU **ne pas être un prix de vertu** *voir enfant (de chœur)*
une femme de petite vertu ein leichtes Mädchen; ein Flittchen; ein liederliches Frauenzimmer

VESSIE **prendre des vessies pour des lanternes** *voir lanterne*

VIE **une femme de mauvaise vie** *voir vertu*

VIVRE **il est difficile à vivre** mit ihm ist schwer auszukommen; mit ihm ist nicht gut Kirschen essen

VUE **en mettre plein la vue à qqn.** auf jmdn. Eindruck machen; bei jmdm. Eindruck schinden; eine Show vor jmdm. abziehen

Z

ZIZANIE **semer la zizanie** Unfrieden stiften

11

La conversation

Parlez sans ambages et répondez du tac au tac. Pour pratiquer sans peine le bouche à oreille – le bouche-à-bouche, c'est au chapitre 7 – voici de nombreuses suggestions qui vous donneront de la conversation. Quand vous vous exprimerez, on entendra une mouche voler.

A

ABONNÉ **se mettre aux abonnés absents** sich ausklinken

AMBAGE **parler sans ambages** ohne Umschweife reden; nicht um den heißen Brei herumreden

AMENDE **faire amende honorable** Abbitte leisten; um Verzeihung bitten

AMUSE-GUEULE **un amuse-gueule** ein Aufhänger; eine Einführung

ÂNE **beugler comme un âne** brüllen wie ein Stier; grölen; krakeelen

ANGE **un ange passe/passa** ein Engel geht/ging durch den Raum

B

BALIVERNE **raconter des balivernes** ungereimtes Zeug von sich geben; albern daherreden

BÂTON **parler à bâtons rompus** sich zwanglos unterhalten; ungezwungen plaudern

BAVE **la bave du crapaud n'atteint pas la blanche colombe/les étoiles** denn was von mir ein Esel spricht (, das acht' ich nicht)

BAVETTE **tailler une bavette avec qqn.** ein Schwätzchen/einen kleinen Schwatz/Plausch mit jmdm. halten

BEC **être/rester le bec dans l'eau** kein einziges Wort herausbringen/über die Lippen bringen (können)

BERGER **la réponse du berger à la bergère** das Schluß-/Nachwort

BEUGLER **beugler comme un âne**
voir âne

BLAGUE **blague à part** Scherz beiseite

BLANC **dire tantôt blanc, tantôt noir** mal so, mal so sagen

BONNET **parler à son bonnet** Selbstgespräche führen; mit sich selbst sprechen

BOUCHE **de bouche à oreille** von Mund zu Mund

BROSSER **brosser un tableau très noir (d'une situation)** (eine Situation) in den schwärzesten Farben malen/darstellen

BRUIT **beaucoup de bruit pour rien** viel Lärm um nichts
ça va faire du bruit ! das wird Aufsehen erregen!; das wird für Aufregung sorgen!
le bruit court que… es geht das Gerücht, daß …

BRÛLER **brûler la politesse à qqn.** jmdn. einfach stehenlassen

“c'est la réponse du berger à la bergère”
Aux XVIIe et XVIIIe siècles, la mode était aux poésies pastorales. Le berger faisait une cour empressée à la bergère et la belle répondait par mille coquetteries. La réponse du berger à la bergère finissait par clore l'échange. C'est du moins la version officielle, aux dires des gens bien élevés.
cf. BERGER

C

CANTONADE **parler à la cantonade** etwas in den Raum sagen; sich an die Anwesenden/die Allgemeinheit wenden

CARPE **muet comme une carpe** stumm wie ein Fisch

CASSER **ne pas en casser une** kein Wort/keinen Ton sagen/von sich geben

CAUSETTE **faire la causette/un brin de causette à qqn.** sich mit jmdm. unterhalten; mit jmdm. plaudern/plauschen/klönen; jmdm. etwas erzählen

CHANSON **on connaît la chanson** das (Lied) kenn' ich/kennen wir schon

CHAPELET **un chapelet d'injures** eine Schimpfkanonade; ein Hagel von Beschimpfungen/Beleidigungen

CHARRETIER **parler/jurer comme un charretier** fluchen wie ein Droschkenkutscher/Fuhrmann

CHAT **donner sa langue au chat** (es) aufgeben

CHEMIN **ne pas y aller par quatre chemins** kurzen Prozeß machen; nicht viel Federlesens machen; nicht lange fackeln

CHEVEU **avoir un cheveu sur la langue** lispeln; mit der Zunge anstoßen

CHIEN **les chiens aboient, la caravane passe** *voir* ***bave***

CHIER **(il n')y a pas à chier** es hilft alles nichts; da ist nichts zu machen; da müssen wir durch

CHIFFON **parler chiffons** über Mode/Kleidung/Klamotten reden/sprechen

CHIQUE **couper la chique à qqn.** jmdm. die Sprache/Rede verschlagen

CHOSE **c'est bien peu de choses !** das ist doch nicht der Rede wert!
parler de choses et d'autres von dies und jenem reden/sprechen

CHRONIQUE **défrayer la chronique** von sich reden machen; Schlagzeilen machen

CŒUR **épancher/ouvrir son coeur cœur** sein Herz ausschütten; sich etwas vom Herzen reden
parler à cœur ouvert à qqn. offenherzig mit jmdn. reden/sprechen

CONCERT **soulever un concert de protestations** einen Sturm der Empörung/Entrüstung entfachen

CONVERSATION **avoir de la conversation** redegewandt/zungenfertig/eloquent sein
être en grande conversation ins Gespräch vertieft sein

“défrayer la chronique”
Si «défraiement» est couramment utilisé en commerce, «défrayer» est peu usité. Ce verbe signifie «décharger (quelqu'un) de ses frais». Lorsque l'on défraye la chronique, on fait les frais de la «chronique», c'est-à-dire de la conversation courante ou de l'actualité.
cf. CHRONIQUE

COQ **passer/sauter du coq à l'âne** vom Hundertsten ins Tausendste kommen

COR **réclamer/demander qqch. à cor et à cri** etwas lauthals fordern

COUP **donner/passer un coup de fil à qqn.** jmdn. anrufen

COUPER **couper la chique à qqn.** *voir chique*

COURT **pour la faire courte ; je te la fais courte** um es kurz zu machen; der langen Rede kurzer Sinn; lange Rede, kurzer Sinn

CRACHOIR **tenir le crachoir** keinen anderen zu Wort kommen lassen; das Gespräch an sich reißen

CUISINER **cuisiner qqn.** jmdn. ausfragen/-quetschen; jmdn. bearbeiten

D

DÉCONNER **déconner à plein(s) tube(s)** Mist/Käse/Stuß/Blödsinn/dummes Zeug reden

DENT **avoir la dent dure** eine spitze/böse Zunge haben
parler entre ses dents etwas in seinen Bart brummen/murmeln

DIALOGUE **c'est un dialogue de sourds** sie reden aneinander vorbei

DIRE **à qui le dites-vous/dis-tu ?** wem sagen Sie/sagst du das?
c'est beaucoup dire das will was heißen
c'est vite dit das sagt sich so leicht
ce n'est pas peu dire ! das will nicht (gerade) wenig heißen!
cela va sans dire (mais cela irait/va mieux en le disant) das versteht sich von selbst
comme dit/disait l'autre wie man (so schön) sagt; wie es (so schön) heißt
dire ce qu'on a sur le cœur sich aussprechen; sich etwas von der Seele reden
en dire long vielsagend sein; viel besagen; Bände sprechen
entre nous soit dit ; soit dit entre nous unter uns (gesagt)
je me suis laissé dire que… ich habe mir sagen lassen, daß …
laisser dire die Leute reden lassen
ne me faites pas dire ce que je n'ai pas dit legen Sie mir nicht Worte in den Mund, die ich nicht gesagt habe
ne pas l'envoyer dire à qqn. jmdm. etwas ins Gesicht sagen
on a beau dire da hat man gut reden

“sauter du coq à l'ane”
Que l'on pardonne les propos impudiques de l'auteur de ces lignes, mais «sauter» doit s'entendre dans son acception moderne et gaillarde. Ce thème est repris dans plusieurs textes satyriques, notamment au Moyen-Age, et dans le conte des Musiciens de Brême où l'on voit des animaux perchés les uns sur les autres, le coq dominant le tout et l'âne au plus bas. Il correspond à une latitude de langage qui peut nous paraître étonnante, mais qui devrait nous rendre modestes quant aux soi-disant libertés nouvelles de notre époque.
cf. COQ

pour ne pas dire autre chose gelinde gesagt
se tuer à dire qqch. à qqn. jmdm. etwas tausendmal sagen
soit dit en passant beiläufig/nebenbei gesagt
tu l'as dit, bouffi ! du sagst es!

DISCUTER **discuter le bout de gras avec qqn.** *voir bavette*

E

EAU **apporter/amener de l'eau au moulin de qqn.** Wasser auf jmds. Mühle sein

ÉCHO **se faire (l')écho de qqch.** etwas weitererzählen/-tragen

ÉCRASER **écraser** den Mund halten; nichts ausplaudern

EFFET **c'est tout l'effet que ça te fait ?** ist das alles, was du dazu zu sagen hast?

EMBROUILLER **ni vu ni connu (j't'embrouille) !** das merkt niemand/keiner/kein Mensch!; da merkt niemand/keiner etwas!

ENCENSOIR **manier l'encensoir** Weihrauch streuen; lobhudeln

ENTENDRE **ce qu'il faut (pas) entendre !** was muß man sich (nicht) alles anhören!; was man sich (nicht) alles sagen lassen muß!
entendons-nous bien ! daß/damit wir uns recht verstehen!

EXCUSE **faire de plates excuses** zu Kreuze kriechen; (jmdn.) inständig um Entschuldigung bitten

EXPRESSION **passez-moi l'expression** verzeihen Sie das harte Wort

F

FAÇON **(c'est une) façon de parler** das sagt man so (hin)
dire à qqn. sa façon de penser jmdm. seine Meinung sagen

FACONDE **avoir de la faconde** redselig/gesprächig sein

FORMALISER (SE) **ne pas se formaliser de qqch.** an etwas keinen Anstoß nehmen; sich an etwas nicht stoßen; etwas nicht übelnehmen

FORME **en y mettant les formes** taktvoll; rücksichtsvoll; in höflicher Form

FRAIS **faire les frais de la conversation** den Gesprächsstoff liefern; das Gesprächsthema sein

FRAISE **ramener sa fraise** (immer) seinen Senf dazugeben; (immer) dazwischenquatschen

FRANC-PARLER **avoir son franc-parler** offen/freimütig reden; frei-/geradeheraus reden; frei/frisch von der Leber weg reden

FROID **jeter un froid** wie eine kalte Dusche/ernüchternd/peinlich (auf die Zuhörer) wirken

G

GANT **ne pas prendre/mettre de gants (pour dire qqch.)** (jmdm.) unverblümt seine Meinung sagen

GÊNER (SE) **faut pas se gêner** tun Sie sich keinen Zwang an; seien Sie ganz offen

GORGE faire des gorges chaudes de qqch. über etwas schadenfroh lachen; sich offen/ungeniert über etwas lustig machen

GRAIN mettre/fourrer son grain de sel *voir fraise*

GRAS discuter le bout de gras avec qqn. *voir bavette*

GUEULANTE pousser une (bonne) gueulante ein Donnerwetter loslassen; jmdn. anschreien/-brüllen/-fahren/-herrschen

GUEULE un fort en gueule ein Großmaul; eine Groß-schnauze; ein Maulheld

GUEULER gueuler comme un putois *voir âne*

H

HALEINE tenir qqn. en haleine jmdn. in Atem halten

HAUT dire qqch. haut et fort *voir franc-parler*

HORS-D'ŒUVRE un hors-d'œuvre *voir amuse-gueule*

J

JACASSER/JASER jacasser/jaser comme une pie borgne reden wie ein Wasserfall/ein Buch; dem Teufel ein Ohr abschwätzen

JAMBE tenir la jambe à qqn. jmdn. die Ohren vollquasseln

JETER n'en jetez plus (la cour est pleine !) danke für die Blumen!; genug der Komplimente!; Sie bringen mich ja in Verlegenheit!

JURER jurer comme un charretier *voir charretier*

L

LANGUE avoir la langue bien pendue ; ne pas avoir la langue dans sa poche ein gutes/flinkes Mundwerk haben; nicht auf den Mund gefallen sein; den Mund auf dem rechten Fleck haben
la langue de bois *(etwa)* Phrasendrescherei
les langues vont aller bon train da wird das Gerede wieder losgehen; da werden sie sich wieder die Mäuler zerreißen
prendre langue avec qqn. mit jmdm. Kontakt aufnehmen/in Verbindung treten
tenir sa langue den/seinen Mund halten
tourner sept fois sa langue dans sa bouche avant de parler jedes Wort auf die Goldwaage legen

LAPALISSADE c'est une lapalissade de dire que… das ist doch eine Binsenweisheit, daß …

LÈVRE être pendu aux lèvres de qqn. an jmds. Lippen hängen
être sur toutes les lèvres in aller Munde sein

M

MÂCHER ne pas mâcher ses mots kein Blatt vor den Mund nehmen

MAIS il n'y a pas de mais (qui tienne) keine Widerrede!

MEILLEUR j'en passe, et des meilleures und so weiter, und so fort; das ist längst noch nicht alles; ich könnte noch ganz andere Beispiele nennen

MENU raconter qqch. par le menu etwas haarklein/bis ins kleinste Detail erzählen

MESSE faire des messes basses miteinander tuscheln

MORDICUS soutenir mordicus etwas steif und fest behaupten; hartnäckig an etwas festhalten

MOT avoir des mots avec qqn. einen Wortwechsel/eine Auseinandersetzung mit jmdm. haben; ein Streitgespräch mit jmdm. führen
avoir deux mots à dire à qqn. ein Wörtchen mit jmdm. zu reden haben
avoir le dernier mot/le mot de la fin das letzte Wort haben
dire des gros mots Kraftausdrücke/Schimpfwörter verwenden/gebrauchen
échanger deux mots avec qqn. kurz mit jmdm. sprechen
en deux mots ganz kurz; in wenigen Worten
en toucher un mot à qqn. jmdm. Bescheid sagen; jmdm. etwas mitteilen/ausrichten
en un mot comme en cent mit einem Wort; kurz und gut
glisser un mot à l'oreille de qqn. etwas bei jmdm. zur Sprache bringen
je n'ai pas dit mon dernier mot das ist noch nicht mein letztes Wort
n'avoir jamais un mot plus haut que l'autre in ruhigem Ton sprechen; (im Gespräch) nie laut werden
ne pas comprendre un traître mot à qqch. kein Wort/auch nicht so viel von etwas verstehen
ne pas mâcher ses mots *voir* ***mâcher***
ne pas pouvoir placer un mot/ne pas pouvoir en placer une nicht zu Wort kommen
parler à mots couverts durch die Blume sprechen
peser ses mots seine Worte abwägen
prendre qqn. au mot jmdn. beim Wort nehmen
qui ne dit mot consent *(prov.)* wer schweigt, stimmt zu *(Sprichw.)*; keine Antwort ist auch eine Antwort *(Sprichw.)*
se passer le mot etwas (vom einen zum anderen) weitersagen/-sagen; sich (untereinander) absprechen
un jeu de mots ein Wortspiel

MOTUS motus (et bouche cousue) ! nichts sagen/verraten!; Mund halten!

MOUCHE on entendrait une mouche voler man könnte eine Stecknadel fallen hören

MOULIN apporter/amener de l'eau au moulin de qqn. *voir* ***eau***
un moulin à paroles ein Plapper-/Schnattermaul; eine Plapper-/Plaudertasche; ein Quasselkopf; eine Quasselstrippe

MOUTON revenons à nos moutons kommen wir wieder zur Sache!; kommen wir zu unserem Thema zurück!; zur Sache, Schätzchen! *(Redew.)*

MUET muet comme une carpe ; muet comme la/une tombe *voir* ***carpe***

“motus et bouche cousue”

«Botus et mouche cousue» dirait Dupont avec t, répondant à son inénarrable double avec d. Si «botus» n'existe pas, sauf pour les besoins de la contrepèterie, «motus» constitue également une pure invention latinisée permettant aux gentilshommes du xve siècle de s'intimer mutuellement le silence. Puisque nous en sommes à l'univers des petites cases dessinées, sachez aussi que le principal héros d'Hergé, candide redresseur de torts et de travers, doit son nom à un mode de paiement provençal du xiie siècle (payer en tintins), ainsi qu'à l'interjection des dames aux migraines rageuses: «ce soir, mon ami, vous ferez tintin!»

cf. MOTUS

MUR **c'est comme parler à un mur** bei ihm/ihr redet man gegen eine Wand
les murs ont des oreilles die Wände haben Ohren

N

NÈGRE **parler petit nègre** Kauderwelsch reden; kauderwelschen

NEUF **quoi de neuf ?** was gibt's Neues?

NEZ **parler du nez** durch die Nase sprechen; näseln

NOIR **dire tantôt blanc, tantôt noir**
voir blanc

NOM **nom de Dieu !** ach du lieber Gott!; Herrgott (nochmal)!
nom de nom ! ; nom d'un (petit) bonhomme ! ; nom d'une pipe ! ; nom d'un chien ! ; nom d'un tonnerre ! ; tonnerre de nom ! verdammt/verflixt (nochmal)!; verflixt und zugenäht!; verflucht (nochmal)!; (zum) Donnerwetter (nochmal)!; Himmel, Arsch und Zwirn! *(derb)*

NOUVELLE **première nouvelle !** (das ist) das erste, was ich höre!

O

OCCASION **il a (encore) perdu/manqué/raté l'occasion de se taire** er hätte besser den Mund halten sollen

OREILLE **avoir l'oreille de qqn.** bei jmdm. Gehör finden; jmds. Ohr/Vertrauen haben
entrer par une oreille et sortir par l'autre zum einen Ohr hinein-, zum anderen wieder hinausgehen
les murs ont des oreilles
voir mur
les oreilles ont dû lui tinter die Ohren müssen ihm geklungen haben
n'écouter que d'une oreille nur mit halbem Ohr hin-/zuhören
prêter l'oreille die Ohren spitzen; aufmerksam zuhören
rebattre les oreilles à qqn. (de qqch.) jmdm. die Ohren voll blasen/schwätzen (mit etwas)

OUÏ-DIRE **par ouï-dire** vom Hörensagen

OUÏE **être tout ouïe** ganz Ohr sein

P

PARENTHÈSE entre parenthèses übrigens; was ich noch sagen wollte; nebenbei bemerkt
fermer la parenthèse zum eigentlichen Thema zurückkehren
ouvrir la parenthèse kurz vom Thema abschweifen; eine Zwischenbemerkung einfügen/-schieben

PARLER faire parler de soi von sich reden machen
parler à tort et à travers ; parler en l'air ; parler pour ne rien dire das Blaue vom Himmel reden; Opern reden/erzählen; leeres Stroh dreschen; abgedroschenes Zeug reden
parler chiffons *voir chiffon*
parler/jurer comme une poissonnière keifen wie ein Fischweib
parler d'or goldene Worte sprechen; weise reden
parler de choses et d'autres *voir chose*
parler de la pluie et du beau temps über Gott und die Welt reden
parler du nez *voir nez*
parler en pure perte drauflosreden; daherreden/-quasseln; faseln; schwafeln; labern
parler par énigmes in Rätseln sprechen
parlons peu (mais) parlons bien fassen wir uns kurz; in der Kürze liegt die Würze
tu parles, Charles ! von wegen!; das glaubst du!

PARLEUR un beau parleur ein Schönredner; ein Schmeichler

PAROLE boire les paroles de qqn. *voir lèvre : être pendu aux lèvres*

PARTIE prendre qqn. à partie auf jmdn. losgehen; jmdn. (verbal) angreifen

PEU un peu (mon neveu) ! allerdings!; das will ich meinen!

PHOTO tu veux ma photo ? was glotzt/stierst du mich denn so (blöd) an?; stimmt was nicht?; ist was (nicht in Ordnung)?

PIE jacasser/jaser comme une pie (borgne) *voir jaser*

PIED mettre les pieds dans le plat ins Fettnäpfchen treten

PIPEAU c'est du pipeau das ist doch Quatsch/dummes Zeug; das ist doch alles Käse

PIPER ne pas piper (mot) keinen Piep von sich geben; nicht piep sagen

PIQUE lancer des piques à qqn. jmdn. sticheln/reizen/aufziehen; jmdm. gegenüber boshafte/bissige/spitze Bemerkungen machen; Spitzen austeilen; Giftpfeile abschießen

PIROUETTE répondre par une pirouette einer Frage geschickt (mit Scherzen) ausweichen; sich (mit einem Witz) aus der Affäre ziehen

PIS dire pis que pendre de qqn. kein gutes Haar/keinen guten Faden an jmdm. lassen

PLAISANTERIE trêve de plaisanterie(s) *voir blague*

PLUIE parler de la pluie et du beau temps *voir parler*

POCHE ne pas avoir la langue dans sa poche *voir langue*

POLI pour rester poli *voir dire : pour ne pas dire autre chose*

POLICHINELLE **un secret de Polichinelle** ein offenes Geheimnis

PORTILLON **ça se bouscule au portillon** er/sie verhaspelt/verheddert sich; er/sie stammelt

POSSÉDÉ **crier/hurler comme un possédé** wie ein Verrückter/wie verrückt schreien; herumschreien/-brüllen

PROVERBE **comme dit le proverbe** wie es im Sprichwort heißt; wie das Sprichwort so schön sagt
faire mentir le proverbe das Sprichwort Lügen strafen

Q

QU'EN-DIRA-T-ON **le qu'en-dira-t-on** das Gerede/Ge-schwätz der Leute

QUEUE **un argument sans queue ni tête** ein Argument, das weder Hand noch Fuß hat

QUIA **être réduit/être à quia** nichts mehr zu antworten/zu entgegnen wissen

QUOI **il n'y a pas de quoi** keine Ursache; gern geschehen

R

RAJOUTER **en rajouter** dick auftragen; übertreiben; etwas ausschmücken/aufbauschen

RECEVOIR **je te/vous reçois 5 sur 5** ich verstehe dich/Sie sehr gut; ich weiß, was du sagen willst/was Sie sagen wollen

REFUS **ce n'est pas de refus** da sag' ich nicht nein

REMETTRE **en remettre** *voir rajouter*

RÉPARTIE **avoir la répartie facile** schlagfertig sein; nie um eine Antwort verlegen sein

RÉPONSE **c'est la réponse du berger à la bergère** *voir berger*

RESTER **pour rester poli** *voir poli*

RÉSULTAT **résultat des courses…** Ergebnis: …; Fazit: …

REVOYURE **à la revoyure !** bis dann!; bis später!

RIEN **de rien** *voir quoi*

S

SAC **vider son sac** mit der Sprache herausrücken; sich offen aussprechen; seine Karten offen auf den Tisch legen

SAINT-JEAN **un Saint-Jean-Bouche-d'Or/un Saint-Jean-Chrysostome** ein Plapperer; ein Schwätzer; ein Schwafler; ein Plapper-/Faselhans; ein Quackelfritze

SALADE **savoir vendre sa salade** *voir langue : avoir la langue bien pendue*

SALÉE **en raconter des salées** derbe/schlüpfrige Ge-schichten erzählen/drauf haben

SALON **c'est le dernier salon où l'on cause !** *(etwa)* das ist ja der reinste Kaffeklatsch! *(hum.)*

SECRET **un secret de Polichinelle** *voir Polichinelle*

SELLETTE **mettre qqn. sur la sellette** *voir cuisiner*

SI **avec des si, on mettrait Paris en bouteille** wenn das Wörtchen „wenn" nicht wär, wär mein Vater Millionär

SIFFLET **couper le sifflet à qqn.** *voir chique*

SORNETTE **raconter des sornettes** *voir baliverne*

SOUFFLER **ne pas souffler mot** *voir piper*

SOURIS **j'aimerais être une petite souris** da möchte ich Mäuschen sein

SUCRE **casser du sucre sur le dos de qqn.** über jmdn. herziehen/(ab)lästern

SUITE **la suite au prochain numéro** Fortsetzung folgt

T

TABLEAU **brosser un tableau très noir (d'une situation)** *voir brosser*

TAC **répondre du tac au tac** schlagfertig antworten

TANTE **si ma tante en avait, on l'appellerait mon oncle** *voir si*

TAPIS **mettre qqch. sur le tapis** etwas aufs Tapet/zur Sprache bringen
revenir sur le tapis wieder zur Sprache kommen

TARTE **une tarte à la crème** ein ergiebiges/dankbares Thema

TARTINE **débiter une tartine** sich lang und breit/des langen und breiten über etwas auslassen/ergehen; einen langen Sermon machen

TÉLÉPHONE **le téléphone arabe** der Dschungeltelegraph, der Nachrichtendienst *(hum.)*

TEMPS **un temps mort** eine toter Punkt (während des Gesprächs)

TOIT **crier qqch. sur (tous) les toits** etwas ausposaunen; etwas an die große Glocke hängen

TOLLÉ **provoquer un tollé** allgemeines Protestgeschrei hervorrufen

TOMBE **muet comme la/une tombe** *voir carpe*

TONNE **en faire des tonnes** *voir rajouter*

TORT **parler à tort et à travers** *voir parler*

TORTILLER **y a pas à tortiller** *voir ([il n']y a pas à) chier*

TRAÎNÉE **se répandre comme une traînée de poudre** sich wie ein Lauffeuer verbreiten

TRÊVE **trêve de plaisanterie(s)** *voir blague*

TUBE **déconner à plein(s) tube(s)** *voir déconner*

TUER (SE) **se tuer à dire qqch. à qqn.** *voir dire*

> **“répondre du tac au tac”**
> Et toc ! C'en est fini du tact : les lames s'entrechoquent et les ripostes sont fulgurantes. Terme d'escrime et non de mitraillade, le tac au tac prouve à souhait qu'une langue se forme aussi par les onomatopées.
> cf. TAC

V

VANNE **envoyer/lancer une vanne à qqn.** *voir* *pique*

VEILLEUSE **la mettre en veilleuse** *voir* *écraser*

VENT **avoir vent de qqch.** Wind von etwas bekommen
ce n'est que du vent *voir* *pipeau*
faire du vent Wind/Aufhebens (um etwas) machen

VER **tirer/sortir les vers du nez à qqn.** jmdm. die Würmer aus der Nase ziehen

VERBE **avoir le verbe haut** das große Wort führen

VÉRITÉ **c'est la vérité vraie** das ist die ganze/reine Wahrheit
dire la vérité toute nue die nackte/reine/unverhüllte Wahrheit sagen; unverblümt die Wahrheit sagen
dire ses quatre vérités à qqn. jmdm. gründlich seine Meinung sagen; jmdm. die Wahrheit ins Gesicht sagen; jmdm. ins Gesicht sagen, was man von ihm/ihr hält
la vérité n'est pas toujours bonne à dire *(etwa)* es ist nicht immer gut, die Wahrheit zu sagen

VERT **en raconter des vertes et des pas mûres** Zoten reißen; schmutzige/verdorbene/unanständige Witze/Geschichten erzählen

VIE **raconter sa vie** sein Leben/seine Lebensgeschichte erzählen

VIF **entrer dans le vif du sujet** zum Kern der Sache kommen; in medias res gehen *(geh.)*

VILLE **toute la ville en parle** die ganze Stadt spricht davon; das ist Stadtgespräch

VOIR **ni vu ni connu (j't'embrouille) ! ; pas vu, pas pris !** *voir* *embrouiller*

VOIX **de vive voix** mündlich
rester sans voix sprachlos/baff/wie vor den Kopf geschlagen sein

VRAI **c'est vrai de vrai** *voir* *vérité : c'est la vérité vraie*

12

La vie sociale, la mode

Si vous ne désirez pas être mis au ban de la société, voici de quoi faire un effet bœuf : la crème de la crème des expressions va vous permettre d'épater la galerie, de tenir le haut du pavé et d'être tout à fait à la page. Vous deviendrez ainsi la coqueluche des soirées mondaines.

A

ABSENCE **briller par son absence** durch Abwesenheit glänzen

ACTE **faire acte de présence** sich kurz blicken lassen

ADAM **ne connaître qqn. ni d'Ève ni d'Adam** jmdn. überhaupt nicht kennen; jmdm. noch nie vorher begegnet sein

ADRESSE **se tromper d'adresse** an die falsche Adresse geraten

AISE **se mettre à l'aise** es sich bequem machen

AMBIANCE **mettre de l'ambiance** für Stimmung sorgen; die Stimmung anheizen/-kurbeln

ÂME **il n'y a pas âme qui vive** es ist keine Menschenseele da

AMUSER **amuser la galerie** das Publikum erheitern

ÂNE **il y a plus d'un âne qui s'appelle Martin** *(etwa)* es gibt viele Leute, die Meier heißen; das ist ein sehr weitverbreiteter Name

APPEL **manquer à l'appel** (beim namentlichen Aufruf) fehlen

B

BAN **convoquer le ban et l'arrière ban (de ses amis/de sa famille)** (seine gesamte Clique/Sippschaft) zusammentrommeln
être en rupture de ban avec la société mit der Gesellschaft gebrochen haben
faire un ban pour/à qqn. jmdm. Applaus/Beifall spenden; ein Hoch auf jmdn. ausbringen
mettre qqn. au ban de la société jmdn. aus der Gesellschaft ausstoßen; jmdn. gesellschaftlich ächten

BANDE **faire bande à part** sich absondern; eigene Wege gehen

BANQUETTE **faire banquette** sitzen bleiben; außen vor bleiben

BARBE **agir/faire qqch. (au nez et) à la barbe de qqn.** etwas vor jmds. Nase/Augen tun

BIBI **bibi** ich; meine Wenigkeit

BŒUF **faire un effet bœuf** einen Bombeneffekt/eine Bombenwirkung haben; einen gewaltigen Eindruck machen

BONNET **jeter son bonnet par-dessus les moulins** sich über die Moral/die guten Sitten hinwegsetzen; auf die Moral/die guten Sitten pfeifen

BOUFFE **on se téléphone, on se fait une bouffe** wir müssen uns unbedingt (mal/wieder) zum Essen verabreden

BRANCHER **branché** in; aktuell; modern; trendy, hip, angesagt *(Jugendspr.)*, Szene- … (Bar, Disco, Kneipe usw.)

BRIN **faire un brin de conduite à qqn.** jmdn. ein Stück Weges begleiten

BRUIT **ça va faire du bruit dans (le) Landerneau** das wird hohe Wellen schlagen

faire grand bruit autour de qqch. viel Aufsehen/Wesens von etwas machen; viel Geschrei/Wirbel um etwas machen

BRÛLER brûler la politesse à qqn. jmdn. einfach stehenlassen

C

CHACUN tout un chacun jede; jeder; jedermann; ein jeder

CHAT il n'y a pas un chat *voir âme*

CHEVEU arriver/venir comme un cheveu sur la soupe denkbar ungelegen kommen; zum unpassenden Zeitpunkt kommen

CHIC avoir du chic Schick/Stil/Klasse haben; schick (gekleidet) sein; schick aussehen
bon chic bon genre (BCBG) zur Schickeria gehörend; Schickimicki- … (Typ, Lokal, Restaurant usw.)
c'est du dernier chic das ist der neueste Schick; das ist das Neueste vom Neuen; das ist Trumpf

CHICHI ne pas faire de chichis sich ungezwungen/zwanglos/salopp benehmen/geben; locker/lässig sein

CHIEN arriver comme un chien dans un jeu de quilles *voir cheveu*
se regarder en chien(s) de faïence sich feindselig anblicken/anstarren; einander fixieren

CHOSE bien des choses (chez vous/à votre maman…) viele Grüße (zuhause/an Ihre Mutter…)
bien faire les choses sich nicht lumpen lassen; sich in Unkosten stürzen; alles aufbieten

CIRCUIT être dans le circuit dabeisein; dazugehören; mitmischen, mit von der Partie sein; herumkommen
se remettre dans le circuit wieder auf der Bildfläche erscheinen; aus der Versenkung auftauchen; sich wieder unter die Leute mischen

CIRCULATION disparaître de la circulation von der Bildfläche verschwinden; in der Versenkung verschwinden

CITÉ avoir droit de cité sich einbürgern; allgemein bekannt werden

CLOU le clou de la soirée der Höhepunkt/das Highlight des Abends

COIN regarder qqch./qqn. du coin de l'œil etwas/jmdn. verstohlen/aus den Augenwinkeln/von der Seite anschauen/-sehen

COMITÉ se réunir en petit comité sich in engstem/kleinem Kreis versammeln

COMMUN le commun des mortels der die (breite) Masse; Otto Normalverbraucher

COMPAGNIE bonsoir, la compagnie ! guten Abend, zusammen!
fausser compagnie à qqn. jmdm. entwischen/-kommen/-fliehen

CONDUITE faire un brin de conduite à qqn. *voir brin*
(s')acheter une conduite sich nichts mehr zu schulden kommen lassen

un écart de conduite ein schlechtes Benehmen/Betragen; ein Fehltritt/-verhalten

CONGÉ **prendre congé (de qqn.)** Abschied nehmen/sich verabschieden (von jmdm.)

CONSORT **x et consorts** X und Konsorten

COQUELUCHE **la coqueluche de** der Liebling/Schwarm von

COQUILLE **rentrer dans sa coquille** sich in sein Schneckenhaus zurückziehen

COUCOU **coucou (me voici/me voilou) !** kuckuck!; hallihallo!; hallo, da bin ich!

COULISSE **dans la coulisse/les coulisses** hinter den Kulissen

COUP **être dans le coup** auf dem laufenden sein; im Bilde sein
passer en coup de vent nur auf einen Sprung vorbeikommen; nur kurz vorbeischauen

COURBETTE **faire des courbettes** vor jmdm. Bücklinge/einen krummen Buckel machen

COUTEAU **des seconds couteaux** Randfiguren; Komparsen

COUVERT **il a son couvert (mis) chez nous** er ist bei uns ein oft und gern gesehener Gast

CRÈME **la crème (de la crème)** die Crème (de la crème); die Crème (der Gesellschaft)

CRI **c'est le dernier cri** das ist der letzte/neueste Schrei; das hat/trägt man jetzt so

D

DAME **honneur aux dames !** Ladies first!

DÉBUT **faire ses débuts dans le monde** in die Gesellschaft eingeführt werden

DÉCONNER **sans déconner !** ganz ehrlich!; ohne Scheiß! *(derb)*

DÉPOURVU **prendre qqn. au dépourvu** jmdn. (völlig) überraschen; jmdn. unvorbereitet treffen/finden

DÉROBÉE **regarder qqch./qqn. à la dérobée** *voir coin*

DESSUS **le dessus du panier** *voir crème*

DISTANCE **garder ses distances** Distanz/den nötigen Abstand wahren

DOIGT **montrer qqn. du doigt** mit dem Finger auf jmdn. zeigen

DONNANT **donnant, donnant** eine Hand wäscht die andere

E

ÉCOLE **un homme de la vieille école** ein Kavalier der alten Schule

ENCRE **cette affaire a fait couler beaucoup d'encre** darüber ist schon viel Tinte verspritzt worden/geflossen; darüber ist schon viel geschrieben worden; die Zeitungen waren voll davon

ENTOURNURE **être gêné aux entournures** sich in seiner Haut nicht wohl fühlen; sich unbehaglich fühlen

ENTRÉE **avoir ses (grandes) entrées chez qqn./quelque part** bei jmdm./irgendwo ein- und ausgehen
faire une entrée remarquée bei seinem Kommen alle Blicke auf sich ziehen

ENTREGENT **avoir de l'entregent** ein gewandtes Auftreten haben; mit den Leuten umgehen können

ERREUR **il y a erreur sur la personne** da muß es sich um eine Verwechslung handeln

ÈVE **ne connaître qqn. ni d'Ève ni d'Adam** *voir Adam*

F

FACE **sauver/perdre la face** das Gesicht wahren/verlieren

FAÇON **(merci,) sans façon(s)** nein danke, wirklich/bestimmt nicht

FIL **avoir un fil à la patte** nicht frei sein; gebunden sein

FIN **le fin du fin** das Feinste vom Feinen; das Allerfeinste/-beste

FLEUR **la fine fleur de qqch.** die Blüte/die Besten/die Creme von etwas

FOU **plus on est de fous, plus on rit** *(prov.)* je mehr, desto besser *(Redew.)*

FRANCE **être vieille France** altfränkisch/altväterlich/altbacken/antiquiert sein
la France profonde *(etwa)* die breite Masse der Franzosen; der Durchschnittsfranzose

FRETIN **le menu fretin** kleine Fische

FROID **cueillir/prendre qqn. à froid** *voir dépourvu*

FUMÉE **il n'y a pas de fumée sans feu** *(prov.)* kein Rauch ohne Feuer *(Sprichw.)*

FUREUR **faire fureur** Furore machen

G

GALERIE **amuser/épater la galerie** *voir amuser*

GÊNE **où (il) y a de la gêne, (il n') y a pas de plaisir** *(etwa)* tu dir/tun Sie sich nur keinen Zwang an *(iron.)*

GÊNER **gêné aux entournures** *voir entournure*

GENRE **bon chic bon genre (BCBG)** *voir (bon) chic*
ce n'est pas mon genre de (faire qqch.) das ist nicht meine Art (, so etwas zu tun)

GLACE **rompre/briser la glace** das Eis brechen

> **“gêné aux entournures”**
> Étrange tournure que ces entournures, mot qui désigne l'endroit où s'adapte une manche. Être gêné aux entournures, c'est être mal à l'aise, ne pas disposer de la liberté de mouvement nécessaire. Par exemple, quand on vous taille un costard…
> cf. ENTOURNURE

GOÛT **au goût du jour** im Zeitgeist; im heutigen Geschmack

GRATIN **le gratin** die oberen Zehntausend; die (gesellschaftliche) Oberschicht

GRELOT **faire sonner son grelot** die Aufmerksamkeit auf sich lenken

GUEULE **arriver la gueule enfarinée** naßforsch/keck/dreist/siegessicher ankommen/auftreten

H

HAUT **tenir le haut du pavé** zu den Honoratioren gehören; eine hohe Stellung haben; etwas zu sagen haben; wer sein

HAUTE **être de la haute** zur Hautevolee/High-Society gehören

HONNEUR **à tout seigneur, tout honneur** *(prov.)* Ehre, wem Ehre gebührt *(Sprichw.)*
en tout bien tout honneur in allen Ehren
honneur aux dames ! *voir dame*

HUIS **à huis clos** hinter verschlossenen Türen

HURLER **hurler avec les loups** mit den Wölfen heulen

I

IDÉE **une idée reçue** eine vorgefaßte Meinung; ein Vorurteil

IMPOSER (S') **ça s'impose !** das ist ein absolutes Muß!; daran führt kein Weg vorbei!

INCONNU **il est inconnu au bataillon** er ist völlig unbekannt
un illustre inconnu *(hum.)* ein unbeschriebenes Blatt

J

JEU **vieux jeu** *(vieilli)* altmodisch; ein alter Hut; unzeitgemäß

L

LA **donner le la** das A angeben

LAPIN **poser un lapin à qqn.** jmdn. versetzen

“tenir le haut du pavé”
Fut un temps où les rues de nos cités regorgeaient d'eau sale, de sanies, de détritus jetés des fenêtres et de boue mêlés. Le haut du pavé – entendez la partie la moins grasse, la plus praticable – était réservé aux gentils-hommes à sang bleu, cependant que la partie basse était le domaine du populaire, des manants, bref du Tiers État. A force de se faire rosser et tuer par des arrogants à particules ou par leurs carrosses roulant à vive allure, le Tiers État finit par arracher les pavés, en chantant : «les aristocrates à la lanterne»
cf. HAUT

LÈVRE **ne connaître (qqn.) ni des lèvres ni des dents** *voir Adam*

LIEU **le haut lieu de qqch.** die Hochburg von etwas

LINGE **(il) y a du beau linge** *(etwa)* wir befinden uns in bester Gesellschaft

LOGE **être aux premières loges** etwas aus nächster Nähe miterleben; in der ersten Reihe sitzen

LOUP **hurler avec les loups** *voir hurler*
il est connu comme le loup blanc er ist bekannt wie ein bunter Hund
quand on parle du loup (on en voit la queue) wenn man vom Teufel spricht (, dann kommt er)

LUNE **les vieilles lunes** überholte Vorstellungen (aus vergangener Zeit)

M

MACHIN **M./Mme Machin (-Chouette/-Chose)** Herr/Frau Dingsda/Dingsbums

MARQUE **un invité de marque** ein wichtiger/hochgestellter Gast; ein Gast von hohem Rang; eine VIP *(= very important person)*

MECQUE **la Mecque de qqch.** das Mekka von etwas

MÊLÉE **rester au-dessus de la mêlée** sich aus etwas heraushalten; sich von etwas fernhalten

MIRE **être le point de mire** alle Blicke auf sich ziehen; ein Blickfang sein; im Mittelpunkt (des Interesses) stehen

MODE **être passé de mode** aus der Mode gekommen sein; unmodern sein

MONDE **(il) y a du beau monde** *voir linge*
il y a un monde fou es sind eine Menge Leute da; es herrscht großer Andrang; es ist gerammelt voll
le grand monde die große/vornehme/elegante Welt
le monde est petit die Welt ist (doch) klein; die Welt ist ein Dorf
Monsieur Tout-le-Monde der einfache/kleine Mann
pour faire comme tout le monde um es den Müllers und Meiers gleichzutun
un homme/une femme du monde ein Mann/eine Frau von Welt

MOT **savoir/connaître le fin mot de l'histoire** den wahren Sachverhalt kennen; des Pudels Kern/des Rätsels Lösung kennen

MOULIN **jeter son bonnet par-dessus les moulins** *voir bonnet*

MOUTON **se conduire en mouton(s) de Panurge** mit der Herde laufen; ein Herdenmensch sein

MUR **raser les murs** dicht an den Mauern/Hauswänden entlangschleichen

N

NEC **le nec plus ultra** *voir fin*

NEZ **agir/faire qqch. (au nez et) à la barbe de qqn. ; faire qqch. sous le nez de qqn.** *voir barbe*
montrer le bout de son nez den Kopf zur Tür hineinstecken
tomber nez à nez avec qqn. jmdm. unverhofft gegen-überstehen

NOBLESSE **noblesse oblige** Noblesse oblige *(geh.)*; Adel verpflichtet

NOM **un nom à coucher dehors** ein unaussprechlicher Name
un nom à rallonge/à tiroirs ein Name mit vielen von und zu

NOUVEAU **rien de nouveau sous le soleil** nichts Neues unter der Sonne

NOUVELLE **pas de nouvelles, bonnes nouvelles** keine Nachricht, gute Nachricht

O

ŒIL **regarder qqch./qqn. du coin de l'œil** *voir coin*

OPINION **braver l'opinion (publique)** sich über die Konventionen/die öffentliche Meinung hinwegsetzen

OUBLIER **se faire oublier** sich bedeckt halten; im Hintergrund bleiben

P

PAGE **être à la page** mit der Zeit gehen; up to date sein

PANIER **le dessus du panier** *voir crème*

PANURGE **se conduire en moutons de Panurge** *voir mouton*

PÂQUERETTE **au ras des pâquerettes** niveaulos; anspruchslos; unbedarft

PARTAGER **partager la vedette avec qqn.** nicht allein die Szene beherrschen/im Mittelpunkt stehen/die Hauptperson sein

PAVÉ **tenir le haut du pavé** *voir haut*

PEAU **se mettre dans la peau de qqn.** sich in jmds. Lage versetzen

PELÉ **il y a trois pelés et un tondu** es ist so gut wie niemand/fast kein Mensch da

PERSONNALITÉ **une personnalité de premier/de second plan** eine Persönlichkeit ersten/zweiten Ranges

PETIT **se faire tout petit** sich ganz klein machen (, um übersehen zu werden); sich ducken

PIERRE **Pierre, Paul ou Jacques** Hinz und Kunz

PIQUE-ASSIETTE **un pique-assiette** ein Schmarotzer; ein Parasit; ein Nassauer

PIQUET **être/rester planté comme un piquet** stocksteif dastehen; dastehen, als ob man einen Stock verschluckt hätte

PLACE **les places sont chères** *(etwa)* da kommt nicht jeder rein

PLAN **passer au second plan** in den Hintergrund treten/rücken

PLAT **mettre les petits plats dans les grands** jmdn. fürstlich bewirten

POINT **être le point de mire** *voir mire*

POLITESSE **brûler la politesse à qqn.** *voir brûler*

POMME **ma pomme** *voir bibi*

POMPE **en grande pompe** mit großem Prunk/Pomp

PORTE **frapper à la mauvaise porte** *voir adresse*

PRÈS **ne connaître qqn. ni de près ni de loin** *voir Adam*

PRESSE **avoir bonne/mauvaise presse** eine gute/schlechte Presse haben

PRÊT-À-PORTER **le prêt-à-porter** das Prêt-à-porter; die Konfektionskleidung

Q

QUANT-A-SOI **rester sur son quant-à-soi** reserviert bleiben; Zurückhaltung üben

R

RAMDAM **faire du ramdam autour de qqch.** *voir (faire grand) bruit*

RARE **se faire rare** sich rar machen; sich selten sehen lassen

RELATION **avoir des relations** Beziehungen haben

RÉVÉRENCE **tirer sa révérence (à qqn.)** sich empfehlen

RIGUEUR **il est de rigueur (de faire qqch.)** es ziemt/gehört sich (, etwas zu tun)

RIRE **plus on est de fous, plus on rit** *(prov.) voir fou*

RISÉE **être la risée de tout le monde** sich zum Gespött der Leute machen

RÔLE **avoir le beau rôle** gut dastehen; fein heraus sein
jouer les seconds rôles *voir plan*

ROND **faire des ronds de jambe** *voir courbette*

S

SALAMALEC **faire des salamalecs** *voir courbette*

SAUT **faire un saut chez qqn.** auf einen Sprung bei jmdm. vorbeikommen/-schauen; eine Stippvisite bei jmdm. machen

SEIGNEUR **à tout seigneur, tout honneur** *voir honneur*
se montrer grand seigneur avec qqn. sich großmütig gegenüber jmdm. zeigen/verhalten

SENTIER **s'éloigner des sentiers battus** die ausgetretenen Pfade verlassen

SERVIETTE **il ne faut pas mélanger les torchons et les serviettes** man darf nicht alle(s) in einen Topf werfen

SU **au vu et au su de tous/tout le monde** vor aller Augen

T

TABLE **tenir table ouverte** offene Tafel halten; häufig Tischgäste haben

TAMBOUR **sans tambour ni trompette** sang- und klanglos; heimlich, still und leise

TAPAGE **faire du tapage autour de qqch.** *voir (faire grand) bruit*

> **“faire tapisserie”**
> Au bal de la marquise, la comtesse se sent bien délaissée : cependant que son aimé danse au centre de la salle avec une gourgandine, elle se confond avec les murs tendus de tapisseries. Toute à sa bouderie, elle ne songe pas que son cas et bien d'autres fourniront matière à expression.
> cf. TAPISSERIE

TAPE-À-L'ŒIL **tape-à-l'œil** pompös; protzig; prunkvoll; übertrieben; überladen
c'est du tape-à-l'oeil das ist (alles nur) Schaumschlägerei

TAPIS **dérouler le tapis rouge** den roten Teppich ausrollen

TAPISSERIE **faire tapisserie** ein Mauerblümchen sein

TARTEMPION **M./Mme Tartempion** *voir Machin*

TÉLÉPHONE **le téléphone arabe** der Dschungeltelegraph, der Nachrichtendienst *(hum.)*

TEMPÊTE **une tempête dans un verre d'eau** ein Sturm im Wasserglas

TENTE **se retirer sous sa tente** sich gekränkt zurückziehen

TON **donner le ton** *voir la*
il est de bon ton de faire qqch. es gehört zum guten Ton, etwas zu tun; es gehört sich, etwas zu tun

TONDU **il y trois pelés et un tondu** *voir pelé*

TORCHON **il ne faut pas mélanger les torchons et les serviettes** *voir serviette*

TOUR **se retirer/s'enfermer dans sa tour d'ivoire** in einem Elfenbeinturm leben/sitzen

TOUT-PARIS **le Tout-Paris** die Hautevolee von Paris; alles, was in Paris Rang und Namen hat

TRALALA **en grand tralala** *voir pompe*

TROMPETTE **sans tambour ni trompette** *voir tambour*

U

UNE **faire la une des journaux** Schlagzeilen machen

UNTEL **M./Mme Untel** *voir Machin*

V

VAGUE **faire des vagues** Wellen schlagen

VASE **en vase clos** abgekapselt/-geschirmt; ohne Kontakt mit den anderen

VEDETTE **partager la vedette avec qqn.** *voir partager*
voler la vedette à qqn. jmdm. die Schau stehlen

VENT **passer en coup de vent** *voir coup*
quel bon vent (vous/t'amène) ? was verschafft mir die Ehre (Ihres/deines Besuchs)?

VIDE **faire le vide autour de qqn.** jmdn. isolieren/ausschließen

VIEUX **vieux jeu** *voir jeu*

VISU **de visu** durch persönlichen Augenschein; aus eigener Anschauung

VOIR **c'est bien vu (de faire qqch.)** *voir ton*

VU **au vu et au su de tous/tout le monde** *voir su*

13

Les apparences, les quantités

Votre voisin de palier est beau comme un Adonis, la boulangère d'en face est belle à faire damner un saint – surtout avec son décolleté plongeant – et votre PDGère est carrossée comme une Cadillac? Inutile de piquer un fard. Montrez-vous sous votre meilleur jour en l'exprimant avec aisance en allemand comme en français.

A

A de A à Z ; depuis A jusqu'à Z von A bis Z

ADONIS (beau comme) un Adonis (schön wie) ein Adonis

AIR l'air ne fait pas la chanson der Schein trügt; es ist nicht alles Gold, was glänzt

ANTIPODE être aux antipodes de qqch./qqn. genau das Gegenteil von etwas/jmdm. sein; in diametralem/krassem Gegensatz zu etwas/jmdm. stehen

APPAREIL dans le plus simple appareil nackt; hüllenlos; im Adamskostüm; im Evaskostüm

APPARENCE sauver les apparences den Schein wahren

ARMOIRE une (vraie) armoire à glace ein (richtiger) Schrank

AS être fagoté comme l'as de pique ; être habillé à/comme l'as de pique wie eine Vogelscheuche aussehen/herumlaufen; komisch/unmöglich angezogen sein

ASPERGE une asperge (montée en graine) eine lange Latte; ein langer Lulatsch

AVANTAGE être à son avantage am vorteilhaftesten/besonders gut aussehen

AVENANT tout est à l'avenant alles paßt dazu/ist darauf abgestimmt

B

BAISSER (SE) il n'y a qu'à se baisser (pour les/en prendre/ramasser) die findet man haufenweise/in rauhen Mengen; die gibt's wie Sand am Meer

BALCON (il) y a du monde au balcon ! die hat (vielleicht) einen tollen Balkon/Vorbau!; die hat (vielleicht) Holz vor der Tür!

BARRIQUE né sur une barrique Säbelbeine/O-Beine haben

BAS bas du cul ; baduc mit kurzen Beinen/Beinchen

BEAU beau comme un Adonis/comme un dieu *voir Adonis*
un vieux beau ein alternder Beau/Schönling

BEAUTÉ être en beauté schön wie der junge Morgen/Tag sein
se (re)faire une beauté sich fertig-/schön-/zurechtmachen; sich herrichten

BELLE belle comme le jour bildhübsch; bildschön; wunderschön
elle est belle à faire damner un saint sie ist schön wie die Sünde; sie ist verdammt hübsch

BIDE prendre du bide einen Bauch bekommen/kriegen; sich einen Bauch zulegen

BIEN être bien de sa personne gut aussehen; attraktiv sein

BILLE avoir une bille/boule de billard eine Glatze haben; einen Kahl-/Glatzkopf haben

BLANC blanc comme un cachet d'aspirine/comme un lavabo weiß wie die Wand

BLOND blond comme les blés stroh-/weizenblond

BORDEL c'est un (vrai/véritable/foutu/sacré) bordel das ist (vielleicht) ein Durcheinander; das ist ja ein (regelrechter) Schweinestall; hier sieht's ja aus wie in einem Saustall *(derb)*

BOUILLE **avoir une bonne bouille** nett/ sympathisch aussehen

BOULE **avoir la boule à zéro** *voir* *bille*

BRIN **un beau brin de fille** ein hübsches junges Mädchen/Ding

BRINGUE **une grande bringue** eine Hopfen-/Bohnenstange

BRIOCHE **prendre de la brioche** *voir* *bide*

BROCHETTE **une (belle) brochette de** ein (nettes) Grüppchen von

C

CACHET **être blanc comme un cachet d'aspirine** *voir* *blanc*

CAILLOU **n'avoir plus un poil sur le caillou** *voir* *bille*

CAMION **beau (belle) comme un camion** *voir* *belle (comme le jour)*

CANON **un canon** eine Klassefrau; ein Prachtweib; ein tolles Weib

CARROSSER **être carrossée comme une Cadillac** wohlgeformt sein; gut gebaut/gewachsen sein; eine gute Figur haben

CHAIR **bien en chair** gut beieinander; gut im Fleisch; wohlgenährt
en chair et en os in Fleisch und Blut; leibhaftig

CHANTIER **c'est un (vrai/véritable/foutu/ sacré) chantier** *voir* *bordel*

CHARGER **chargé comme un mulet/un baudet/une bourrique** wie ein Packesel beladen sein

CHAT **la nuit, tous les chats sont gris** in der Nacht sind alle Katzen grau
une chatte n'y retrouverait pas ses petits *voir* *bordel*

CHAUVE **chauve comme un œuf/un genou/une bille** *voir* *bille*

CHEVAL **cette fille est un vrai cheval** die ist (vielleicht) kräftig gebaut/ kernig
né sur un cheval *voir* *barrique*

CHEVEU **avoir le cheveu rare** schütteres Haar haben
avoir les cheveux raides comme des baguettes de tambour schnurgerades Haar haben

CHIEN **avoir du chien** das gewisse Etwas haben
avoir des yeux de chien battu (aus der Wäsche) schauen wie ein geprügelter Hund

CHOSE **à peu de choses près** so gut wie; beinahe; fast
avoir quelque chose *voir* *chien*

CLASSE **avoir (de) la classe** Klasse/Stil haben

CLOCHE **avoir l'air cloche** doof/dämlich/ beschränkt/bekloppt aussehen

CLOU **maigre comme un (cent de) clou(s)** klapper-/spindeldürr

COIFFER (SE) **s'être coiffé avec un pétard** eine Sturmfrisur haben

COMPTE-GOUTTE **donner qqch. au compte-gouttes** etwas tröpfchen- /scheibchenweise geben

CONGRU **être réduit à la portion congrue** kurzgehalten werden; auf Schmalkost gesetzt werden; vom Existenzminimum leben müssen

CONTENT **avoir (tout) son content (de qqch.)** alles (von etwas) bekommen, was man sich wünscht; (mit etwas) eingedeckt sein

CONVERSATION **avoir de la conversation** *voir* *balcon* *et* *falloir*

CORDE **usé jusqu'à la corde** abgewetzt; abgetragen, abgenutzt; verschlissen

COSTARD-CRAVATE (le look) costard-cravate in Schlips und Kragen; im Busineß-Look

COSTUME en costume d'Adam *voir appareil*

COULER ils sont tous coulés dans le même moule die sind alle aus dem gleichen Holz geschnitzt

COURIR courir les rues weitverbreitet/sehr verbreitet sein; alltäglich/gewöhnlich/durchschnittlich sein; nichts Ungewöhnliches/Besonderes sein

COURT être court sur pattes kurzbeinig sein; kurze Beine haben

CRACHER être le portrait (tout) craché de qqn. ; être qqn. tout craché jmdm. wie aus dem Gesicht geschnitten sein; jmdm. zum Verwechseln ähnlich sehen

CRESSON ne plus avoir de cresson sur la fontaine *voir bille*

CRIN à tous crins leidenschaftlich; durch und durch; mit Leib und Seele; reinsten Wassers

CROQUER (jolie/mignonne) à croquer *voir belle (comme le jour)*

CUL bas du cul ; baduc *voir bas*
tortiller du cul mit dem Hintern/Po wackeln

CULOTTE avoir une culotte de cheval Reithosenspeck haben

D

DÉCOLLETÉ avoir un décolleté plongeant ein tiefes Dekolleté haben; ein(e) tief dekolletierte(s)/weit ausgeschnitte(s) Kleid/Bluse/usw. tragen

DÉSORDRE ça fait désordre das sieht schlampig/schludrig/ungepflegt aus

DOS ne rien avoir à se mettre sur le dos nichts anzuziehen/zum Anziehen haben

DOSE à doses homéopathiques in kleinsten/geringsten Dosen

DROIT être/se tenir droit comme un i/piquet/cierge/échalas sich geradehalten; geradestehen/-sitzen; kerzengerade/gerade wie eine Eins stehen/sitzen;

DUEL deux/trois … qui se battent en duel ein paar; eine Handvoll; einige wenige

E

ÉPINGLE tiré à quatre épingles wie aus dem Ei gepellt; geschniegelt und gebügelt

“tiré à quatre épingles”
Ce n'est pas aussi désagréable qu'avoir des problèmes d'entournure (voir chapitre 12). Cependant, en multipliant ainsi les épingles aux points cardinaux de votre parure, vous risquez de passer pour un être affecté, voire pour un « would be », quelqu'un qui – pour reprendre Brel – « voudrait bien avoir l'air, mais n'a pas l'air du tout ».
cf. ÉPINGLE

F

FAÇADE **se faire ravaler la façade** sich das Gesicht richten lassen; sich liften lassen
se ravaler la façade Make-up/Schminke auflegen/-tragen; sich schminken/anmalen; sich die Nase pudern *(hum.)*

FAGOTER **être fagoté comme l'as de pique ; être mal fagoté** *voir* ***as***

FALLOIR **avoir tout ce qu'il faut là où il faut** genau richtig sein; wohlproportioniert sein

FARD **piquer un fard** rot anlaufen; knallrot werden; einen roten Kopf bekommen/kriegen

FER **tomber les quatre fers en l'air** auf den Rücken fallen

FICELER **être ficelé comme un saucisson** in viel zu enge Kleider eingezwängt sein; sich fühlen wie die Wurst in der Pelle

FIL **ne tenir qu'à un fil** an einem (dünnen/seidenen) Faden hängen

FILE **en file indienne** im Gänsemarsch

FLOTTER **elle flotte dans ses vêtements** sie schwimmt in ihren Kleidern; ihre Kleider schlabbern ihr um den Körper/hängen einfach so an ihr herunter

FOND **de fond en comble** von oben bis unten; von Grund auf

FONTAINE **ne plus avoir de cresson sur la fontaine** *voir* ***bille***

FORCE **force** … viele/zahlreiche/eine Reihe von …

FORCE **être une force de la nature** voller Vitalität stecken; eine Bärennatur haben

FOUTOIR **c'est un (vrai/véritable/foutu/sacré) foutoir** *voir* ***bordel***

FUMÉE **il n'y a pas de fumée sans feu** *(prov.)* kein Rauch ohne Feuer *(Sprichw.)*

G

GANT **avoir des seins en gants de toilette** einen Hängebusen haben
ça te va comme un gant das paßt/steht dir wie angegossen

GARÇON **c'est un garçon manqué** an ihr ist ein Junge verlorengegangen

GÂTER **ne pas avoir été gâté par la nature** von der Natur nicht (gerade) verwöhnt worden sein

GAULER **être bien gaulée** tolle Kurven/Rundungen haben

GOGO **à gogo** soviel man will; bis zum Abwinken

GOUTTE **avoir les fesses en goutte(s) d'huile** einen schlaffen Po haben
se ressembler comme deux gouttes d'eau sich gleichen wie ein Ei dem anderen

GROS **gros (comme une maison)** auffällig; augenfällig; extrem; frappant
un gros patapouf/plein de soupe/lard ein Fettkloß/-klops; ein Plumpsack; ein Dickerchen/Dickwanst

GUEULE **avoir de la gueule** apart/interessant wirken; toll/nicht übel/nach etwas aussehen
avoir une gueule à caler une roue de corbillard ein Gesicht wie drei Tage Regenwetter machen

avoir une gueule à chier dessus ; avoir une gueule de fausse couche (à faire rater une couvée de singes) eine dämliche Visage haben *(derb)*; eine verbotene Fresse haben *(derb)*

H

HABIT l'habit ne fait pas le moine *(prov.)* das Kleid macht keinen Mönch *(Sprichw.)*; der Schein trügt *(Redew.)*
sortir ses habits du dimanche *voir épingle*

HABILLER être habillé à/comme l'as de pique *voir as*

HAUT haut comme trois pommes klein; winzig
être haut en couleur eine frische Gesichtsfarbe haben; rote Backen/Bäckchen haben

HORREUR on a vu assez d'horreurs pendant la guerre *(etwa)* den/die möchte ich nicht geschenkt

J

JOJO pas très jojo nicht besonders hübsch/ansehnlich

JOUR être (comme) le jour et la nuit sich unterscheiden wie Tag und Nacht; grundverschieden sein
se montrer sous son meilleur jour sich (selbst) ins rechte Licht rücken

L

LAID être laid à faire peur/comme les sept péchés capitaux häßlich wie die Nacht/wie die Sünde sein; abstoßend/furchtbar häßlich sein

LARD un gros lard *voir gros*

LAVABO blanc comme un lavabo *voir cachet*

LÉGION ils/elles sont légion die Zahl der … ist Legion *(geh.)*; sie sind sehr zahlreich

LIGNE garder la ligne seine schlanke Linie behalten; schlank bleiben

LINGE blanc comme un linge *voir blanc*

“l'habit ne fait pas le moine”
Si nous revenons sur ce proverbe, ce n'est pas tant pour une explication de sens – laquelle est limpide – que pour l'ancienneté de son origine. C'est au XIIIe siècle qu'il est attesté pour la première fois. Étrange destinée des mots : si le proverbe a survécu, des expressions comme « bailler le moine » (porter malheur) ou « donner le moine » (vilaine plaisanterie qui consistait à attacher une cordelette à l'orteil d'une victime et à la tirer !) ont disparu corps et biens.
cf. HABIT

LONG **long comme un jour sans pain** ellenlang
tomber de tout son long der Länge nach hinfallen/-schlagen

M

MAIGRE **maigre comme un (cent de) clou(s)** *voir clou*

MASQUE **jeter/tomber le masque** die Maske fallen lassen/abwerfen

MÉMÉ **une mémé** ein Muttchen; ein (biederes) Hausmütterchen

MINCE **mince comme un fil** fadendünn; gertenschlank

MINE **ne pas payer de mine** unscheinbar/nach nichts aussehen

MOCHE **moche comme un cul** mordshäßlich; so häßlich wie die Sünde

MONTRER (SE) **se montrer sous son meilleur jour** *voir jour*

MORCEAU **un morceau de roi/de choix ; un beau/joli morceau** ein Appetithappen *(fig.)*; ein leckeres Mäuschen

MORT **(avoir l'air de) porter un mort en terre** *voir gueule : avoir une gueule à caler une roue de corbillard*

MORT **blanc comme la mort** *voir blanc*

MOT **au bas mot** mindestens; bei vorsichtiger Schätzung

MOUCHOIR **grand comme un mouchoir de poche** klitzeklein; winzig

MOULE **ils sont tous coulés dans le même moule** *voir couler*

MUR **passer entre le mur et l'affiche** *voir clou*

N

NAGER **elle nage dans ses vêtements** *voir flotter*

NAÎTRE **né sur une barrique/un cheval/un tonneau** *voir barrique*

NAVET **blanc comme un navet** *voir blanc*

NEIGE **fondre comme neige au soleil** (dahin)schmelzen wie die Butter/wie Schnee in der Sonne

NEZ **avoir le/un nez en trompette** eine Himmelfahrtsnase haben
ça se voit comme le nez au milieu de la figure *voir gros (comme une maison)*

NOIR **noir comme l'ébène/du jais** (kohl)rabenschwarz; pechschwarz; schwarz wie ein Rabe/wie der Teufel/wie Ebenholz
il fait noir comme dans un four/ tunnel es ist stockdunkel/-finster; es ist so dunkel, daß man nicht die Hand vor Augen sieht
une rue noire de monde eine Straße, auf der es vor Menschen nur so wimmelt

NU **mettre qqch. à nu** etwas frei-/bloßlegen

NUIT **être (comme) le jour et la nuit** *voir jour*

O

ŒIL **un œil poché/au beurre noir** ein blaues Auge; ein Veilchen

ŒUF **des œufs sur le plat** zwei Linsen auf einem Brett; eine Erbse auf dem Brett

OMBRE **n'être plus que l'ombre de soi-même** nur noch der Schatten seiner selbst sein; nicht mehr wiederzuerkennen sein

ONGLE **jusqu'au bout des ongles** bis in die Fingerspitzen; ganz und gar

OR **tout ce qui brille n'est pas or** *(prov.)* *voir or*

OREILLE **avoir les oreilles en chou-fleur** Blumenkohlohren haben
avoir les oreilles en feuille de chou abstehende Ohren haben; Segelfliegerlöffel haben

OS **n'avoir (plus) que la peau et/sur les os** (nur noch) Haut und Knochen sein

P

PAGAILLE **c'est une (véritable/foutue/jolie/sacrée) pagaille** *voir bordel*
il y en a en pagaille *voir baisser*

PATAPOUF **un gros patapouf** *voir gros*

PATTE **à quatre pattes** auf allen vieren

PATTE-D'OIE **avoir des pattes-d'oie** Krähenfüße haben

PEAU **n'avoir (plus) que la peau et/sur les os** *voir os*

PÊCHE **un teint de pêche** eine Haut wie ein Pfirsich/eine Pfirsichhaut haben; wie Milch und Blut aussehen

PÉCHÉ **être laid comme les sept péchés capitaux** *voir laid*

PEIGNE **être sale comme un peigne** vor Dreck starren; sehr schmutzig/dreckig sein

PELLE **il y en à la pelle** *voir baisser*

PERCHE **une grande perche** *voir asperge*

PÈRE **ton père n'est pas vitrier (pousse-toi, j'y vois rien) !** (weg da, ich sehe nichts!) dein Vater war wohl Glaser?

PÉTARD **s'être coiffé avec un pétard** *voir (se) coiffer*

PIED **des pieds à la tête ; de la tête aux pieds ; de pied en cap** von Kopf bis Fuß; vom Scheitel bis zur Sohle

“un gros patapouf”
Puisqu'il paraît qu'il y a de la matière, disséquons le mot en ses deux parties principales. « Pata » intervient comme une onomatopée indiquant un bruit sourd (patatras, patapon et autres pataquès). « Pouf » exprime un bruit de chute, de gonflement et de dégonflement (faire pouf, pouffer, pouffi ou bouffi et pouffiasse). Le patapouf représente donc une synthèse, ce qu'il ignorait probablement, et pour sa lourdeur, ressemble étrangement à cette autre onomatopée : « badaboum » dont les consonnes sont voisées. Résumons. Si je vous dis que vous êtes un patapouf, sachez : (a) que vous provoquez des bruits sourds ; (b) que vous êtes gonflé comme une baudruche ; (c) que tout ceci finira par une chute. Celle de cette plaisante explication.
cf. PATAPOUF

PIQUER **piquer un fard** *voir fard*

PLANCHE **être plate comme une planche à pain/à repasser** *voir œuf*
une planche à pain flach wie ein Bügelbrett sein; platt wie eine Flunder sein

PLEIN **plein comme un œuf ; plein à craquer** geknüppelt/gerammelt/gerappelt voll; brechend/zum Brechen voll; zum Bersten voll; so voll, daß kein Apfel/keine Stecknadel zur Erde fallen kann
un gros plein de soupe *voir gros*

PLEUVOIR **comme s'il en pleuvait** haufenweise; massenweise; massenhaft; massig; en masse

POIGNÉE **des poignées d'amour** Schwimmringe *(hum.)*

POIL **à poil** *voir appareil*
de tout poil allerlei; vielerlei; mannigfach; mannigfaltig; aller Art; aller Schattierungen
n'avoir plus un poil sur le caillou *voir bille*

POIL-DE-CAROTTE **poil-de-carotte** rothaarig; fuchsrot; fuchsig

POIVRE **poivre et sel** graumeliert; ergraut

POPOTIN **tortiller du popotin** *voir cul*

PORTRAIT **être le portrait (tout) craché de qqn.** *voir cracher*

POT **un pot à tabac** eine dicke Nudel; eine Dampfwalze; eine Maschine

POTEAU **avoir des/les jambes comme des poteaux** (richtige) Elefantenbeine haben

POU **être moche comme un pou** *voir laid*

PRIX **ne pas être un prix de beauté/un prix à réclamer** keine Schönheit sein; ein häßliches Entlein sein
un prix de Diane ein(e) sehr schöne(s) Mädchen/Frau; eine Traumfrau

PROPORTION **toute(s) proportion(s) gardée(s)** verhältnismäßig; im Verhältnis

PROPRE **propre comme un sou neuf** blitzblank/-sauber

PRUNE **pour des prunes** für nichts und wieder nichts; umsonst; vergeblich

Q

QUANTITÉ **en quantité(s) industrielle(s)** in sehr großer Menge

QUEUE **à la queue leu leu** *voir file*

QUINQUET **ouvrir ses quinquets** seine Augen/Glupschen aufmachen/aufsperren

“ouvrir ses quinquets”
D'où vient ce quinquet qui fait penser à la fois à « guichet » et à « Quinquin », personnage légendaire de Lille ? D'aucun des deux, puisqu'il s'agit d'une lampe à la Quinquet, d'après le nom d'Antoine Quinquet, son concepteur (XVIIIe siècle) qui perfectionna la lampe d'Argand. Par métaphore, ouvrir ses quinquets revient ainsi à « allumer ses yeux ».
cf. QUINQUET

R

RAIDE **raide comme la justice/un piquet** stocksteif; steif wie ein Brett; wie ein Zinn-/Bleisoldat

RANG **en rangs d'oignon(s)** wie die Orgelpfeifen; in einer Reihe

RASE-BITUME **un rase-bitume** ein abgebrochener Riese; ein Gartenzwerg *(hum.)*

REMÈDE **c'est un remède contre l'amour** der/die ist zum Abgewöhnen

RESSEMBLER (SE) **qui se ressemble s'assemble** *(prov.)* gleich und gleich gesellt sich gern *(Sprichw.)*

RESTE **il a de beaux restes** er ist noch gut erhalten/sieht noch gut aus für sein Alter

REVENDRE **avoir de qqch. à revendre** etwas im Überfluß haben; von etwas mehr als genug haben

RIDER **ridé comme une peau de fesses** *(vulg.)* ganz faltig/runzelig/schrumpelig/verschrumpelt; voller Falten

RIEN **n'avoir l'air de rien** *voir (ne pas payer de) mine*

ROSE **un teint de rose** *voir pêche*

ROUGE **être rouge comme une tomate/une pivoine/une écrevisse/un homard/un coquelicot** puter-/feuer-/hochrot sein; rot wie eine Tomate sein

ROUGIR **rougir jusqu'aux oreilles/jusqu'à la racine des cheveux** bis über beide Ohren rot werden; bis in die Haarwurzeln erröten

ROULER **être bien roulée** *voir gauler*

ROULEMENT **elle est montée sur roulement à billes** sie wiegt sich beim Gehen (so schön) in den Hüften; sie wackelt beim Gehen (so schön) mit dem Po

RUE **courir les rues** *voir courir*

S

SAPER **mal sapé** *voir as*
sapé comme un nabab/prince/milord *voir épingle*

SAUTERELLE **une sauterelle** *voir asperge*

SAUVER **sauver les apparences** *voir apparence*

SENS **sens dessus dessous** völlig durcheinander; das Unterste zuoberst

SINGE **vilain comme un singe** *voir laid*

SOU **on lui donnerait cent sous dans la rue** der sieht verwahrlost/abgerissen/wie ein Penner aus

SPLENDEUR **dans toute sa splendeur** in seiner ganzen Pracht

SQUELETTE **un squelette ambulant** ein Gerippe; ein Skelett; ein Knochengestell

T

TACHE **faire tache** nicht passen; unpassend/deplaciert wirken; Fehl am Platz sein

TAILLE **avoir une taille de guêpe** eine Wespentaille

TEINT **un teint de pêche/de rose** *voir pêche*

TÉNÉBREUX **un beau ténébreux** ein schöner, dunkler, düsterer Mann

TENUE **en petite tenue** spärlich bekleidet; in der Unterwäsche

TÊTE **la tête haute** mit hoch erhobenem Kopf; erhobenen Hauptes

TIRE-LARIGOT **à tire-larigot** reichlich; zur Genüge; soviel das Herz begehrt

TIRER **être tiré à quatre épingles** *voir épingle*

TOC **c'est du toc** das ist Talmi/Tand; das ist Imitation/Modeschmuck; das ist Plunder/Ramsch

TONNEAU **né sur un tonneau** *voir barrique*

TRAIT **ressembler à qqn. trait pour trait** jmds. Ebenbild sein; jmdm. aufs Haar gleichen *(voir aussi cracher)*

TREIZE **treize à la douzaine** dreizehn Stück für den Preis von zwölf/einem Dutzend

TRENTE ET UN **se mettre sur son trente et un** sich in Schale werfen/schmeißen; sich herausputzen/-staffieren; sich hübsch-/feinmachen

TROGNON **ce qu'il/elle est trognon !** ist der/die niedlich/süß/goldig/reizend/entzückend!; so ein süßer Fratz!

U

UNIQUE **être unique en son genre** einzig in seiner Art sein

V

VALISE **avoir des valises sous les yeux** dunkle Ringe unter den Augen/Augenringe haben

VER **nu comme un ver** *voir appareil*

VÊTEMENT **elle flotte/nage dans ses vêtements** *voir flotter*

VIANDE **montrer sa viande** nicht mit seinen Reizen geizen

VITRIER **ton père n'est pas vitrier !** *voir père*

VOULOIR **en veux-tu, en voilà** *voir pleuvoir*

VRAI **plus vrai que nature** täuschend echt

X

X **avoir les jambes en X** X-Beine haben

“se mettre sur son trente et un”
Et pourquoi pas sur son quarante-deux ou sur son soixante-neuf (la décence dût-elle en souffrir) ? Réponse : parce que trente et un provient de «trentain», étoffe ancienne comptant trente et un fils par centimètre carré. Voici donc dénoué le fil de cette énigme.
cf. TRENTE ET UN

Y

YEUX **ça saute aux yeux ; ça crève les yeux** *voir* *gros (comme une maison)*
des yeux de braise glühende/feurige Augen
des yeux de chien battu *voir* *chien*
être tout yeux, tout oreilles ganz Auge und Ohr sein
ne pas avoir les yeux dans sa poche seine Augen über-all/vorn und hinten haben
ne pas avoir les yeux en face des trous keine Augen im Kopf haben; mit offenen Augen schlafen
ouvrir des yeux comme des soucoupes die Augen aufreißen; große Augen/Kulleraugen machen; gucken wie ein Auto

14

Le temps qui passe

Tout passe, tout lasse, tout casse, dit une antienne fort pessimiste. Si c'est le cas, fonce Alphonse ! N'hésitez pas à battre le fer tant qu'il est chaud en considérant qu'il n'y a pas d'heure pour les braves. Sinon, laissez pisser le mérinos, et dites-vous que, petit à petit, l'oiseau fait son nid. Car tout bien pesé, le temps est un mal à prendre en patience.

A

ACTUALITÉ **d'actualité** aktuell; derzeit von Interesse
être d'une actualité brûlante von großer/größter/äußerster Brisanz sein

ADVENIR **advienne que pourra** komme, was (da) wolle; mag kommen, was kommen mag

AFFAIRE **toutes affaires cessantes** vordringlich; vor allem anderen

ÂGE **d'un âge canonique** im kanonischen Alter
dans la fleur/la force de l'âge im besten Alter; in den besten Jahren; in der Blüte der Jahre
entre deux âges mittleren Alters; in den mittleren Jahren
être d'un certain âge ; avoir un âge avancé/respectable nicht mehr ganz jung sein; schon etwas älter sein
l'âge bête die Flegeljahre; das kritische Alter
l'âge d'or die Blüte des Lebens
l'âge de raison das Verstandesalter; das Alter, in dem das Kind vernünftig/verständig wird
l'âge ingrat die Pubertätszeit; die Entwicklungsjahre
l'âge mûr das reifere Alter; die reiferen Jahre
l'âge tendre das Kindesalter; die Kindheit
le retour d'âge die Wechseljahre
on a l'âge de ses artères man kann sein Alter nicht verleugnen

ALLER **aller à fond de train/à fond la caisse/à toute allure/à toute vapeur** *(vieilli)*/**au (triple) galop/à tout berzingue/à toute blinde** laufen wie ein geölter Blitz

ALLURE **à toute allure** (- **à tout à l'heure**) bis gleich/später

AN **attendre (pendant) cent sept ans** eine Ewigkeit/ewig lange warten
avoir (40, 50...) ans bien sonnés gut (40, 50...) Jahre alt sein/auf dem Buckel haben
bon an mal an durchschnittlich; im Durchschnitt
on n'a plus vingt ans wir sind auch nicht mehr die Jüngsten

ANNALE **être inscrit/rester dans les annales** in die Annalen/die Geschichte eingehen

ANNÉE **à longueur d'année** das ganze Jahr über/hindurch
dans ses jeunes/vertes années in jungen Jahren; in seiner/ihrer Jugend

ANTICHAMBRE **faire antichambre** auf Einlaß warten; antichambrieren

AUBE **à la (fine) pointe de l'aube** im Morgengrauen; in der Morgendämmerung

“être d'une actualité brûlante”
C'est ainsi : comme la servante est accorte, le chêne séculaire et la surprise totale, l'actualité est victime d'un constant incendie. Pourquoi ? Parce que l'action de brûler a rapidement pris un sens métaphorique autant que métabolique, car elle se rapporte aux émotions fortement ressenties. A rapprocher de «ça chauffe!» pour se dire qu'au fond, chaque jour le monde brûle en quelque lieu.
cf. ACTUALITÉ

“avoir (40, 50…) balais”
Avouons-le tout de suite : les distingués étymologistes dûment consultés par nos soins ne distinguent pas clairement l'origine de cette expression bizarre. Et pourtant, toute notre vie est rythmée par le frotte-frotte des balais. D'abord, nous commençons positivement notre vie, puisque les nouveaux balais balayent mieux. Ensuite, nous apprenons à balayer devant notre porte avant d'être balayés par les événements et de finir au placard à balais. Tous ces indices sont troublants !

cf. BALAI

AUJOURD'HUI **c'est pour aujourd'hui ou pour demain ?** wird's bald?!

AUSSITÔT **aussitôt dit, aussitôt fait** gesagt, getan

AVANCER **avancer comme un escargot/à une allure d'escargot ; avancer comme une tortue** im Schnecken-/Zeitlupentempo vorwärtskommen

AVANT **(une féministe) avant la lettre** (eine Feministin), noch ehe es diesen Begriff überhaupt gab

AVENIR **l'avenir appartient à ceux qui se lèvent tôt** *(prov.)* Morgenstund' hat Gold im Mund *(Sprichw.)*

B

BAIL **(il) y a/ça fait un bail (qu'on ne s'est pas vus, etc.)** das ist ja eine Ewigkeit her (, daß wir uns nicht mehr gesehen haben); wir haben uns ja schon ewig nicht mehr gesehen

BALAI **avoir (40, 50…) balais** (40, 50…) sein

BATAILLE **arriver après la bataille** kommen, wenn alles getan/fertig ist; zu spät kommen

BEC **c'est un blanc bec** das ist ein Grünschnabel/ein grüner Junge

BERGE **avoir (40, 50…) berges** *voir balai*

BERZINGUE **à tout berzingue** wie ein geölter Blitz

BESOGNE **aller vite en besogne** rasch ans Werk gehen

BLANC **c'est un blanc bec** *voir bec*

BLINDE **à toute blinde** *voir berzingue*

BŒUF **enlevez le bœuf (c'est de la vache)** ! fertig!; geschafft!; es ist soweit!

BONHOMME **aller son petit bonhomme de chemin** gemütlich den alten Schlendrian gehen

“aller son petit bonhomme de chemin”
Dans son acception moderne, un petit bonhomme est un personnage griffonné ou un enfant. Mais ce n'est pas dans ce sens qu'il faut entendre cette expression : il s'agit ici d'une démarche empreinte de bonhomie, c'est-à-dire caractérisée par le bon cœur, la sérénité, la gentillesse. Ces attributs s'opposent à un cheminement brillant, bruyant ou rapide.

cf. BONHOMME

BOTTE **marcher/avancer avec des bottes de sept lieues** mit Siebenmeilenstiefeln vorwärtschmarschieren

BOUCHON **prendre du bouchon** älter/erfahrener/reifer werden; altern

BOUCLER **boucler la boucle** wieder da angelangen, wo man angefangen hat

BOURRE **être à la bourre** etwas auf den letzten Drücker machen; spät dran sein

BOUT **un (bon) bout de temps** eine ganze Weile; einige Zeit

BOUTEILLE **prendre de la bouteille** *voir* *bouchon*

BRIDE **aller à bride abattue/à toute(s) bride(s)** mit verhängtem Zügel

BRÛLER **brûler les étapes** *voir* *besogne*

BUT **de but en blanc** ohne Umschweife; geradeheraus; so mir nichts, dir nichts

C

CADENCE **(main)tenir/garder la cadence** Schritt halten

CADRAN **faire le tour du cadran** rund um die Uhr schlafen; zwölf Stunden am Stück schlafen

CAISSE **à fond la caisse** *voir* *berzingue*

CALENDE **renvoyer/remettre qqch. aux calendes grecques** etwas auf einen viel späteren Zeitpunkt verschieben

CAP **passer/dépasser/franchir le cap des (40, 50...) ans** über (40, 50...) sein; die (40, 50...) überschritten haben

CARABINIER **arriver comme les carabiniers (d'Offenbach)** *voir* *bataille*

CASSE **être bon pour la casse** schrottreif sein

CASSEROLE **c'est dans les vieilles casseroles qu'on fait les bonnes/meilleures soupes** *(etwa)* Oldies, but Goldies; je oller, um so toller

CATASTROPHE **en catastrophe** fieberhaft; fluchtartig; Hals über Kopf

CHAMP **à tout bout de champ** alle naselang; dauernd
sur(-)le(-)champ sofort; gleich; auf der Stellle

CHAPEAU **démarrer sur les chapeaux de roue** einen Blitzstart machen; rasant beginnen

“marcher avec des bottes de sept lieues”
Si vous n'avez jamais rencontré d'ogre dans votre vie, vous ignorez que ces gros gourmands disposent de bottes magiques leur permettant de franchir d'un coup dix-huit kilomètres (bonjour, le turbo). Oui mais, pourquoi sept lieues et pas six ou quarante-trois? Parce que Charles Perrault, auteur du Petit Poucet a respecté ce nombre magique, symbolique et cabalistique.
cf. BOTTE

CHARRETTE **être charrette** unter Zeit-/Termindruck stehen

CHEVAL **j'en parlerai à mon cheval** (**il fait de la politique**) verschon mich bloß damit/mit deinem Gelaber; laß mich (damit) jetzt in Ruhe

CHEVEU (**il s'en est fallu**) **d'un cheveu** um ein Haar

CHIEN **entre chien et loup** in der Abenddämmerung

CHOSE **chaque chose en son temps** alles zu seiner Zeit

CHOUETTE **une vieille chouette** eine alte Ziege/Kuh *(derb)*

CINQ **c'était moins cinq** viel hat nicht gefehlt; beinahe wäre es passiert
en cinq sec in Null Komma nichts

CLAIR **passer le plus clair de son temps à faire qqch.** die meiste Zeit damit verbringen; etwas zu tun

CLIN D'ŒIL **en un clin d'œil** im Nu; im Handumdrehen; in einem Augenblick

COMMENCEMENT **il faut/il y a un commencement à tout** es ist noch kein Meister vom Himmel gefallen

COMPTE **le compte à rebours est commencé** der Countdown läuft

COQ **au chant du coq** beim ersten Hahnenschrei
se lever au (**premier**) **chant du coq** mit den Hühnern aufstehen

COUP **coup sur coup** Schlag auf Schlag; schnell hintereinander
donner un coup d'accélérateur Gas geben; das Tempo steigern
en deux/trois coups de cuiller à pot *voir cinq (sec)*
le coup d'envoi der Start; der Beginn; der Anstoß *(Sport)*
prendre un coup de vieux mit einem Schlag alt/älter werden
sur le coup de midi um zwölf Uhr (mittags)

COURIR **courir comme un dératé** rennen wie der Wind/wie ein Wiesel; rennen/laufen, was die Beine hergeben; die Beine unter den Arm nehmen
rien ne sert de courir (**il faut partir à point**) *(prov.) (etwa)* Eile allein tut es nicht; Hetzen hat keinen Sinn - man muß rechtzeitig anfangen

COURT **prendre qqn. de court** jmdn. überrumpeln

COUVERT **remettre le couvert** (nochmal) von vorne anfangen/von neuem beginnen

CULOTTE **une** (**vieille**) **culotte de peau** ein Kommißhengst

"entre chien et loup"
Vous vivez en des temps et des lieux reculés que n'ont pas encore civilisés les fast foods, les sitcoms et les autoroutes à quatre voies. Voici que le crépuscule ensanglante l'horizon et que la forêt proche bruisse étrangement. Il est temps pour vous de rentrer vos bêtes et de fermer portes et volets. Après le temps des chiens, voici venu celui des loups, jusqu'à l'aube. Le souvenir en est resté.

cf. CHIEN

D

DARE-DARE dare-dare eiligst; schleunigst; schnellstens

DATE ça fera date das wird Epoche/ Geschichte machen

DATER dater de Mathusalem stein-/ uralt sein; alt wie Methusalem sein

DÉBOTTÉ au débotté unversehens; unverhofft; unvermutet

DÉBRIS un vieux débris ein alter Knabe/ Knochen; ein Tattergreis; ein älteres Semester

DÉBUT il faut/il y a un début à tout *voir commencement*

DEMAIN c'est pas/ce n'est pas demain la veille ; c'est pas/ce n'est pas pour demain so schnell geht das nicht; das kann noch einige Zeit dauern
c'est pour demain/pour bientôt das wird (bald) kommen; es wird bald soweit sein
demain est un autre jour ; demain il fera jour morgen ist auch noch ein Tag
demain, on rase gratis wer's glaubt, wird selig
il ne faut pas remettre au lendemain/à demain ce que l'on peut faire le jour même *(prov.)* was du heute kannst besorgen, das verschiebe nicht auf morgen *(Sprichw.)*
qui sait de quoi demain sera fait wer weiß, was uns das Morgen bringen wird

DÉMARRER démarrer sur les chapeaux de roue *voir chapeau*

DÉMON le démon de midi die Midlife-Crisis

DÉMULTIPLIÉE enclencher la démultipliée einen Zahn zulegen

DENT avoir toutes ses dents alt genug sein; kein Kind mehr sein

DÉPASSER être dépassé (par les événements) der Dinge nicht mehr Herr werden; den Geschehnissen nicht mehr gewachsen sein

DÉPOURVU prendre qqn. au dépourvu jmdn. (völlig) überraschen; jmdn. unvorbereitet treffen/finden

DER la/le der des der der/die/das allerletzte

DÉRATÉ courir comme un dératé *voir courir*

DÉSEMPARER sans désemparer ununterbrochen; unab-lässig; in einem fort

DEUX jamais deux sans trois aller guten Dinge sind drei

DILIGENCE faire diligence sich beeilen; sich sputen

DIRECT en direct Direkt-…; Original-…; Live-…

DURER pourvu que ça dure ! hoffentlich bleibt es so!; wenn es doch nur so bliebe!

E

EAU d'ici là, il coulera/passera beacoup d'eau sous le(s) pont(s) bis dahin fließt noch viel Wasser den Rhein/die Donau/die Elbe/usw. hinunter

ENFANCE depuis sa plus tendre enfance von klein auf; von Kindheit/Kindesbeinen an

ENTRÉE d'entrée (de jeu) von Anfang an; gleich zu Beginn/am Anfang; von vornherein

ENTREFAITE sur ces entrefaites unterdessen; inzwischen; mittlerweile; in diesem Augenblick

ÉPOQUE marquer son époque sein Zeitalter prägen; seinem Zeitalter den Stempel aufdrücken

ESCARGOT avancer comme un escargot/à une allure d'escargot ; être un (véritable) escargot *voir avancer*

ÉTERNISER (S') on ne va pas s'éterniser (ici) wir wollen (doch) hier nicht übernachten
pas la peine de s'éterniser là-dessus geschehen ist geschehen

ÉTERNITÉ il y a/ça fait une éternité (qu'on ne s'est pas vus, etc.) *voir bail*

ÊTRE on ne peut pas être et avoir été *(etwa)* im Leben geht alles vorüber; alles ist vergänglich

EXACTITUDE l'exactitude est la politesse des rois *(prov.)* Pünktlichkeit ist die Höflichkeit der Könige *(Sprichw.)*

EXPECTATIVE être/rester dans l'expectative sich abwartend verhalten; abwarten (und Tee trinken)

F

FER il faut battre le fer quand il/pendant qu'il/tant qu'il est chaud *(prov.)* man muß das Eisen schmieden, solange es heiß ist *(Sprichw.)*

FEU avoir le feu au derrière/au cul/quelque part es brandeilig haben
(il n')y a pas le feu (au lac) kein Grund zur Eile; warum so eilig?
(ne pas) faire long feu nicht von Dauer sein
un feu de paille ein Strohfeuer

FIFRELIN (il s'en est fallu) d'un fifrelin *voir cheveu*

FIL de fil en aiguille nach und nach; wie sich eines aus dem anderen ergibt

FIN jusqu'à la fin des temps/des siècles bis ans Ende der Zeit
(même) les meilleures choses ont une fin alles hat ein Ende (, nur die Wurst hat zwei)
toucher à sa fin, tirer à sa fin, prendre fin zu Ende gehen; sich dem Ende zuneigen

FINIR à n'en plus finir ; qui n'en finit pas ohne Ende; endlos; unaufhörlich

FISSA faire fissa schnell/fix machen; Tempo machen; auf's Tempo drücken

FOI le cachet de la poste faisant foi es gilt das Datum des Poststempels

FOIS il était une fois es war einmal
la troisième (fois) sera la bonne beim dritten Mal klappt's bestimmt
plutôt deux fois qu'une ! das lass' ich mir nicht zweimal sagen!
une (bonne) fois pour toutes ein für allemal
une fois n'est pas coutume einmal ist keinmal

FONCER fonce, Alphonse ! *(arg.)* auf in den Kampf, Torero! *(hum.)*

FOND à fond de train ; à fond la caisse *voir aller*

FORT au plus fort de l'hiver mitten im Winter

FOULÉE **dans la foulée** unmittelbar danach; gleich im Anschluß (daran); gleich anschließend

FRASQUE **des frasques de jeunesse** der Übermut/Überschwang der Jugend

FREIN **ronger son frein** vor Ungeduld ganz kribbelig werden; es kaum mehr erwarten können

FRISER **friser la quarantaine** knapp/an die vierzig sein; auf die vierzig zugehen

G

GARE **sans crier gare** unvermittelt; unerwartet; mit einem Mal

GROUILLER (SE) **se grouiller** *voir fissa*

H

HAUT **du haut de ses 18 ans** in seinem/ihrem jugendlichen Leichtsinn

HERBE **être un … en herbe** das Zeug zu einem/einer … haben

HEURE **à 8 heures pile/sonnantes/pétantes/tapantes ; à 8 heures juste** Punkt/Schlag 8 (Uhr); pünktlich um 8 (Uhr)
à l'heure qu'il est jetzt; zu diesem Zeitpunkt; gegenwärtig; in der heutigen Zeit
à ses heures perdues in seiner freien Zeit/Freizeit
à tout à l'heure bis gleich/später *(voir aussi allure)*
avant l'heure c'est pas l'heure, après l'heure c'est plus l'heure *(etwa)* zu früh ist zu früh und zu spät ist zu spät; man soll weder zu früh noch zu spät kommen
avoir (déjà) quelques heures de vol schon ein paar Jährchen auf dem Buckel haben; nicht mehr (ganz) taufrisch sein
(il n')y a pas d'heure pour les braves den Glücklichen schlägt keine Stunde
l'heure de vérité die Stunde der Wahrheit
l'heure est à … die Zeichen stehen auf …
l'heure H die Stunde X
les heures creuses die ruhigen/stillen Zeiten; die verkehrsschwachen Zeiten
les heures de pointe die Hauptverkehrs-/Stoßzeiten

HISTOIRE **c'est de l'histoire ancienne** das gehört der Vergangenheit an; das ist längst vorbei
l'histoire est un perpétuel recommencement die Geschichte wiederholt sich

HIVER **au plus fort de l'hiver** *voir fort*

HOLÀ **mettre le holà à qqch.** einer Sache Einhalt gebieten/einen Riegel vorschieben

HORLOGE **faire le tour de l'horloge** *voir cadran*

HUITAINE **remettre à huitaine** etwas um acht Tage/eine Woche verschieben
sous huitaine binnen acht Tagen

I

ILLICO **illico (presto)** umgehend; unverzüglich; augenblicklich

J

JAMAIS **c'est le moment/c'est maintenant ou jamais** jetzt oder nie

JEUNESSE **il faut (bien) que jeunesse se passe** *(prov.)* Jugend hat keine Tugend *(Sprichw.)*
(il n') y a plus de jeunesse die jungen Leute sind auch nicht mehr das, was sie einmal waren
ne pas être de la (toute) première jeunesse *voir heure : avoir (déjà) quelques heures de vol*

JOUR **du jour au lendemain** von heute auf morgen; von jetzt auf nachher
le jour J der Tag X
les jours se suivent et ne se ressemblent pas *(prov.)* die Tage folgen einander wohl, aber sie gleichen sich nicht *(Sprichw.)*
Paris ne s'est pas fait en un jour Rom ist (auch) nicht an einem Tag erbaut worden
tous les jours que (le bon) Dieu fait/a faits an jedem Tag, den (der liebe) Gott macht/gemacht hat
un jour à marquer d'une pierre blanche ein denkwürdiger Tag (, den man im Kalender rot anstreicht)

JOURNÉE **toute la sainte journée** den lieben langen Tag (lang)

L

LÉGENDE **entrer dans la légende** in die Legende eingehen; legendär/zur Legende werden

LENDEMAIN **des lendemains qui chantent** eine glückliche/bessere Zukunft
le lendemain de la veille der Morgen danach

LENTEMENT **lentement mais sûrement** langsam, aber sicher
qui va lentement, va sûrement *(prov.)* wer langsam geht, kommt auch ans Ziel *(Sprichw.)*

LÈVE-TARD **un lève-tard** ein Spätaufsteher; ein Morgenmuffel

LÈVE-TÔT **un lève-tôt** ein Frühaufsteher

LIGNE **la dernière ligne droite** (avant **l'arrivée**) die Zielgerade
sur toute la ligne auf der ganzen Linie

LIT **être tombé du lit** aus dem Bett gefallen sein

LOIN **qui veut voyager loin ménage sa monture** *(prov.)* gut Ding will Weile haben *(Sprichw.)*

LONG **en long, en large et en travers** lang und breit; des langen und breiten

LONGUE **à la longue** auf die Dauer; mit der Zeit

LUNE **il y a (bien) des lunes** *(vieilli)* vor vielen Monden
renvoyer qqch. aux vieilles lunes etwas zum alten Eisen werfen

LURETTE **il y a belle lurette** es ist schon eine Ewigkeit her

M

MACHIN **un vieux machin** *voir débris*

MAGNER (SE) **se magner (le train/le derrière/le cul/les fesses/le popotin/le derche…)** *voir fissa*

“il y a belle lurette”
Qu'est-ce qu'une lurette? Une petite luronne? Un genre de burette? Vous n'y êtes pas: l'expression provient en droite ligne de «belle heurette» (petite heure). L'usage tendant à la rapidité de la phrase, la langue a transformé lentement heurette en lurette.
cf. LURETTE

MAIN **ne pas être une première main** *voir heure : avoir (déja) quelques heures de vol*

MAJEUR **être majeur et vacciné** *voir dent*

MARQUER **marquer (son époque/son temps)** *voir époque*

MATIN **au petit matin** bei Tagesanbruch/Sonnenaufgang
de bon/de grand matin frühmorgens; am frühen Morgen; in aller Hergottsfrühe
être du matin ein Morgenmensch sein

MÉRINOS **laisser pisser (le mérinos)** die Dinge laufen lassen; den Dingen ihren Lauf lassen

MIDI **c'est midi (sonné) !** zu spät!; nichts mehr zu machen!
le démon de midi *voir démon*

MINUTE **la minute de vérité** der Augenblick der Wahrheit
minute (papillon) ! Moment mal!; halt mal!

MOIS **tous les 36 du mois** alle Schalt-/Jubeljahre

MOLLO **vas-y mollo(-mollo) !** sachte, sachte!; nicht so eilig/hastig!

MOMENT **à ses moments perdus** in seiner Mußezeit/seinen Mußestunden
c'est le moment/c'est maintenant ou jamais *voir jamais*

MONDE **depuis que le monde est monde** seit die Erde sich dreht; solange die Welt besteht; seit Adams Tagen/Zeiten

MONTRE **j'ai mis une heure montre en main** ich habe genau eine Stunde gebraucht
une course contre la montre ein Wettlauf gegen die Zeit

MOUTON **laisser pisser le mouton** *voir mérinos*

MUSIQUE **aller plus vite que la musique** voreilig/vorschnell/übereilt handeln

“aller plus vite que la musique”
Si vous pensez qu'il s'agit d'une question de tempo, détrompez-vous. L'origine de cette expression se trouve dans la tradition militaire. Tout défilé qui se respecte est précédé par une clique. Dès lors, dépasser l'orchestre de tête n'est pas simplement périlleux pour votre matricule (encore une expression militaire), mais constitue la marque d'une précipitation de mauvais aloi. Au bloc, m'ferez quat'jours, mon gaillard!
cf. MUSIQUE

N

NEZ on lui pincerait le nez qu'il en sortirait du lait *voir* *bec*

NUIT au cœur de la nuit mitten in der Nacht
dans la nuit des temps in grauer Vorzeit

O

OCCASION saisir l'occasion au vol, sauter sur l'occasion die Gelegenheit beim Schopf(e) packen

OISEAU petit à petit, l'oiseau fait son nid *(prov.)* viele Federn machen ein Bett *(Sprichw.)*; viele Wenig machen ein Viel *(Sprichw.)*

ORDRE jusqu'à nouvel ordre bis auf weiteres

ORME attendre sous l'orme warten können, bis man schwarz wird; lange und vergeblich warten

OUBLI tomber dans l'oubli in Vergessenheit geraten

OUF avant de pouvoir dire ouf ehe man sich's versieht

P

PANIQUE pas de panique (nur) keine Panik/Hektik; immer mit der Ruhe

PANNE avoir une panne d'oreiller verschlafen

PAPIER être réglé comme du papier à musique streng/peinlich genau geregelt sein

PÂQUES à Pâques ou à la Trinité *voir* *mois*

PARTIE ce n'est que partie remise aufgeschoben ist nicht aufgehoben

PARTIR c'est (re)parti (mon kiki) (comme en quatorze/en quarante) ! auf/los geht's!

PAS au pas de charge/de gymnastique/de course im Lauf-/Sturm-/Eilschritt
avancer à pas de géant/à grands pas mit Riesenschritten voranschreiten
de ce pas schnurstracks; geradewegs

PATIENCE patience et longueur de temps (font plus que force ni que rage) *(prov.)* mit Geduld und Zeit kommt man weit *(Sprichw.)*; mit Geduld und Spucke fängt man eine Mucke *(Sprichw.)*
prendre son mal en patience sein Unglück geduldig/mit Geduld ertragen/hinnehmen

PAYE ça fait une paye *voir* *bail*

PEAU une vieille peau *voir* *chouette*

PÉRIL (il n')y a pas péril en la demeure es ist keine Gefahr im Verzug *(voir aussi* *feu)*

PIANO qui va piano va sano *(prov.)* gemächlich kommt auch weit *(Sprichw.)*

PIÈCE on n'est pas aux pièces *voir* *feu*

PIED au pied levé stehenden Fußes
faire le pied de grue sich die Beine in den Bauch stehen
lever le pied Gas wegnehmen; langsamer machen

PIGE avoir (40, 50…) **piges** *voir* *balai*

PILE à 8 heures pile *voir* *heure*
pile à l'heure ; à l'heure pile auf die Minute; ganz pünktlich

PLAISIR faire durer le plaisir *(iron.)* etwas hinausziehen/in die Länge ziehen

PLOMBE **ça fait une plombe que j'attends** ich warte schon eine geschlagene Stunde auf dich

POIDS **être courbé sous le poids des ans** altersgebeugt/vom Alter gebeugt sein

POINT **tout vient à point à qui sait attendre** *(prov.) voir* *patience*

POINTE **à la (fine) pointe de l'aube** *voir aube*

POISSON **poisson d'avril !** Aprilscherz!

POT **c'est dans les vieux pots qu'on fait les bonnes/meilleures soupes** *voir casserole*

POTRON-MINET **dès potron-minet** *voir aube*

POULE **quand les poules auront des dents** *voir mois*
se coucher avec les poules mit den Hühern zu Bett/schlafen gehen
se lever avec les poules *voir (se lever au chant du) coq*

PREMIER **les premiers arrivés seront les premiers servis** wer zuerst kommt, mahlt zuerst

PRESSÉ **parer au plus pressé** das Dringendste/Eiligste zuerst erledigen

PRÊT **être fin prêt** (start)bereit/fertig/soweit sein

PROFOND **au plus profond de la nuit** *voir nuit*

PUISSANCE **être un … en puissance** … Mann hoch sein

Q

QUART **attendre 15 quarts d'heure** *voir an : attendre cent sept ans*
le quart d'heure américain die Damenwahl (beim Tanzen)
le quart d'heure de Rabelais die Stunde der Abrechnung
passer un mauvais/sale quart d'heure bange/böse/schlimme Minuten/Augenblicke durchmachen

QUATRE **un de ces quatre (matins)** demnächst; (einer) dieser Tage; in Bälde

QUEUE **se mordre la queue** kein Ende nehmen; (immer) wieder von vorne beginnen

QUINZAINE **remettre à quinzaine** um vierzehn Tage/zwei Wochen verschieben
sous quinzaine in vierzehn Tagen/zwei Wochen

R

RABELAIS **le quart d'heure de Rabelais** *voir quart*

“le quart d'heure de Rabelais”
Nous ne voudrions pas nous plaindre ou nous faire immodestement valoir, mais sachez que l'éventuelle richesse des idées n'est pas forcément proportionnelle à celle du portefeuille. Ainsi, on dit (faussement, sans doute) que le Sieur Rabelais éprouva bien des sueurs au sortir d'une auberge: le pauvre ne pouvait pas payer, et comme Pantagruel se refusait à lui prêter main forte, il lui fallut subir un long moment de gêne.
cf. RABELAIS

RALENTI **tourner au ralenti** im Leerlauf/leer laufen

RANCART **bon à mettre au rancart** *voir casse*

RAPIDE **rapide comme l'éclair** schnell wie der Blitz

RASER **demain, on rase gratis** *voir demain*

RÉCHAUFFÉ **c'est du réchauffé** das ist ja kalter Kaffee; das sind ja olle Kamellen

RÉGLER **être réglé comme du papier à musique** *voir papier*

REPARTIR **c'est reparti (mon kiki) ; c'est reparti comme en quatorze/comme en quarante ! ; c'est reparti (pour un tour) !** und auf/los geht's!; auf ein Neues!; neues Spiel, neues Glück!

RETOUR **être sur le retour** allmählich alt werden

ROUGE **le rouge est mis** der/dieser Zug ist abgefahren

S

SAINT-GLINGLIN **à la saint-glinglin** am Sankt-Nimmerleins-Tag

SAUT **au saut du lit** beim/gleich nach dem Aufstehen; in aller Herrgottsfrühe

SAUTER **et que ça saute !** hopp! hopp!; (los,) dalli, dalli!

SAUVETTE **à la sauvette** hastig; überstürzt

SCHNOCK **un vieux schnock** ein alter Knacker

SÉANCE **séance tenante** *voir (sur[-]le[-]) champ*

SEC **aussi sec** jetzt gleich; direkt; unmittelbar

SEMAINE **la semaine des quat' jeudis** *voir mois*

SÉNATEUR **à un train de sénateur** gemächlich; bedächtig; in aller Ruhe

SIÈCLE **être d'un autre siècle** aus einer anderen Zeit/Epoche stammen
être de son siècle mit seiner Zeit gehen
il y a/ça fait un siècle/des siècles (qu'on ne s'est pas vus, etc.) *voir bail*
le Siècle des Lumières das Zeitalter der Aufklärung; die Aufklärung

SINGE **ce n'est pas à un vieux singe qu'on apprend à faire des grimaces** *(prov.)* das Ei will oft klüger sein als die Henne *(Sprichw.)*

“à la saint-glinglin”
Comment, vous ne connaissez pas Saint Glinglin ? Ce pauvre homme, ermite de son état, n'avait pour toute perspective de ressources qu'un lamentable boulot de sonneur de cloches. Hélas pour lui, le misérable curé de la paroisse ne le payait pas et le faisait lanterner de mois en mois. Ainsi, on l'appela par moquerie Saint Glinglin. Il en mourut de chagrin, glin-glin. Vous ne le croyez pas, et vous avez raison ! Il n'en reste pas moins que le mot seing signifiait « cloche » et klingen « sonner » en allemand.
cf. SAINT-GLINGLIN

SUITE **la suite au prochain numéro** Fortsetzung folgt

T

TAPER **être tapé** verwelkt/verblüht/gealtert sein; angeschlagen/angegammelt sein *(Obst)*

TARD **il n'est jamais trop tard** (**pour bien faire**) es ist nie zu spät
il n'est pas trop tard, mais il est temps es wird Zeit
mieux vaut tard que jamais besser spät als nie
sur le tard in vorgerücktem Alter *bzw.* zu vorgerückter Stunde

TAUPE **une vieille taupe** *voir chouette*

TÉLÉPHONER **c'était téléphoné** das war absehbar/abzusehen/vorauszusehen/zu erwarten

TEMPS **autres temps, autres mœurs** *(prov.)* andere Zeiten, andere Sitten *(Sprichw.)*
avoir fait son temps ausgedient haben; sich überlebt haben
c'était le bon (**vieux**) **temps** das waren noch Zeiten
comme le temps passe vite ! wie (doch) die Zeit vergeht!
être dans les temps gut in der Zeit liegen
en deux temps, trois mouvements ; **en moins de deux** *voir cinq sec*
en moins de temps qu'il ne faut pour le dire *voir ouf*
il trouve le temps long ihm wird die Zeit lang
il y a/ça fait un temps fou (**qu'on ne s'est pas vus, etc.**) *voir bail*
le temps, c'est de l'argent Zeit ist Geld
le temps perdu ne se rattrape jamais *(prov.)* entflohener Augenblick kommt nicht zurück *(Sprichw.)*; was vergangen, kehrt nicht wieder *(Sprichw.)*
les temps sont durs die Zeiten sind schwer
par les temps qui courent heutzutage; in der heutigen Zeit
tuer le temps die Zeit totschlagen
un temps mort ein toter Punkt (während des Gesprächs)
vivre avec son temps mit der Zeit (mit)gehen/Schritt halten

TERME **à terme échu** nachträglich; nach Ablauf der Frist; nach dem Fälligkeitstermin

TOMBER **tomber pile/à pic/bien/à point nommé** gerade recht/zur richtigen Zeit kommen; gelegen/wie gerufen kommen

TORTUE **avancer comme une tortue** *voir escargot*

TOUPIE **une vieille toupie** *voir chouette*

TOUR **en un tour de main ; en un tournemain** im Hand-umdrehen
faire le tour du cadran/de l'horloge *voir cadran*

TOURNER **tourner en rond** sich im Kreis drehen; auf der Stelle treten; nicht vom Fleck kommen

TRAIN **à fond de train** *voir berzingue*
à un train de sénateur *voir sénateur*
aller à un train d'enfer mit einem höllischen Tempo fahren; ein Höllentempo draufhaben
aller bon train flott vorwärts-/vorangehen

au train où l'on va ; au/du train où vont les choses ; à ce train-là wenn es so weitergeht; so wie die Dinge laufen; bei dem jetzigen Tempo

TRAIT **tirer un trait sur son passé** einen Schlußstrich unter seine Vergangenheit ziehen

TURBO **mettre le turbo** durchstarten; auf die Tube drücken

U

UNE **ne faire ni une ni deux** nicht lange fackeln/überlegen; sich nicht lange besinnen

V

VAPEUR **renverser la vapeur** das Steuer herumreißen; auf Gegenkurs gehen

VA-VITE **à la va-vite** auf die Schnelle; hopplahopp

VÉRITÉ **l'heure/la minute de vérité** *voir heure*

VIBURE **à toute vibure** mit voller Geschwindigkeit; mit vollem Tempo

VIEUX **être vieux comme le monde/comme Hérode/comme mes robes** *voir dater*
un vieux de la vieille ein alter Haudegen
vivre vieux alt werden; ein biblisches Alter erreichen

VIN **(quand) le vin est tiré, il faut le boire** *voir rouge*

VINGT **on n'a pas tous les jours vingt ans** man ist nur einmal jung
on n'a plus vingt ans *voir an*

VITE **aller plus vite que la musique/les violons** *voir musique*
aller vite en besogne *voir besogne*

VITESSE **à la vitesse grand V** im Eiltempo; mit Volldampf/Karacho
faire qqch. en quatrième vitesse/à toute vitesse etwas in größter Eile/Hast machen
il ne faut pas confondre vitesse et précipitation eile mit Weile *(Sprichw.)*
passer à la vitesse supérieure *voir démultipliée*
prendre/gagner qqn. de vitesse jmdm. zuvorkommen; schneller sein als jmd.

VIVRE **qui vivra verra** *(prov.)* die Zeit wird es lehren *(Sprichw.)*

VOIR **c'est du déjà vu ; ça a un goût de déjà vu** *voir réchauffé*

15

Le temps qu'il fait

Remplir les blancs, parlez du temps. Cependant, prudence : évitez de dire « on se les gèle » à Monsieur le Maire de votre ville jumelée en Allemagne. Ne parlez pas de « vent à décorner les cocus » si vous avez le moindre doute sur votre interlocuteur. Et mesurez les dictons sentencieux du genre « Noël au balcon, Pâques aux tisons » : votre dernier béguin pourrait vous reprocher la neige qui tombe sur les jonquilles.

A

AVRIL **en avril, ne te découvre pas d'un fil, en mai, fais ce qu'il te plaît** *(prov.)* *(etwa)* man ziehe sich noch nicht zu leicht an im April, im Mai kann man dann machen, was man will

B

BEAU **le temps est au beau fixe** das Barometer steht hoch/auf Schön; das Wetter ist beständig/bleibt schön

BROUILLARD **un brouillard à couper au couteau** ein dichter/undurchdringlicher Nebel

C

CAILLER/SE CAILLER **on se (les) caille ; on/ça/il caille** (hier/heute ist es) ganz schön/verdammt kalt/arschkalt *(derb)*; da friert man sich ja einen ab/den Arsch ab *(derb)*

CHIEN **il fait un temps à ne pas mettre un chien dehors** bei diesem Wetter jagt man keinen Hund vor die Tür
un temps de chien ein Hundewetter; ein Scheißwetter *(derb)*

COCHON **un temps de cochon** *voir (un temps de) chien*

CORDE **il pleut des cordes** es regnet Bindfäden/junge Hunde; es regnet/gießt wie mit Kübeln; es schifft *(derb)*

E

ESSUYER **essuyer une tempête** in ein Unwetter/Gewitter kommen; ein Unwetter/Gewitter abbekommen/abkriegen

ÉTÉ **l'été indien** der Altweiber-/Indianersommer

F

FOND **le fond de l'air est frais** die Luft ist kühl; es ist frisch

FROID **être mort de froid** (fast) erfrieren/vor Kälte umkommen; frieren wie ein junger Hund/wie ein Schneider
il fait un froid de canard so eine/was für eine Hunde-/Saukälte *(derb)*

“l'été indien”
Expression nord-américaine en usage au Québec, calquée sur l'Indian summer américain et à peu près équivalente à «l'été de la Saint-Martin» en France. «L'été indien» désigne cet été magnifique et coloré qui se poursuit jusqu'au cœur de l'automne au Canada et a – heureusement ! – remplacé «l'été des sauvages».

“il fait un froid de canard”
Ce volatile palmipède n'est pourtant pas un animal à sang froid, ni un citoyen des pôles. Alors, d'où lui vient cette réputation ? Tout simplement des puissants et majestueux vols migratoires de canards sauvages qui traversent nos cieux lorsque les grands froids s'annoncent.
cf. ÉTÉ et cf. FROID

G

GELER/SE GELER **il gèle à pierre fendre** es friert Stein und Bein
on se les gèle ; on se gèle le cul *voir (se) cailler*

H

HALLEBARDE **il pleut des hallebardes** *voir corde*

HIRONDELLE **une hirondelle ne fait pas le printemps** *(prov.)* eine Schwalbe macht noch keinen Sommer *(Sprichw.)*

HIVER **au plus fort/au cœur de l'hiver** mitten im Winter; im tiefsten Winter

N

NEZ **il fait un temps à ne pas mettre le nez dehors** *voir chien : un temps à ne pas mettre un chien dehors*

NOËL **Noël au balcon, Pâques aux tisons** *(prov.)* grüne Weihnachten, weiße Ostern *(Sprichw.)*
Noël aux tisons, Pâques au balcon *(prov.) (etwa)* weiße Weihnachten, grüne Ostern

P

PELER (SE) **on (se) pèle** es ist eisig/lausig kalt; es ist hunde-/saukalt *(derb)*

PLEUVOIR **il pleut des cordes/des hallebardes/à torrents/comme vache qui pisse/à verse** *voir corde*
qu'il pleuve ou qu'il vente bei Wind und Wetter; bei jedem Wetter

PLUIE **une pluie battante** heftiger/starker/strömender Regen
une/des pluie(s) diluvienne(s) sintflutartige Regenfälle

POURRIR **un temps pourri** *voir (un temps de) chien*

PURÉE **une purée de pois** eine richtige (Milch) Suppe/Waschküche

T

TEMPS **il fait un temps à ne pas mettre un chien/le nez dehors** *voir chien*
il fait un temps de chien *voir chien*

TORRENT **il pleut à torrents** *voir pleuvoir*

TRANSIR **être transi jusqu'à la moelle (des os)** vor Kälte erstarrt sein; ganz durchgefroren sein

TREMPER **être trempé jusqu'aux os/comme une soupe** naß/durchgeweicht bis auf die Knochen sein; pudel-/tropfnaß sein

V

VACHE **il pleut comme vache qui pisse** *voir pleuvoir*

VENT **un vent à (d)écorner les bœufs/les cocus** ein starker/heftiger Wind/Sturm

VERSE **il pleut à verse** *voir pleuvoir*

16

Les déplacements, les voyages

« Heureux qui, comme Ulysse », etc., etc. Lever l'ancre, c'est sympa, rouler sa bosse, c'est instructif, et faire la crêpe au soleil, il n'y a pas plus agréable. Mais voilà, vous êtes sur un rafiot allemand et vous ne parvenez pas à dire que vous avez le mal de mer. Mieux : vous voulez épater vos compagnons de voyage et souffler dans un ultime rictus que « partir, c'est mourir un peu. » Comment traduire ? Réponses ici.

A

AIR **changer d'air (lui ferait du bien)** eine Luftveränderung (täte ihm/ihr gut)
prendre un (bon) bol d'air frische Luft schnappen

ALONZO **allons-y, Alonzo !** los geht's!

AMARRE **larguer les amarres** die Leinen losmachen

ANCRE **lever l'ancre** den Anker lichten

ANGLAISE **filer à l'anglaise** sich (auf) französisch empfehlen

APPEL **faire un appel de phares** blinken; die Lichthupe betätigen

APPUYER **appuyer sur le champignon** aufs Gaspedal treten; Gas geben

ARME **partir avec armes et bagages** mit Sack und Pack abreisen/weggehen

ARRACHER (S') **s'arracher** das Weite suchen; sich verdrücken

ARRIVÉE **coiffer qqn. sur la ligne d'arrivée/à l'arrivée** jmdn. im Ziel abfangen; jmdn. überraschend überholen/besiegen

AVANT **en avant toute !** volle Kraft voraus!

AVENTURE **partir à l'aventure** ins Blaue (hinein) fahren

AVEUGLETTE **aller/avancer à l'aveuglette** blindlings/aufs Geratewohl/auf gut Glück vorangehen

AZIMUT **tous azimuts** nach allen Seiten; allseitig

B

BAGAGE **plier bagage** seine Koffer packen; sein Bündel schnüren

BAISE-EN-VILLE **un baise-en-ville** eine Wochenend(reise)-tasche

BALAI **du balai !** hau ab!; zisch ab!; zieh Leine!

BALLON **faire souffler qqn. dans le ballon** jmdn. ins Röhrchen blasen lassen; jmdn. einen Alkoholtest machen lassen

BALLUCHON **faire son balluchon** *voir **bagage***

BAPTÊME **un baptême de l'air** eine Lufttaufe; ein Jungfernflug

BARRER (SE) **se barrer** *voir **(s')arracher***

BELLE **(se) faire la belle** (aus dem Knast) ausbrechen; ausbüxen

BERCAIL **rentrer au bercail** in den Schoß der Familie/an den heimischen Herd zurückkehren

“un baise-en-ville”
Avis aux mineurs et personnes sensibles : cette expression est leste et, pour tout dire, franchement grivoise. Si je vous dis « il (ou elle, ne soyons pas chiches) baise en ville », il est inutile, je pense, de vous expliquer de quoi il s'agit. Certes, mais comment l'heureux(se) fripon(ne) transporte-t-il (elle) de quoi passer la nuit hors de ses murs ? À l'aide de ce petit sac de voyage qui en permet d'autres, des plus agréables quoi qu'en disent les mauvais coucheurs (voir cette expression).
cf. BAISE-EN-VILLE

BLED **habiter dans un bled paumé** in einem Nest/Kaff/Kuhdorf wohnen

BOSSE **j'ai roulé ma bosse** (**un peu partout**) ich bin schon viel herumgekommen

BOUGEOTTE **avoir la bougeotte** ein Zug-/Wandervogel sein

BOUILLON **boire un bouillon** (**en nageant**) (beim Schwimmen) Wasser schlucken

BOULET **arriver comme un boulet** (**de canon**) angeschossen kommen

BOUT **mettre les bouts** *voir amarre*

BRANLE **se mettre en branle** sich in Bewegung setzen

C

CAMP **ficher/foutre le camp** abhauen; verschwinden; sich davonmachen
lever le camp das Lager abbrechen; abziehen; das Feld räumen

CAP **mettre le cap sur** ... Kurs auf ... nehmen; Rich-tung ... fahren

CARAPATER (SE) **se carapater** *voir arracher*

CARTON **faire un carton** einen Zusammenstoß/Crash haben

CASE **retourner à la case départ** auf „Start"/auf das Startfeld zurückgehen

CASSER (SE) **je me casse !** ich hau' ab!; ich mach' die Fliege/Flatter!
se casser *voir (s')arracher*

CAVALE **être en cavale** entflohen/flüchtig sein

CHAMPIGNON **appuyer sur le champignon** *voir appuyer*

CHARGE **avoir charge d'âmes** für das Leben anderer/seiner Beifahrer verantwortlich sein

CHASSE **qui va à la chasse perd sa place** *(prov.)* wer nicht kommt zur rechten Zeit, der muß essen, was übrigbleibt *(Sprichw.)*

CHAUFFEUR **être un chauffeur du dimanche** ein Sonntagsfahrer sein

CHEMIN **chemin faisant** unterwegs; während der Fahrt/Reise
prendre le chemin des écoliers Umwege machen
rebrousser chemin umkehren; kehrtmachen
tous les chemins mènent à Rome *(prov.)* alle Wege führen nach Rom *(Sprichw.)*

CHOU **aller planter ses choux** *(etwa)* sich aufs Land zurückziehen

CIEL **à ciel ouvert** unter freiem Himmel

CLEF **prendre la clef des champs** das Weite suchen

“tous les chemins mènent à Rome”
...mais pas au paradis. Souvenir du temps où la puissance romaine dominait notre vieux monde, du Pont-Euxin au mur d'Hadrien. Les «viae» de l'Empire, superbement dessinées et bâties, tracèrent à travers les pays qu'elles traversaient des lignes que le temps n'a pas effacées.
cf. CHEMIN

CLIQUE prendre ses cliques et ses claques sich mit Kind und Kegel davonmachen; seine Siebensachen packen und abhauen

CLOPIN-CLOPANT aller clopin-clopant humpeln; hinken

COIFFER coiffer qqn. au poteau/sur la ligne d'arrivée/à l'arrivée
voir arrivée

COIN aux quatre coins du monde in der ganzen Welt; in aller Herren Länder

COLLER coller au train de qqn. sich jmdm. an die Fersen heften; jmdn. auf Schritt und Tritt verfolgen

COMPAGNIE fausser compagnie à qqn. jmdm. entwischen/-fliehen/-kommen

CONGÉ prendre congé (**de qqn.**) Abschied nehmen/sich verabschieden (von jmdm.)

CÔTÉ c'est la porte à côté das ist gleich nebenan/um die Ecke

COULEUR faire couleur locale für Lokalfarbe/-kolorit sorgen

COUP passer en coup de vent nur auf einen Sprung vorbeikommen; nur kurz vorbeischauen

COUPER couper à travers champs querfeldein gehen/laufen
couper au plus court den kürzesten Weg/eine Abkürzung nehmen

COURANT se déguiser en courant d'air sich in Luft auflösen; sang- und klanglos verschwinden

COURSE une course contre la montre ein Wettlauf gegen die Zeit

CRÊPE faire la crêpe (**au soleil**) sich in die Sonne legen; sich sonnen; sonnenbaden

CRU monter à cru ohne Sattel reiten

CUBE un gros cube ein heißer Ofen

D

DÉCOR aller/entrer dans le décor im Graben landen

DÉTOUR au détour du chemin hinter der Wegbiegung

DIABLE habiter au diable (**vauvert**) j.w.d. *(= „janz weit draußen", aus dem Berlinischen)* wohnen; am Arsch der Welt wohnen *(derb)*
s'enfuir comme si l'on avait le diable aux trousses weglaufen/-rennen, als ob der Teufel hinter einem her sei

DIMANCHE c'est pas tous les jours dimanche ! es ist nicht alle Tage Sonntag!

E

ENCOMBRE arriver sans encombre ohne Zwischenfälle/Schwierigkeiten ankommen

“habiter au diable vauvert”
Il s'agit vraisemblablement du diable de Vauvert, démon qui aurait hanté cette petite localité située près de Paris.
S'y rendre, ce serait aller le diable sait où, c'est-à-dire en un lieu forcément mal défini et plein de mauvaises surprises.

cf. DIABLE

ÉPINGLE **un virage en épingle à cheveu** eine Haarnadelkurve

ERRER **errer comme une âme en peine** ziellos umherirren

ESCAMPETTE **prendre la poudre d'escampette** das Hasenpanier ergreifen; davonlaufen

F

FIL **au fil de l'eau** mit dem Strom

FILE (**garé**) **en double file** in zweiter Reihe (geparkt)

FILLE **jouer la fille de l'air** sich aus dem Staub machen; verduften

FLÈCHE **partir comme une flèche** davonschießen; ab-sausen *(voir aussi* ***belle****)*

FLÛTE **jouer des flûtes** sich dünnmachen/verdünnisieren; stiften gehen

FUSIL **à** (**une**) **portée de fusil** einen Büchsenschuß weit entfernt

G

GOMME **mettre la gomme** *voir* ***appuyer***

GUÊTRE **traîner ses guêtres** umherziehen; rumstrolchen; stromern; vagabundieren

H

HUE **tirer à hue et à dia** (mal) hü und (mal) hott sagen

HUILE **une mer d'huile** ein spiegelglattes Meer

J

JAMBE **prendre ses jambes à son cou** die Beine in die Hand/unter den Arm nehmen; Hals über Kopf davonlaufen/-rennen

JET **à un jet de pierre de** einen Steinwurf weit/entfernt

L

LÂCHER **ne pas lâcher qqn. d'une semelle/d'un pouce** *voir* ***coller***

LANCÉE **continuer sur sa lancée** weiterlaufen/-rennen

LAPIN **détaler comme un lapin** Reißaus nehmen; sich verziehen

“prendre la poudre d'escampette”

Qu'est-ce qu'une escampette? Une façon de s'escamper, c'est-à-dire de «fuir» en français archaïque, de «cacher» en italien et de «prendre le large» en provençal. Certes, mais que vient faire la poudre dans tout ceci? Allons, un petit effort: souvenez-vous des contes d'enfants… les poudres magiques y possèdent des vertus insoupçonnées.

cf. ESCAMPETTE

LÉZARD/LÉZARDER **faire le lézard ; lézarder (au soleil)** *voir* ***crêpe***

LIEU **vider les lieux** den Platz räumen

M

MAL **avoir le mal de mer** seekrank sein

MALLE **(se) faire la malle** *voir* ***belle***

MARIN **un marin d'eau douce** ein Süßwassermatrose

MER **avoir le mal de mer** *voir* ***mal***
une mer d'huile *voir* ***huile***

MONT **être toujours par monts et par vaux** immer unterwegs sein; ständig auf Achse sein

MUR **faire le mur** *voir* ***belle***

N

NAGER **nager comme un fer à repasser** wie eine bleierne Ente schwimmen
nager comme un poisson wie ein Fisch schwimmen

NAVETTE **faire la navette** pendeln

NEZ **mettre le nez dehors** den Kopf zur Tür hinausstrecken; kurz hinausgehen

NID **trouver le nid vide** das Nest leer (vor)finden
trouver l'oiseau/la pie au nid jmdn. zu Hause antreffen

O

OISEAU **être comme l'oiseau sur la branche** ein unstetes Leben führen; keine sichere Stellung haben; keinen festen Aufenthalt haben
l'oiseau s'est envolé der Vogel ist ausgeflogen

P

PARTIR **partir, c'est mourir un peu** *(prov.)* Scheiden tut weh *(Sprichw.)*
partir en trombe weglaufen/-rennen; davonhasten/-jagen

PAS **à deux pas d'ici** ganz in der Nähe; ein paar Schritte von hier
emboîter le pas à qqn. jmdm. auf dem Fuße folgen; hinter jmdm. hergehen
faire les cent pas auf und ab gehen
la salle des pas perdus die Bahnhofshalle
revenir/retourner sur ses pas *voir* ***(rebrousser) chemin***

PAVÉ **battre le pavé** Pflaster treten; (ziellos) durch die Straßen schlendern

PAYS **en pays de connaissance** in vertrauter Umgebung
voir du pays viel reisen; herumkommen

PÉNATE **regagner ses pénates** heimkehren/-kommen; nach Hause zurückkehren

PERPÈTE **à Perpète(-les-Oies)** *voir* ***bled***

PERTE **à perte de vue** so weit das Auge reicht

PET **filer comme un pet sur une toile cirée** abdüsen wie ein geölter Furz *(derb)*

PÉTAOUCHNOCK **à pétaouchnock** *voir bled*

PIED **avoir le pied marin** seefest/-tauglich/-tüchtig sein
avoir pied (dans l'eau) (im Wasser) Grund haben; stehen können
lever le pied Gas wegnehmen; langsamer machen
marcher sur la pointe des pieds auf Zehenspitzen gehen/laufen
mettre le pied au plancher *voir appuyer*
mettre pied à terre vom Pferd absteigen; absitzen
perdre pied keinen Grund mehr haben; den Grund unter den Füßen verlieren
traîner les pieds schlurfen

PIED-À-TERRE **un pied-à-terre** eine (kleine) Zweitwohnung

PILER **piler** *(voiture)* anhalten; stoppen; stehenbleiben

PINCE **être/aller à pinces** zu Fuß; per pedes; auf Schusters Rappen

PLACE **la place du mort** der Beifahrersitz

PLANCHER **débarrasser le plancher** sich zum Teufel/zum Henker scheren
le plancher des vaches das Festland; der feste Boden

PLANTER (SE) **se planter** *(voiture)* von der Fahrbahn abkommen

PLATANE **embrasser les platanes** gegen einen Baum fahren/prallen

POINT **un point de chute** eine (vorübergehende) Bleibe

POINTE **pousser/faire une pointe jusqu'à …** vorstoßen bis nach …

PORT **arriver à bon port** im sicheren Hafen landen; wohlbehalten ankommen/eintreffen
un port d'attache ein Heimathafen

PORTE **c'est la porte à côté** *voir côté*

PORTÉE **à (une) portée de fusil** *voir fusil*

POTEAU **coiffer qqn. au poteau** *voir arrivée*

POUDRE **prendre la poudre d'escampette** *voir escampette*

Q

QUART **démarrer au quart de tour/de poil** sofort anspringen

QUARTIER **prendre ses quartiers d'hiver** die Winterquartiere beziehen

QUEUE **faire une queue de poisson** einen anderen Verkehrsteilnehmer (beim Einscheren) schneiden

R

RASE-MOTTES **faire du rase-mottes** *(avion)* im Tiefflug fliegen

RECULONS **aller à reculons** rückwärts gehen

REINE **la petite reine** der Drahtesel; das Fahrrad

RESTE **partir sans demander/attendre son reste** stillschweigend weggehen; heimlich, still und leise abziehen/fortgehen

RETRAITE **battre en retraite ; sonner la retraite** den Rückzug antreten

RÉVÉRENCE **tirer sa révérence (à qqn.)** sich (jmdm.) empfehlen

ROME **tous les chemins mènent à Rome** *voir chemin*

ROND **tourner en rond** sich im Kreis drehen; auf der Stelle treten; nicht vom Fleck kommen

RONDE **à 10 km à la ronde** im Umkreis von 10 km

ROUTE **tailler la route** sich auf den Weg machen; die Zelte abbrechen

S

SAUT **être à un saut de puce** *voir fusil et jet*
faire un saut chez qqn. auf einen Sprung bei jmdm. vorbeikommen/-schauen; eine Stippvisite bei jmdm. machen

T

TAILLER **se tailler** *voir (s')arracher*
tailler la route *voir route*

TALON **tourner les talons** Fersengeld geben; türmen

TANGENTE **prendre la tangente** die Kurve kratzen

TAPE-CUL **cette voiture est un tape-cul** das ist vielleicht eine Karre/Klapperkiste

TASSE **boire la/une tasse** *voir bouillon*

TÂTONS **aller/avancer à tâtons** *voir aveuglette*

TÊTE **piquer une tête dans l'eau** einen Kopfsprung/Köpper machen

TIRE-D'AILE **à tire-d'aile** pfeilschnell

TIRER (SE) **se tirer** *voir (s')arracher*

TOMBEAU **rouler à tombeau ouvert** mit halsbrecherischer Geschwindigkeit fahren/rasen

TONNEAU **faire un tonneau** sich überschlagen

TOUR **aller faire un tour** einen Spaziergang machen; eine Spritztour machen *(Auto usw.)*

TRAIN **filer le train** *voir coller*

TREMPETTE **faire trempette** *(mer, rivière, etc.)* (kurz) ins Wasser gehen; sich abkühlen/erfrischen

TRIFOUILLIS-LÈS-PERPÈTES **à Trifouillis-lès-perpètes** *voir bled*

TROTTE **ça fait une (bonne/sacrée) trotte** das ist eine ganze Ecke/ein ganz schönes Ende (zu laufen)

TROU **habiter dans un trou perdu** *voir bled*
n'être jamais sorti de son trou noch nie aus seinem Kuhdorf rausgekommen sein; nie fortgekommen sein

TROUSSE **avoir qqn. à ses trousses** jmdn. auf den Fersen haben; von jmdm. verfolgt werden

V

VALISE **(se) faire la valise** *voir belle*

VENT **passer en coup de vent** *voir coup*

VENTRE **filer ventre à terre** machen, daß man wegkommt; sich im Galopp/im Eiltempo davonmachen; davonstürmen

VERT **se mettre au vert** ins Grüne/aufs Land fahren

VIANDE **(r)amène ta viande !** *(vulg.)* komm her!; beweg deinen Hintern hierher! *(derb)*

VIANDER (SE) **se viander** *(voiture, moto)* verunglücken; einen schweren (Auto-, Motorrad-)Unfall haben

VOILE **mettre les voiles** *voir* *amarre*
toutes voiles dehors mit vollen Segeln

VOL **à vol d'oiseau** Luftlinie

VOLEUR **se sauver comme un voleur** sich davonstehlen; sich wie ein Dieb in der Nacht davonschleichen

VOYAGE **les voyages forment la jeunesse** Reisen bildet

VUE **à perte de vue** *voir* *perte*

Y

Y **j'y suis, j'y reste** hier bin ich und hier bleibe ich

YEUX **je peux y aller les yeux fermés** den Weg dorthin/das finde ich sogar mit verbundenen Augen/im Schlaf

17

Les jugements, les humeurs, la peur

Des goûts et des couleurs, on ne discute pas. Et pourtant, quand ça commence à bienfaire, quand vous en avez gros sur le cœur et plein le dos, hurler en bilingue : « je m'en fous comme de l'an 40 », « je m'assieds dessus ! » ou encore « je m'en bats l'œil », voire « ça va chier des bulles carrées ! », ça vous branche? Alors, lisez ce qui suit.

A

ABATTRE ne pas se laisser abattre sich nicht unterkriegen lassen

ACABIT ils sont tous du même acabit die sind alle vom selben Schlag/von derselben Art

AFFAIRE ça fera l'affaire das kommt hin; das ist genau richtig
en faire une affaire d'État eine Staatsaktion aus etwas machen; einen richtigen Zirkus machen; Theater machen
être à son affaire in seinem Element sein

AISE à l'aise, Blaise locker (vom Hocker); mit links; spielend; problemlos

ALLER ça me va ! das ist mir recht!; das paßt mir!; das kommt mir gelegen/zupaß!
on fait aller ! es wird schon/muß einfach klappen!

ÂME avoir du/le vague à l'âme an Weltschmerz leiden

AN je m'en fiche/je m'en balance/je m'en fous comme de l'an 40 das ist mir schnuppe; das ist mir piep-/schnurz-egal; das ist mir scheißegal *(derb)*

ART il a l'art de m'endormir er schafft es (immer wieder), mich zum Einschlafen zu bringen

ASSEOIR (s') je m'assieds dessus da pfeif' ich drauf

AVALER avoir du mal à avaler qqch. etwas nicht so recht abnehmen/-kaufen können

AVEC faire avec sich mit etwas behelfen; mit etwas aus-/zurechtkommen (müssen)

AVEUGLE juger de qqch. comme un aveugle des couleurs von etwas reden wie der Blinde von der Farbe

B

BAPTISTE être tranquille comme Baptiste die Ruhe weg haben; seelenruhig/ganz gelassen sein

BASKET être bien/à l'aise dans ses baskets sich wohlfühlen; gut drauf sein

“je m'en fous comme de l'an quarante”
Voici l'une de ces phrases étranges qui, par l'effet du temps, se transforment et perdent tout lien avec leurs origines. Au temps jadis, les bons chrétiens épris de croisades manifestaient leur indifférence en déclarant s'en moquer comme de l'Al Coran, le livre sacré des Musulmans, lesquels ne se privaient pas de leur rendre la pareille.

“être tranquille comme Baptiste”
Personnage de comédie connu pour sa sottise (c'est un genre de Marie-Chantal masculin – voir chapitre 10), Baptiste ne s'é-ner-ve pas. Il est tranquille, Baptiste, et rien ne peut le toucher. On rêve parfois d'être comme lui.

cf. AN et cf. BAPTISTE

BEURRE **compter pour du beurre** überhaupt nicht zählen

BIDON **c'est (du) bidon** das ist (alles) fauler Zauber/Schwindel; das ist Beschiß *(derb)*

BIÈRE **ce n'est pas de la petite bière** das ist keine Kleinigkeit/kein Kinderspiel; das ist nicht zum Lachen

BILE **se faire de la bile** sich Sorgen machen; krank vor Sorge werden

BLINDER **être blindé contre qqch.** gegen etwas gefeit/immun sein

BOIRE **(il) y a à boire et à manger** etwas/alles hat seine zwei Seiten; alles hat sein Für und Wider/seine Vor- und Nachteile

BOL **en avoir ras le bol** etwas satt haben; die Nase (gestrichen) voll von etwas haben

BONNE **elle est (bien) bonne celle-là !** der ist (vielleicht) gut! *(iron.)*

BONNET **c'est bonnet blanc et blanc bonnet** das ist Jacke wie Hose

BOTTE **être bien/à l'aise dans ses bottes** *voir basket*

BOTTER **ça me botte (bien)** das sagt mir zu; das liegt mir *(voir aussi aller : ça me va)*

BOULE **avoir les boules** ein mulmiges Gefühl haben

BOUQUET **c'est le bouquet !** das ist doch der Gipfel/die Höhe!

BRANCHER **ça me branche (bien)** *voir aller : ça me va*

BRILLANT **c'est pas brillant !** das ist keine Glanzleistung!; das ist nicht so toll!

BROYER **broyer du noir** Trübsal blasen; trüben/düsteren Gedanken nachhängen

C

CADEAU **c'est un cadeau empoisonné** das ist ein Dana-ergeschenk/ein Trojanisches Pferd
ne pas être un cadeau eine Nervensäge sein; schwer zu ertragen sein

CADET **c'est le cadet de mes soucis** das ist meine geringste Sorge

CAFARD **avoir le cafard** *voir broyer*

CAGE **être/tourner comme animal/un écureuil/un lion/un ours en cage** (wie ein gefangenes Tier im Käfig) hin und her gehen

CALMER (SE) **on se calme !** immer (schön) mit der Ruhe!

CANARD **ça (ne) casse pas trois pattes à un canard** das haut einen nicht um; das ist nichts Weltbewegendes

CASSER **ça (ne) casse pas des briques/ trois pattes à un canard** *voir canard*

CERCLE **c'est un cercle vicieux** das ist ein Teufelskreis

CHAIR **ça donne la chair de poule** davon bekommt man Gänsehaut
ni chair ni poisson weder Fisch noch Fleisch; nichts Halbes und nichts Ganzes

CHANTER **je le ferai si ça me chante** ich mach's, wenn es mir zusagt/wenn ich Lust dazu habe

CHAPEAU **chapeau bas !** Hut ab!; alle Achtung!

CHAPELET **dévider/débiter/égrener son chapelet** sein Herz ausschütten; seinem Herzen Luft machen

CHARBON **être sur des charbons ardents** auf glühenden Kohlen sitzen

CHAT **(il n')y a pas de quoi fouetter un chat** da ist doch nichts dabei; das ist doch kein Grund zur Aufregung

CHAUD **avoir eu chaud (aux fesses)** es mit der Angst gekriegt haben; Bammel/Schiß *(derb)* gehabt haben
ça ne me fait ni chaud ni froid das ist mir völlig egal/gleichgültig/einerlei
ne pas être (très) chaud pour (faire) qqch. sich für etwas nicht richtig erwärmen können; nicht sehr begeistert von etwas sein

CHEMISE **s'en soucier/s'en foutre comme de sa première chemise**
voir an

CHER **ne pas donner cher de qqch./qqn.** keinen (roten) Heller für etwas/jmdn. geben; für etwas/jmdn. keine Chance sehen/das Schlimmste befürchten

CHEVAL **monter sur ses grands chevaux** sich aufs hohe Roß setzen

CHEVEU **faire dresser les cheveux sur/à la tête à qqn.** jmdm. die Haare zu Berge stehen lassen
s'arracher les cheveux sich die Haare raufen
se faire des cheveux (blancs) sich über etwas graue Haare wachsen lassen; sich über etwas große Sorgen machen

CHIC **ça a le chic de m'endormir**
voir art

CHIEN **être d'une humeur de chien** eine Stinklaune haben; furchtbar schlecht gelaunt sein
qui veut noyer son chien l'accuse de la rage *(prov.)* man findet bald einen Stecken, wenn man einen Hund schlagen will *(Sprichw.)*

CHIER **chier dans son froc** sich ins Hemd/in die Hosen machen (vor Angst)
en chier une pendule großen Wirbel um etwas machen
(nul) à chier zum Kotzen *(derb)*; scheußlich; widerlich; ekelhaft
se faire chier comme un rat mort sich tödlich/zu Tode langweilen

CHOC **sous le choc** unter Schock; im Schockzustand

CHOCOTTE **avoir les chocottes** Muffensausen haben

“d'une humeur de chien”
Cynophiles et propriétaires de toutous, ne nous en veuillez pas, cette expression n'est pas de notre fait. Même si Médor a un cœur d'or, le mot «chien» comporte le plus souvent une nuance péjorative, de douleur, de difficulté («avoir un mal de chien»). Seule exception, le notable «elle a du chien» qui explique le grand nombre de mordus.

“avoir les chocottes”
... d'être chocolat, très certainement. Cependant, les rapprochements étymologiques seraient vains: une chocotte n'a rien de sucré. Il s'agit tout bonnement d'une déformation du mot «chicot» qui signifie moignon de dent. En conséquence, claquer des chicottes montre à quel point vous êtes tenaillé par la peur.
cf. CHIEN et cf. CHOCOTTE

CHOSE **de deux choses l'une** eines von beiden; entweder oder

CINÉMA **faire (tout un) cinéma de qqch.** *voir affaire : en faire une affaire d'État*

CIRER **n'avoir rien à cirer de qqch.** nichts am Hut (mit etwas) haben

CIRQUE **faire (tout) un cirque de qqch.** *voir affaire : en faire une affaire d'État*

CLAQUE **en avoir sa claque** *voir bol*

CŒUR **avoir un coup de cœur pour qqch.** sich in etwas verlieben; spontan auf etwas zugehen
cette chose me tient à cœur diese Sache liegt mir am Herzen
en avoir gros sur le cœur bedrückt/niedergeschlagen sein
faire chaud au cœur ; réchauffer le cœur das Herz erwärmen
il a le cœur gros/serré ihm ist schwer ums Herz
ne pas avoir le cœur à faire qqch. nicht das Herz haben, etwas zu tun

COIN **ça ne se trouve pas à tous les coins de rue** das findet man nicht an jeder Straßenecke

COLÈRE **la colère est mauvaise conseillère** die Wut ist ein schlechter Ratgeber

COMBLE **c'est le/un comble !** *voir bouquet*

COMMENCER **ça commence à bien faire !** jetzt langt's/reicht's aber allmählich!

COMPTE **avoir son compte** sein Fett abbekommen/-kriegen

CON **… à la con** Mist-… *(derb)*; Scheiß-… *(derb)*

COOL **cool, Raoul** keine Panik; take it easy; immer schön cool bleiben

COUP **ça ne vaut pas le coup** das lohnt sich nicht; das ist nicht der Mühe wert
valoir le coup d'œil einen Umweg wert sein

COUPER **c'est à vous couper le souffle** da bleibt einem die Luft/Spucke weg; da ist man sprachlos

CRACHER **c'est comme si on crachait en l'air** das ist in den Wind gesprochen; das ist, als würde man gegen eine Wand sprechen
il ne faut pas cracher dessus das ist nicht zu verachten

CRISE/CRISER **piquer/faire sa/une crise ; criser** einen Koller/Wutausbruch/Tobsuchtsanfall bekommen/kriegen; ausflippen

CRITIQUE **la critique est aisée ([mais] l'art est difficile)** tadeln können zwar die Toren (, aber besser machen nicht)

CUL **c'est à se taper le cul par terre** das lacht man sich krumm und bucklig
(en) avoir plein le cul de qqch. die Nase gestrichen voll haben (von etwas)
être (assis)/avoir le cul entre deux chaises zwischen den/zwei Stühlen sitzen

CULOTTE **s'en fiche/s'en balancer/s'en foutre comme de sa première culotte** *voir an*

CURE **n'en avoir cure** *voir an*

D

DÉBITER **débiter son chapelet** *voir chapelet*

DÉSIRER **laisser (beaucoup) à désirer** (viel/einiges) zu wünschen übriglassen

DESSOUS **en dessous de tout** unter aller/jeder Kritik; unter aller Sau *(derb)*

DÉTOUR **valoir le détour** *voir coup : valoir le coup d'œil*

DEUX **couilles de mes deux !** Scheiße! *(derb)*; Shit! *(derb)*

DÉVIDER **dévider son chapelet** *voir chapelet*

DÉVOLU **jeter son dévolu sur qqch./sur qqn.** sein Auge auf etwas/jmdn. werfen; etwas/jmdn. auserwählen

DIRE **ça ne me dit rien qui vaille** das reizt mich überhaupt nicht; dazu hab' ich keine Lust/keinen Bock *(derb)*

DOIGT **se/s'en mordre les doigts** etwas bitter bereuen

DOS **en avoir plein le dos** *voir (en avoir plein le) cul*

DOUCHE **faire l'effet d'une douche froide** wie eine kalte Dusche wirken

DRAME **en faire (tout) un drame** *voir affaire : en faire une affaire d'État*

DUR **c'est dur-dur** das ist gar nicht so leicht; das ist ganz schön schwierig

E

ÉCHELLE **pouvoir tirer l'échelle après qqch.** etwas nicht übertrumpfen können

ÉCLATER (S') **s'éclater (comme une bête)** sich (tierisch) gut amüsieren

ÉCROULER **être écroulé (de rire)** sich kugeln vor lachen; sich kaputtlachen

ÉGAL **ça m'est égal** das ist mir egal/schnuppe

ÉGRENER **égrener son chapelet** *voir chapelet*

ÉLÉMENT **ne pas être/ne pas se sentir dans son élément** nicht in seinem Element sein

EMBALLER **être emballé par qqch. ; s'emballer pour qqch.** ganz begeistert/hingerissen/hin und weg von etwas sein

ENNUYER (S') **s'ennuyer comme un rat mort** *voir (se faire) chier comme un rat mort*

ENTERREMENT **c'est un enterrement de première classe** das haben wir wohl in den Sand gesetzt
faire/avoir une tête d'enterrement ; faire une gueule d'enterrement eine Trauer-/Leichenbittermiene aufsetzen

ÉPINGLE **monter qqch. en épingle** etwas hochspielen/aufbauschen

ÉTAT **être/se mettre dans tous ses états** ganz aufgeregt/aus dem Häuschen sein

ÉTERNEL **un (grand) … devant l'Éternel** ein großer … vor dem Herrn

F

FAGOT **qqch. de derrière les fagots** etwas von der besten Sorte; etwas für ganz besondere Anlässe

FAIBLE **avoir un (petit) faible pour qqch./qqn.** ein (kleines) Faible/eine (kleine) Schwäche für etwas/jmdn. haben

FAIM **rester sur sa faim** nicht auf seine Kosten kommen; in seinen Erwartungen enttäuscht werden

FALLOIR **(il) faut le faire !** das muß man erst mal nachmachen!; das ist eine (reife) Leistung!

FARCIR (SE) **devoir se farcir qqch./qqn.** mit etwas/jmdm. auskommen/vorliebnehmen müssen

FENDRE (SE) **se fendre la gueule/pêche/poire/pipe** *voir écrouler*

FÊTE **être à la fête** überglücklich/selig sein; sich freuen wie ein Schneekönig

FI **faire fi de qqch.** etwas verschmähen/verachten; sich über etwas hinwegsetzen; etwas in den Wind schlagen

FICHER (SE) **je m'en (contre)fiche/(contre)foutre** *voir an*

FIGUE **mi-figue, mi-raisin** mit einem lachenden und einem weinenden Auge

FOIE **avoir les foies** *voir chier (dans son froc)*

FOIN **faire tout un foin de qqch.** *voir affaire : en faire une affaire d'État*

FOLIE **c'est de la folie furieuse/douce/pure** das ist heller Wahnsinn

FORT **c'est un peu fort (de café) ; c'est trop fort ; elle est forte, celle-là ; c'est plus fort que du roquefort/que de jouer au bouchon** das ist ja allerhand; das ist ja ein starkes Stück; das geht aber zu weit

FOUTAISE **c'est une vaste foutaise** das ist Quatsch mit Soße

FOUTRE **je m'en contre fous** *voir an*
n'avoir rien à foutre de qqch. *voir cirer*

FREIN **ronger son frein** vor Ungeduld ganz kribbelig werden; es kaum mehr erwarten können

FRISSON **ça me donne des frissons** dabei läuft es mir kalt den Rücken hinunter/überläuft es mich kalt/überläuft mich ein Schauer

FROID **faire froid dans le dos** *voir frisson*
ça me laisse froid das läßt mich kalt; das berührt mich nicht

FROMAGE **faire (tout) un fromage de qqch.** *voir affaire : en faire une affaire d'État*

FUMISTERIE **c'est une vaste fumisterie** *voir foutaise*

G

GAI **gai comme un pinson** quietschvergnügt

GLACE **rester de glace** eiskalt bleiben

GLANDER **n'avoir rien à glander de qqch.** *voir cirer*

GLOIRE **c'est pas la gloire !** *voir brillant*

GNOGNOTE **ce n'est pas de la gnognote** *voir bière*

GOMME **... à la gomme** schlecht; miserabel; jämmerlich; billig; wertlos; unseriös

GOND **sortir de ses gonds** *voir crise*

GORGE **ça m'est resté en travers de la gorge** das ist mir im Hals steckengeblieben

il avait la gorge serrée/nouée seine Kehle war wie zugeschnürt; er brachte kein Wort heraus

GOÛT avoir un goût de chiottes einen schlechten Geschmack haben
chacun ses goûts jeder nach seinem Geschmack
des goûts et des couleurs on ne discute pas ; les goûts et les couleurs, ça ne se discute pas über Geschmack läßt sich (nicht) streiten
tous les goûts sont dans la nature die Geschmäcker sind verschieden

GOUTTE c'est une goutte d'eau dans la mer/l'océan das ist ein Tropfen auf den heißen Stein

GRAIN c'est un grain de sable dans le désert *voir goutte*

GROS en avoir gros sur le cœur/sur la patate *voir (en avoir gros sur le) cœur*

GUEULE faire/tirer la gueule schmollen; ein schiefes Gesicht machen; eingeschnappt sein
faire une gueule d'enterrement *voir enterrement*
tirer une gueule de trois kilomètres ein langes Gesicht machen

H

HANNETON un … pas piqué des hannetons ein …, der sich gewaschen hat/der nicht von schlechten Eltern ist

HERBE l'herbe est toujours plus verte à côté/dans le pré du voisin *(prov.)* auf Nachbars Feld steht das Korn besser *(Sprichw.)*

HISTOIRE faire toute une histoire de qqch. *voir affaire : en faire une affaire d'État*

HORS mettre qqn. hors de soi *voir gond*

HUMEUR avoir des sautes d'humeur Stimmungsschwankungen/plötzliche Stimmungswechsel haben
d'une humeur de chien/ massacrante *voir chien*
je ne suis pas d'humeur (**à faire qqch.**) ich bin jetzt nicht in der Stimmung/Laune (, etwas zu tun); ich hab' jetzt keine Lust (, etwas zu tun); mir ist jetzt nicht danach (, etwas zu tun)

J

JETON avoir les jetons *voir chier (dans son froc)*

JEU le jeu n'en vaut pas la chandelle *voir (ça ne vaut pas le) coup*

JOIE c'est pas la joie ! das kommt Freude auf! *(iron.)*

JOJO c'est pas (**très**) **jojo !** das ist kein schöner Zug!

JOLI (**tout ça**) **c'est bien joli, mais…** das ist ja (alles) schön und gut, aber …

JOUR être dans un bon jour seinen guten Tag haben; gute Laune haben; gut gelaunt/aufgelegt sein; mit dem rechten Fuß aufgestanden sein
être dans un mauvais jour seinen schlechten Tag haben; schlechte Laune haben; schlecht gelaunt/aufgelegt sein; mit dem linken Fuß aufgestanden sein

JUGEMENT **un jugement à l'emporte-pièce** ein hartes/scharfes/schonungsloses Urteil

JUGER **juger de qqch. comme un aveugle des couleurs** *voir* ***aveugle***

JURER **il ne faut jurer de rien** man kann nie wissen
ne jurer que par qqch. auf etwas schwören; fest an etwas glauben

K

KIF-KIF **c'est kif-kif (bourricot)** das kommt aufs gleiche raus; das ist gehüpft wie gesprungen

L

LAISSER **laisser (beaucoup) à désirer** *voir* ***désirer***

LARME **avoir la larme facile ; avoir toujours la larme à l'oeil** nahe am Wasser gebaut haben
être au bord des larmes den Tränen nahe sein; Tränen in den Augen haben
faire monter les larmes aux yeux die Tränen in die Augen treiben
fondre en larmes in Tränen ausbrechen
pleurer à chaudes larmes ; pleurer toutes les larmes de son corps heiße Tränen vergießen; bitterlich weinen; sich die Augen ausweinen
verser des larmes de crocodile Krokodilstränen weinen/vergießen
verser sa/y aller de sa (petite) larme sich ein paar Tränen verdrücken

LATTE **en avoir plein les lattes** *voir* ***bol***

LIMITE **c'est limite** das ist/liegt (hart) an der Grenze

LUNÉ **être bien/mal luné** *voir* ***jour***

M

MADELEINE **pleurer comme une Madeleine** heulen wie ein Schloßhund; Rotz und Wasser heulen

“c'est kif-kif”
L'émir ajusta sa chéchia. «Inch Allah!» dit-il en fumant son narguilé, «si ma mouquère m'a préféré un poussah, eh bien tant pis! j'épouserai Djamila. Pour moi, c'est kif-kif». Puis il croqua un loukoum et il répéta «kif-kif» dans sa barbe, un mot d'origine algérienne qui signifie «comme»...

“pleurer comme une Madeleine”
Pécheresse récidiviste, Marie-Madeleine avoua tout à Jésus dans un torrent de larmes. Ensuite, elle se repentit sous son influence bénéfique. Dès lors, si vous pleurez comme une Madeleine, dites-vous que d'un mal, il peut sortir un bien, même si vous avez quelque chose à vous reprocher.
cf. KIF-KIF et
cf. MADELEINE

MAIN **applaudir des deux mains à qqch.** etwas mit großem Beifall aufnehmen; einer Sache begeistert Beifall spenden
(faire comme [Ponce] Pilate,) s'en laver les mains seine Hände in Unschuld waschen

MALADE **en être malade** (schon) halb krank von etwas sein

MALADIE **en faire une maladie** *voir affaire : en faire une affaire d'État*

MALHEUREUX **malheureux comme une/les pierre(s)** tod-/kreuzunglücklich sein

MARBRE **rester de marbre** *voir glace*

MARCHÉ **par-dessus le marché** obendrein; noch dazu, zu allem Überfluß

MARRE **en avoir marre** *voir bol*

MARTEL **se mettre martel en tête** sich Gedanken/Sorgen machen

MAUVAISE **je l'ai mauvaise** das gefällt/paßt mir gar nicht; das find' ich ärgerlich/gar nicht schön

MEILLEURE **ça, c'est la meilleure !** das ist (ja) das Letzte!; das ist ein dicker Hund!; das ist (vielleicht) ein Hammer!

MÉLANCOLIE **ne pas engendrer la mélancolie** kein Kind von Traurigkeit sein

MÊME **c'est du pareil au même** *voir bonnet*

MERCI **merci (bien), je sors d'en prendre/j'ai ma dose !** (vielen Dank,) ich bin bedient/mir reicht's!

MONDE **c'est le monde à l'envers !** das ist (die/eine) verkehrte Welt!; die Welt steht Kopf!
c'est un monde ! das ist ja unerhört/ungeheuerlich!
faire (tout) un monde de qqch. *voir affaire : en faire une affaire d'État*
il faut de tout pour faire un monde es gibt sone und solche

MONTAGNE **c'est la montagne qui accouche d'une souris** *(prov.)* der Berg kreißte und gebar eine Maus *(Redew.)*
faire une montagne de qqch. *voir affaire : en faire une affaire d'État*

MONTER **monter qqch. en épingle** *voir épingle*

MOQUER (SE) **je m'en moque royalement** *voir an*
se moquer du tiers comme du quart auf etwas pfeifen; sich nicht um etwas kümmern; sich keinen Pfifferling um etwas scheren

MORAL **avoir le moral à zéro** *voir broyer*
avoir le moral au beau fixe in guter seelischer Verfassung sein; gut beieinander sein

MORDS-MOI-LE-... **... à la mords-moi-le-nœud/-le-doigt/-le-chose** nicht ganz astrein; unsolide; zweifelhaft

MORT **mort de rire** *voir écrouler*

MORTEL **c'est mortel** das ist tödlich; das ist zum Gähnen langweilig

MOUCHE **prendre la mouche** gleich hochgehen; aufbrausen
quelle mouche t'a piqué ? was ist denn mit dir los?; was ist bloß in dich gefahren?

MOULE **le moule (en) est cassé/brisé** den/die/das gibt's nur einmal

MOURON **se faire du mouron** *voir bile*

MOUTARDE **la moutarde m'est montée au nez** die Wut hat mich gepackt; ich bin in Wut/auf achtzig gekommen; ich hab' die Nerven verloren

MUR **grimper aux murs** die Wände hochgehen; fuchs-teufelswild sein; ausflippen

N

NERF **avoir les nerfs à fleur de peau** überreizte/überempfindliche Nerven haben
avoir les nerfs en boule/en pelote furchtbar nervös/angespannt sein

NOCE **ne pas être à la noce** übel/schlecht/arm dran sein; sich in seiner Haut nicht wohl fühlen

NOIX **… à la noix (de coco)** *voir gomme*

NOYER (SE) **se noyer dans un verre d'eau/une goutte d'eau** bei der geringsten Schwierigkeit versagen; bei der geringsten Sache in Verlegenheit geraten

NUMÉRO **faire son (petit) numéro** das übliche Theater machen; wieder die alte Platte auflegen

O

ŒIL **je m'en bats l'œil** das kümmert mich einen Dreck; ich scher' mich den Henker/den Teufel darum

OREILLE **il ne l'entend pas de cette oreille** davon will er nichts wissen; auf diesem Ohr hört er schlecht/ist er taub

P

PAIN **ça ne mange pas de pain** das ist nicht der Rede wert; das ist ein Klacks/eine Kleinigkeit

PAREIL **c'est du pareil au même (et du même au pareil)** *voir bonnet*

PARTI **prendre son parti de qqch.** sich mit etwas abfinden/zufriedengeben

PATATE **en avoir gros/lourd sur la patate** *voir (en avoir gros sur le) cœur*

PEAU **être bien dans sa peau** sich in seiner Haut wohl fühlen; rundherum zufrieden sein
être mal dans sa peau sich in seiner Haut nicht wohl fühlen; sich unbehaglich fühlen; unzufrieden sein

PÊCHE **ne pas avoir la pêche** *voir broyer*

PEINARD **être peinard** sich aus allem heraushalten; sich durch nichts aus der Ruhe bringen lassen

PENCHANT **avoir un penchant pour qqch./qqn.** *voir faible*

PENDULE **en faire une pendule** *voir chier : en chier une pendule*

“je m'en bats l'œil”
Fenêtre de l'âme, l'œil est le révélateur de nombreuses conduites humaines. Exemple : si votre bien-aimé(e) se rince l'œil, cela ne signifie pas pour autant qu'il (elle) fasse réellement de l'œil. Certes, vous avez mille fois raison de l'avoir à l'œil, mais certainement pas de ne plus pouvoir fermer l'œil. Vu ?
cf. ŒIL

PENSER **(je ne dis rien mais) je n'en pense pas moins** (ich sage zwar nichts,) aber ich denke mir meinen Teil

PERTE **ce n'est pas une grosse perte** das ist kein großer Verlust

PÉTARD **se mettre/se foutre en pétard** *voir crise*

PÉTOCHE **avoir la pétoche** *voir chier (dans son froc)*

PEUR **avoir une peur bleue** höllische Angst/eine Heidenangst haben
avoir peur de son ombre sich vor seinem eigenen Schatten fürchten; Angst vor dem eigenen Schatten haben
avoir plus de peur que de mal mit dem Schrecken davongekommen sein
être vert de peur vor Angst blaß/erstarrt sein
la peur donne des ailes Angst macht Beine

PIED **prendre son pied ; prendre un pied monumental/un pied pas possible** unheimlich viel Spaß haben; sich wahnsinnig/tierisch gut amüsieren
c'est le (super) pied ! ; quel (super) pied ! das ist super/toll/klasse/genial/optimal!; das ist (ober)affengeil *(Jugendspr.)*
c(e n)'est pas le pied das ist nicht (so) das Wahre; das ist nicht (so) der Hammer/Abschuß *(Jugendspr.)*
j'aurais voulu être à cent/six pieds sous terre ich wäre am liebsten im Erdboden versunken
se lever du pied gauche/du mauvais pied mit dem linken Fuß aufstehen

PILATE **(faire comme [Ponce] Pilate,) s'en laver les mains** *voir main*

PINSON **gai comme un pinson** *voir gai*

PISSER **ça (ne) pisse pas (très) loin** damit ist es nicht weit her; damit ist nicht viel los
c'est comme si on pissait dans un violon *voir cracher : c'est comme si on crachait en l'air*

PLAIRE **si ça (ne) te plaît pas, c'est le même prix !** wer nicht will, der hat schon!

PLAISANTERIE **c'est une vaste plaisanterie** *voir foutaise*

PLAT **faire tout un plat de qqch.** *voir affaire : en faire une affaire d'État*

POIL **être de bon/mauvais poil** *voir jour*

POILER (SE) **se poiler** *voir écrouler*

POISSON **comme un poisson sur une bicyclette** wie ein Fisch auf dem Trockenen
être comme un poisson dans l'eau *voir (être à son) affaire*

POMPE **être bien/à l'aise dans ses pompes** *voir basket*

POMPON **c'est le pompon !** *voir bouquet*

POUSSER **à la va-comme-je-te-pousse** *voir mords-moi-le- …*

PROGRÈS **on n'arrête pas le progrès** den Fortschritt kann man nicht aufhalten

R

RAGE **être vert/fou/ivre de rage ; être dans une rage folle** eine Mordswut (im Bauch) haben; vor Wut platzen

RAIDE **la trouver (un peu) raide** *voir avaler*

RANCART mettre qqch. au rancart etwas ausrangieren; etwas zum alten Eisen werfen

RAT s'ennuyer comme un rat mort *voir (se faire) chier comme un rat mort*

RÉFÉRENCE ce n'est pas une référence das ist nicht gerade eine Empfehlung

RELAX relax, Max *voir cool*

RELEVER (SE) il n'y a pas de quoi se relever la nuit *voir canard*

REPOS ce n'est pas de tout repos ! das ist alles andere als erholsam!

RESTER ça m'est resté là ! *voir gorge*

REVENIR je n'en reviens pas ! das darf doch nicht wahr sein!; ich glaub's (einfach) nicht!

RÊVER on croit rêver ! ich denk', mich tritt ein Pferd!

RIEN c'est trois fois rien das ist doch gar nichts/überhaupt nichts; das ist doch nicht der Rede wert
c'est pas/ce n'est pas rien *voir bière*

RIGOLADE c'est une vaste/de la rigolade *voir foutaise*
finie la rigolade Spaß/Scherz beiseite; Schluß mit lustig *(Neolog.)*

RIGOLER histoire de rigoler nur (so) zum Spaß; aus (lauter) Jux und Tollerei

RIRE avoir le/un fou rire einen Lachkrampf/-anfall haben; nicht mehr können vor lachen

RIRE avoir toujours le mot pour rire immer einen Scherz auf den Lippen haben; immer zu Scherzen aufgelegt sein
être mort de rire *voir écrouler*
laissez-moi rire ! daß ich nicht lache!
rire à gorge déployée/à pleine gorge lauthals lachen; aus vollem Halse/voller Kehle lachen
rire aux larmes Tränen lachen
rire comme une baleine/un bossu sich bucklig/schief/krank lachen
rire dans sa barbe sich ins Fäustchen lachen
rire du bout des lèvres gezwungen lachen; kaum sein Gesicht verziehen
rire jaune falsch/hinterhältig lachen

RONGER (SE) se ronger les sangs vor Sorge umkommen; sich vor Angst/Unruhe/Sorge verzehren

ROUE être la cinquième roue du carrosse/de la charrette das fünfte Rad am Wagen sein

ROUGE se fâcher tout rouge ; voir rouge sich schwarz/grün ärgern; rot sehen

ROULER (SE) c'est à se rouler par terre (de rire) das ist zum Totlachen; das ist (ja) zum Schießen

S

SABOT ça ne se trouve pas sous le sabot d'un cheval *voir coin*

“rire comme une baleine”
Les baleines, ces animaux merveilleux qui émettent des sons étranges, élèvent puissamment leur mâchoire supérieure, laissant apparaître de multiples fanons qui composent une apparence de rire.
cf. RIRE

SANG **glacer le(s) sang(s)** *voir frisson*
se faire un sang d'encre *voir cheveu : se faire des cheveux blancs*
se ronger les sangs *voir ronger*

SAUMÂTRE **la trouver saumâtre** *voir mauvaise*

SAUTE **avoir des sautes d'humeur** *voir humeur*

SAUTER **sauter au plafond** an die Decke/ in die Luft gehen

SCÈNE **faire une scène** *voir affaire : en faire une affaire d'État*
jouer la grande scène du deux/ trois (vielleicht) ein Theater machen/ aufführen/inszenieren

SÉCHER **sécher sur pied** *voir chier : se faire chier comme un rat mort*

SECOUER **n'avoir rien à secouer de qqch.** *voir cirer*

SINÉCURE **c'est pas une sinécure** *voir repos*

SINGE **faire le singe ; faire des singeries** den Hanswurst machen/spielen; Faxen machen

SOUFFLE **c'est à vous couper le souffle** *voir couper*

SOULIER **être dans ses petits souliers** verlegen/betreten sein; kleinlaut werden

SOUPER **en avoir soupé** *voir bol*

SOURIRE **avoir un sourire jusqu'aux oreilles** von einem Ohr zum anderen strahlen; über beide/alle vier Backen strahlen; strahlen wie ein Honigkuchenpferd
sourire en coin hämisch/ schadenfroh grinsen

T

TAPER **je m'en tape** *voir an*

TASSE **c'est pas ma tasse de thé** das ist nicht (so) mein Fall

TENTE **se retirer sous sa tente** sich gekränkt zurückziehen

TERRE **en vouloir à la terre entière** mit sich und der Welt unzufrieden sein; Frust schieben *(Jugendspr.)*
j'aurais voulu être à cent/six pieds sous terre *voir pied*

TÊTE **en avoir par-dessus la tête** *voir bol*
faire/avoir une tête d'enterrement *voir enterrement*
faire la tête *voir (faire/tirer la) gueule*

TOI **il n'y a pas que toi au monde** du bist nicht der/die einzige; von deiner Sorte gibt es noch genug/andere auf der Welt

TONNEAU **ils sont tous du même tonneau** *voir acabit*

TRANQUILLE **être tranquille comme Baptiste** *voir Baptiste*

TRISTE **c'était pas triste** es war sehr lustig; was haben wir gelacht
être triste comme un bonnet de nuit/comme un lendemain de fête *voir malheureux*

TRONCHE **tirer une tronche de trois kilomètres** *voir gueule : tirer une gueule de trois kilomètres*

TROU **j'aurais voulu rentrer/ disparaître dans un trou (de souris)** *voir pied : j'aurais voulu être à cent/six pieds sous terre*

TRUC **c'est pas mon truc** das ist nichts für mich
chacun son truc jedem das Seine

TUER **ça me tue !** das macht mich ganz krank!; das bringt mich (noch) um!

V

VACCINER **être vacciné contre qqch.** *voir blinder*

VEINE **ils sont tous de la même veine** *voir acabit*

VER **un … pas piqué des vers** *voir hanneton*

VERT **être vert de peur** *voir peur*

VIOLON **c'est comme si on pissait dans un violon** *voir cracher : c'est comme si on crachait en l'air*

VOIR **c'est tout vu !** Schluß damit!; das ist ein für allemal erledigt!
on aura tout vu ! das ist doch unglaublich!; das ist doch die Höhe!; das ist doch nicht zu fassen!

VOLER **ça vole bas ; ça vole pas (très) haut** das ist ziemlich niveaulos/geisttötend/langweilig

Y

YEUX **fermer les yeux sur qqch.** ein Auge/beide Augen (bei etwas) zudrücken

18

La culture, les arts

Vous connaissez la phrase : « La culture, c'est comme la confiture, moins on en a, plus on l'étale. » Mais bon, vous aimez passer en vedette américaine, chauffer la salle et casser la baraque. Alors dites-nous, comment traduisez-vous « crever l'écran » ? Par « avoir beaucoup de présence » tout simplement. Pour affirmer la vôtre, voici une série d'expressions sous forme de répétition générale.

A

AFFICHE **mettre une pièce à l'affiche** die Aufführung eines Stückes ankündigen; ein Stück auf den Spielplan setzen
tenir l'affiche lange gespielt/aufgeführt werden; lange auf dem Spielplan bleiben

ANTENNE **à l'antenne** auf Sendung

ART **le septième art** die Filmkunst

B

BARAQUE **casser la baraque** einen Bombenerfolg erzielen; durchschlagenden Erfolg haben

BEAUTÉ **finir en beauté** einen guten Abschluß finden; sich einen glänzenden Abgang verschaffen; (seine Karriere) mit einem Triumph beenden

BERZINGUE **jouer (de la musique) à tout berzingue** (die Musik) sehr laut spielen/voll aufdrehen

BÊTE **une bête de scène** ein(e) Vollblutschauspieler(in); ein(e) Schauspieler(in), der/die auf der Bühne alles gibt

BIDE **(se) prendre un bide** einen Mißerfolg/ein Fiasko erleben; beim Publikum durchfallen

BILLET **un billet de faveur** eine Ehren-/Freikarte

BŒUF **faire le/un bœuf** eine Jamsession abhalten

BOURRER **un texte bourré de fautes** ein Text voller Fehler; ein Text, in dem es vor Fehlern nur so wimmelt

BOUSCULER (SE) **les gens ne se bousculent pas (au portillon)** es herrscht kein großer Andrang; es herrscht gähnende Leere

BOUT **faire/tourner un bout d'essai** eine Probeaufnahme machen

BRAVOURE **un morceau de bravoure** ein Bravour-/Glanzstück

BROSSER **brosser le portrait de qqn.** ein Porträt/Charakterbild von jmdm. zeichnen; jmdn. porträtieren

BUREAU **jouer à bureaux fermés** vor vollem/ausverkauftem Haus spielen

C

CACHET **courir le cachet** Klinken putzen gehen; sich ständig um Engagements bemühen

CAPE **un film de cape et d'épée** ein Mantel-und-Degen-Film

CASSEROLE **chanter comme une casserole** (furchtbar/schrecklich) falsch singen

“casser la baraque”
A première vue, voilà qui devrait s'avérer fort négatif : détruire une maison n'est pas très sympathique. Pourtant, ce serait oublier les métiers du spectacle : lorsque l'on casse la baraque, c'est qu'un formidable succès est assuré… une réussite «à tout casser».
cf. BARAQUE

CATASTROPHE **un scénario catastrophe** eine Horrorvorstellung/-vision

CHANSON **tout finit par des chansons** alles findet ein Happy-End; alles wendet sich zum Guten

CHANSONNETTE **pousser la chansonnette** ein Lied schmettern/trällern

CHANT **c'est son chant du cygne** das ist sein Schwanengesang

CHANTER **chanter comme une casserole** *voir casserole*

CHARRETTE **en charrette** unter Zeit-/Termindruck

CHAUFFER **chauffer la salle** das Publikum anheizen

COFFRE **avoir du coffre** gut bei Stimme sein; eine kräftige Stimme haben

COUR **côté cour** auf der linken Seite der Bühne *(vom Schauspieler aus gesehen)*

COURRIER **le courrier du cœur** der Kummerkasten; die Briefkastenecke

CRAYON **avoir un joli/bon coup de crayon** gut zeichnen können; zeichnerisches Talent haben

D

DÉBUT **faire ses débuts sur (la) scène** sein Bühnendebüt geben

DOMAINE **dans le domaine public** frei von Urheberrecht/Copyright

E

EAU **à l'eau de rose** kitschig; schmalzig; schnulzig; sentimental

ÉCRAN **crever l'écran** ungeheure Leinwandpräsenz haben
le petit écran das Fernsehen

ENFANT **être un enfant de la balle** ein Artisten-/Zirkuskind sein

F

FEUILLE **une feuille de chou** ein Käse-/Revolverblatt

FEUILLETON **un feuilleton qui fera pleurer dans les chaumières** eine schnulzige Fernsehserie; eine Fernsehserie, die auf die Tränendrüsen drückt

FICELER **une histoire bien ficelée** eine gut durchdachte/aufgebaute Geschichte/Handlung/Erzählung
une histoire mal ficelée eine abwegige/ungereimte/abstruse Geschichte/Handlung/Erzählung

FICTION **la réalité dépasse la fiction** die Wirklichkeit übertrifft häufig die Vorstellung; im richtigen Leben geht es oft bunter zu als im Film

FILM **tourner un film** einen Film drehen

FINIR **finir en beauté** *voir beauté*

FLOP **faire un flop** *voir bide*

FLOU **un flou artistique** eine (gewollte) Verschwommenheit/Unschärfe

FOUR **faire un four** *voir bide*

G

GÉNÉRALE **une (répétition) générale** eine Generalprobe

GLOIRE **la rançon de la gloire** der Preis des Ruhms/für das Berühmtsein

GUICHET **jouer à guichets fermés** *voir* *bureau*

I

INDEX **mettre qqch. à l'Index** etwas auf den Index/auf die schwarze Liste setzen

J

JARDIN **côté jardin** auf der rechten Seite der Bühne *(vom Schauspieler aus gesehen)*

L

LETTRE **écrire un nom en toutes lettres** einen Namen ausschreiben
être en toutes lettres dans les journaux groß/in großer Aufmachung/als Schlagzeile in der Zeitung stehen

LEVER **en lever de rideau** als (einaktiges) Vorspiel

LIVRE **un livre de chevet** eine Bettlektüre

M

MALHEUR **faire un malheur** *voir* *baraque*

MASSACRER **massacrer une langue** eine Sprache verunstalten/verhunzen/verstümmeln
massacrer une pièce ein Stück zerreißen *(Kritik)*

MESURE **battre la mesure** den Takt schlagen/angeben

MONSTRE **un monstre sacré** ein Welt-/Superstar; ein Idol

MUSIQUE **la musique adoucit les mœurs** *(etwa)* Musik besänftigt die Gemüter

N

NÈGRE **le nègre de** der Ghostwriter von

NOIR **mettre qqch. noir sur blanc** etwas schriftlich festhalten

NOM **se faire un nom** sich einen Namen machen

“être le nègre de…”
L'homme noir a fourni une multitude d'acceptions vouées à l'esclavage ou au travail forcé, ces hontes de l'humanité. Ainsi est née l'expression «traiter comme un nègre», «travailler comme un nègre», et par suite « faire le nègre», c'est-à-dire jouer le rôle ingrat de rude ouvrier anonyme peinant sang et eau pour un auteur ou un éditeur. Comment? Que dites-vous? C'est le cas de M. X qui connaît un succès à nul autre pareil? Et Machin n'a pas écrit une ligne des célèbres pensées qu'on lui prête? Rassurez-vous pour ce qui nous concerne: ce livre est totalement conçu par ses auteurs.
cf. NÈGRE

O

ORÉILLE **jouer à l'oreille/d'oreille** nach Gehör spielen

P

PAPIER **faire/écrire un papier sur qqch./qqn.** einen Artikel/Beitrag über etwas/jmdn. schreiben

PAROLE **les paroles s'envolent, les écrits restent** *(prov.)* was man schwarz auf weiß besitzt, kann man getrost nach Hause tragen *(Redew.)*

PAS **faire ses premiers pas** *voir début*

PATAQUÈS **il a fait un pataquès** er hat einen Schnitzer gemacht; ihm ist ein (sprachlicher) Ausrutscher passiert

PATTE **écrire avec/faire des pattes de mouche** unleserlich schreiben; krakeln; eine Sauklaue haben *(derb)*

PEAU **il entre dans la peau de son/du personnage** er identifiziert sich völlig mit der von ihm dargestellten Gestalt/mit seiner Rolle; er geht ganz in seiner Rolle auf

PLAN **un gros plan** eine Großaufnahme

PLANCHE **brûler les planches** voller Leidenschaft (Theater) spielen; auf der Bühne alles geben
monter sur les planches zur Bühne/zum Theater gehen; Schauspieler(in) werden

POUSSER **pousser la chansonnette ; en pousser une (petite)** *voir chansonnette*

PREMIER **un jeune premier** ein Schauspieler in der Rolle des jugendlichen Liebhabers/Helden

PUBLIC **être bon public** dankbare Zuhörer/Zuschauer sein; ein gutes Publikum sein
le grand public das breite Publikum

R

RAMPE **sous les feux de la rampe** im Rampenlicht

RANÇON **la rançon de la gloire** *voir gloire*

RAT **un rat de bibliothèque** eine Lese-/Bücherratte

RÉALITÉ **la réalité dépasse la fiction** *voir fiction*

RECETTE **faire recette** ein Kassenerfolg/-schlager sein

RÔLE **un rôle qui colle à la peau de qqn.** eine Rolle, die jmdm. wie auf den Leib geschrieben ist

S

SAUCE **(r)allonger la sauce** eine Geschichte/Erzählung/Handlung in die Länge ziehen

SCÈNE **à la scène comme à la ville** auf der Bühne wie im richtigen Leben
occuper le devant de la scène die Szene beherrschen; im Vordergrund stehen

SENTIER **les sentiers de la gloire** der Weg zum Ruhm

SERINGUE **chanter comme une seringue** *voir casserole*

SUCCÈS **avoir un succès fou** einen Riesen-/Bombenerfolg haben

la rançon du succès *voir rançon*
remporter un succès d'estime einen Achtungserfolg erzielen

T

TABAC faire un tabac *voir baraque*

TALENT être bourré de talent außerordentlich begabt/talentiert sein

TARTINE une tartine dans le journal (à **propos de qqch.**) ein Geschmier in der Zeitung (über etwas)

THÉÂTRE un coup de théâtre ein Theatercoup/-streich/-effekt

TIROIR une pièce à tiroirs ein Theaterstück mit eingeschobenen (, von der Haupthandlung unabhängigen) Szenen

TOILE se faire une toile ins Kino gehen; sich einen Film im Kino anschauen
une toile de maître ein alter Meister; ein Meisterwerk *(Gemälde)*

TOMATE recevoir des tomates mit Tomaten beworfen werden; (beim Publikum) schlecht ankommen

TRAC avoir le trac Lampenfieber haben

TRUFFER un texte truffé de citations ein Text voller Zitate; ein mit Zitaten gespickter Text

TUE-TÊTE chanter à tue-tête aus vollem Halse/mit schallender Stimme singen

V

VACHE parler le français comme une vache espagnole *(= comme un Basque espagnol)* Französisch radebrechen; ein miserables/schauderhaftes Französisch sprechen

VEDETTE partager la vedette avec qqn. nicht allein die Szene beherrschen/im Mittelpunkt stehen/die Hauptperson sein
passer en vedette américaine als Star des Abends/als besonderer (Überraschungs-)Gast (in einer Show) auftreten

VOYAGE les gens du voyage die Zirkusleute; das fahrende Volk

19

La politique, la religion

De parti, Alphonse Allais affirmait qu'il n'en avait qu'un : celui d'en rire. Et vous, quelle est votre opinion ? Si vous voulez entrer en lice, partir en croisade, jeter un pavé dans la mare et ne pas pratiquer la langue de bois, nous vous proposons des expressions à géométrie variable qui vous éviteront les réponses de Normand.

A

ABCÈS crever/vider l'abcès einer Sache (energisch) zu Leibe gehen/rücken

ACCEPTER accepter qqch. comme parole d'évangile etwas wie dem/einem Evangelium lauschen; etwas aufs Wort glauben

ACCORD un accord en béton (armé) eine unumstößliche Vereinbarung
un accord franc et massif uneingeschränkte/vorbehaltlose Zustimmung

ACCORDER accorder ses violons sich einigen/einig werden

AFFAIRE c'est une affaire classée die Sache/Angelegenheit ist abgeschlossen
expédier les affaires courantes die Tagesgeschäfte erledigen

ÂME avoir charge d'âmes Seelsorge haben; seelsorgerisch tätig sein

ARBRE mettre le doigt entre l'arbre et l'écorce sich zwischen zwei Feuern befinden; in einer Zwickmühle sitzen

ARGENT prendre qqch. pour argent comptant *voir accepter*

ARGENTIER le Grand Argentier *(iron.)* der Finanzminister

AVEUGLE il n'est pire aveugle que celui qui ne veut pas voir *(prov.)* keiner ist blinder, als der nicht sehen will *(Sprichw.)*

AVORTER faire avorter qqch. etwas vereiteln; etwas im Keim ersticken; etwas scheitern lassen/zum Scheitern bringen

B

BAIN prendre un bain de foule ein Bad in der Menge nehmen

BÂTON prendre son bâton de pélerin für etwas zu Felde ziehen

BÉNITIER être une (vraie) grenouille de bénitier eine (richtige) Betschwester/Kanzelschwalbe sein

BÉTON un accord en béton (armé) *voir accord*

BORD changer/virer de bord umschwenken; den Kurs ändern; sich anders besinnen

BOUCLIER une levée de boucliers eine starke Opposition; ein heftiger Widerstand

BOULE faire boule de neige lawinenartig anwachsen; sich ausbreiten; um sich greifen
l'effet boule de neige der Schneeballeffekt

BRAS avoir le bras long einen langen Arm haben; weitreichenden Einfluß haben

BROUILLER brouiller les cartes/pistes die (Hintergründe der) Angelegenheit verschleiern; bewußt Verwirrung stiften

BRÛLER brûler ce qu'on a adoré wankelmütig sein; handeln nach dem Motto: heute Hosiana, morgen kreuzige ihn

C

CAMPAGNE faire campagne pour un candidat für einen Kandidaten Stimmen werben/einen Wahlfeldzug veranstalten

CARTE **brouiller les cartes** *voir brouiller*

CASAQUE **tourner casaque** *voir bord*

CATHOLIQUE **être plus catholique que le pape** päpstlicher als der Papst sein

CHAISE **pratiquer la politique de la chaise vide** *(etwa)* die Politik des Abstimmungsboykotts betreiben; sich seiner Stimme (durch demonstratives Fernbleiben von der Abstimmung) enthalten

CHANSON **c'est toujours la même chanson** das ist immer dasselbe Lied

CHAPELET **dévider son chapelet** sein Herz ausschütten; seinem Herzen Luft machen

CHAPITRE **(ne pas) avoir voix au chapitre** (k)ein Wort mitzureden haben

CHARBONNIER **la foi du charbonnier** der Köhlerglaube

CHARGE **avoir charge d'âmes** *voir âme*

CHASSE **une chasse aux sorcières** eine Hexenjagd

CHAT **jouer au chat et à la souris** Katze und Maus spielen

CHEVAL **j'en parlerai à mon cheval (il fait de la politique)** verschon mich bloß damit/mit deinem Gelaber; laß mich (damit) jetzt in Ruhe

CLASSER **c'est une affaire classée** *voir affaire*

CLOCHE **n'avoir/n'entendre qu'un (seul) son de cloche** nur eine Version (eines Vorfalls) kennen

COUP **un coup d'État** ein Staatsstreich
un coup de théâtre ein Theatercoup/-streich/-effekt

CRÉNEAU **monter au créneau (pour défendre sa politique)** auf die Barrikaden steigen (, um seine politischen Anschauungen zu verteidigen)

CROIRE **croire dur comme fer (à qqch.)** einen unerschütterlichen Glauben (an etwas) haben
croire qqch. les yeux fermés *voir accepter*

CROISADE **partir en croisade contre qqch.** einen Kreuzzug gegen etwas starten

CUL **un cul béni** ein Scheinheiliger

CURÉ **bouffer/manger du curé** die Pfaffen gefressen haben *(pej.)*

D

DESSOUS **les dessous de la politique** die verborgene/versteckte Seite der Politik

DÉTRUIRE **détruire qqch. dans l'œuf** *voir avorter*

DIALOGUE **c'est un dialogue de sourds** sie reden aneinander vorbei

DIEU **(il n')y a pas de bon Dieu** das ist so sicher wie das Amen in der Kirche
l'homme propose, Dieu dispose *(prov.)* der Mensch denkt, Gott lenkt *(Sprichw.)*
manger le bon Dieu zum Tisch des Herrn/zur Kommunion gehen
ne craindre ni Dieu ni le diable weder Tod noch Teufel fürchten; vor nichts zurückschrecken
ne croire ni à Dieu ni à diable weder an Gott noch an den Teufel glauben; ungläubig sein

DISQUE **c'est toujours le même disque** *voir chanson*

DIVISER diviser pour (mieux) régner teile und herrsche!; divide et impera! *(geh.)*

DOIGT mettre le doigt dans l'engrenage in ein Räderwerk geraten

DOS renvoyer deux adversaires dos à dos die beiden Gegner gleichermaßen abweisen; keinem der beiden Gegner recht geben

E

ÉCOLE faire école Schule/Beispiel machen

ÉCORCE mettre le doigt entre l'arbre et l'écorce *voir arbre*

ÉCOUTE mettre qqn. sur écoute (téléphonique) jmds. Telefongespräche abhören; jmds. Telefonleitung anzapfen

ÉCRASER écraser/étouffer qqch. dans l'œuf *voir avorter*

ÉMINENCE une éminence grise eine graue Eminenz

ENCLUME se trouver/être entre le marteau et l'enclume *voir arbre*

ÉTOUFFER étouffer un scandale einen Skandal vertuschen

ÉVANGILE c'est parole d'évangile das ist ein Evangelium (für jmdn.)

F

FAGOT sentir le fagot ketzerische Ansichten haben

FER être le fer de lance (de qqch.) der Vorkämpfer (von etwas) sein

FIGURE être la figure de proue (d'un mouvement) die Galionsfigur (einer Bewegung) sein

FOI être sans foi ni loi ; n'avoir ni foi ni loi weder Glauben noch Moral besitzen
la foi du charbonnier
voir charbonnier

“une éminence grise”
Nom donné au principal conseiller de Richelieu, un mystérieux personnage, le père Joseph, auquel l'Éminence rouge ne dédaignait pas de confier de délicates et périlleuses entreprises. L'écrivain Robert Merle le décrit comme un ecclésiastique dégageant … un fumet monacal.

“la foi du charbonnier”
Et pourquoi donc, on se le demande, un charbonnier serait-il plus croyant ou plus crédule qu'un ramoneur, qu'une danseuse étoile ou qu'un collectionneur de tampons encreurs du Bechouanaland oriental ? Tout provient de ce centenier, officier romain, dont Jésus-Christ soigna l'enfant. Par suite, centeniers et charbonniers s'unirent dans le vocabulaire populaire pour exprimer une foi naïve et sans concession. Cette expression est parfois confondue, mais faussement, avec la farouche détermination des «carbonari» (révolutionnaires de la société secrète de la Charbonnerie).
cf. ÉMINENCE et cf. FOI

FORCE un cas de force majeure ein Fall von höherer Gewalt

FOULE prendre un bain de foule *voir bain*

FROC jeter le/son froc aux orties den Priesterberuf aufgeben; in den Laienstand zurückkehren

G

GÉOMÉTRIE à géométrie variable mit variabler/veränderbarer Geometrie; wandelbar

GIROUETTE virer comme une girouette sich drehen wie eine Wetterfahne; sein Fähnchen nach dem Wind drehen; seine Meinung wie sein Hemd wechseln

GRAIN séparer le bon grain de l'ivraie die Spreu vom Weizen trennen

GRENOUILLE être une (vraie) grenouille de bénitier *voir bénitier*

GUERRE partir en guerre *voir croisade*

H

HABIT prendre l'habit in einen Orden eintreten *bzw.* Priester werden
quitter l'habit die Kutte/Ordenstracht *bzw.* das Priestergewand ablegen

HISTOIRE c'est toujours la même histoire *voir chanson*

HOMME l'homme propose, Dieu dispose *(prov.) voir Dieu*

HURLER hurler avec les loups mit den Wölfen heulen

I

ICEBERG la partie visible/émergée de l'iceberg die Spitze des Eisbergs

IVRAIE séparer le bon grain de l'ivraie *voir grain*

J

JOUR mettre qqch. au grand jour ans Tageslicht/an den Tag bringen

JUSQU'AU-BOUTISTE être (un) jusqu'au-boutiste ein Hardliner sein; einen harten politischen Kurs einschlagen

L

LANGUE pratiquer la langue de bois Phrasen dreschen; leere Parolen von sich geben

LICE entrer en lice die Arena betreten; mitmischen/-tun; mit von der Partie sein

LIÈVRE c'est là que gît le lièvre da liegt der Hase im Pfeffer
lever un lièvre in ein Wespennest greifen/stechen; ein heikles Thema anschneiden

LOUP hurler avec les loups *voir hurler*

LUMIÈRE faire (toute) la lumière sur qqch. eine Sache (völlig) aufklären

LUNE promettre la lune (à qqn.) jmdm. das Blaue vom Himmel (herunter) versprechen

M

MAIN pratiquer la politique de la main tendue eine Versöhnungspolitik betreiben

MARE **c'est le pavé dans la mare** das schlägt ein wie eine Bombe; die Sache schlägt Wellen

MARTEAU **se trouver/être entre le marteau et l'enclume** *voir arbre*

MINISTRE **la valse des ministres** der ständige Wechsel der Minister; die ständigen Kabinettsumbildungen

MOULIN **un moulin à prières** ein Frömmler

N

NORMAND **donner/faire une réponse de Normand** eine ausweichende Antwort geben; weder ja noch nein sagen

NOYAU **le noyau dur** der harte Kern

O

ŒUF **tuer/écraser/étouffer/détruire qqch. dans l'œuf** *voir avorter*

OFFICE **les bons offices** gute Dienste; Vermittlung
un Monsieur bons offices ein Mittelsmann; ein Vermittler; ein Unterhändler

OPÉRATION **par l'opération du Saint-Esprit** durch eine Fügung des Himmels; wie durch ein Wunder

P

PAVÉ **jeter un pavé dans la mare** *voir mare*

PEAU **faire peau neuve** sich verändern; sich verwandeln

PÉCHER **pécher par (ignorance, bêtise, etc.)** aus (Unwissenheit, Dummheit usw.) sündigen

PÉLERIN **prendre son bâton de pélerin** *voir bâton*

PISTE **brouiller les pistes** *voir brouiller*

POINT **être au point mort** an einem toten Punkt angelangt sein
un point chaud ein heißes Eisen; eine brennende Frage

POLITICARD **un politicard** ein skrupelloser Politiker

POLITIQUE **pratiquer la politique de la chaise vide** *voir chaise*

PORTEFEUILLE **la valse des portefeuilles** *voir ministre*

POSITION **durcir ses positions** eine unnachgiebigere Position einnehmen
prendre position Stellung nehmen/beziehen
rester/camper sur ses positions auf seinem Standpunkt beharren

PRÊCHER **prêcher dans le désert** ein Rufer/Prediger in der Wüste sein

“prêcher dans le désert”
Encore du latin : « Vox clamans in deserto »… Jésus fit sa traversée du désert, avant que sa parole ne se répandît comme l'on sait. C'est le lot de nombre de grands de ce monde. Conclusion : que vous prêchiez dans le désert ou seul après le dessert, ne vous découragez pas. La gloire vous attend peut-être.
cf. PRÊCHER

prêcher pour sa paroisse/son saint in eigener Sache reden/sprechen
prêcher un converti/un convaincu (bei jmdm.) offene Türen einrennen

PROFIL **garder (un) profil bas** zurückhaltend sein; sich im Hintergrund halten

PROMESSE **des promesses en l'air** leere Versprechungen

PROPHÈTE **nul n'est prophète dans/en son pays** *(prov.)* der Prophet gilt nichts in seinem Vaterland *(Sprichw.)*

PUNAISE **être une punaise de sacristie** *voir bénitier*

PUR **pur et dur ; pur jus** unnachgiebig; unerbittlich; kompromißlos

R

RACINE **prendre/couper le mal à la racine** das Übel an der Wurzel packen
s'attaquer aux racines du mal das Übel mit der Wurzel ausreißen

RAISON **la raison d'État** die Staatsräson

RATISSER **ratisser large** seine Netze überall auswerfen

RAZ **un raz de marée (électoral)** ein Erdrutschsieg (im Wahlkampf)

RELIGION **la religion est l'opium du peuple** Religion ist Opium für das Volk

RÊNE **tenir les rênes (du pouvoir)** die Zügel (der Macht) in der Hand halten

RENGAINE **c'est toujours la même rengaine** *voir chanson*

RETOURNER **retourner sa veste** *voir bord*

ROUTIER **un vieux routier de la politique** ein alter Routinier in der Politik

ROYALISTE **être plus royaliste que le roi** *voir catholique*

S

SABRE **le sabre et le goupillon** die Armee und die Kirche

SCANDALE **étouffer un scandale** *voir étouffer*

SELLETTE **être sur la sellette** aufs Korn genommen werden; auf der Anklagebank sitzen

SINCÉRITÉ **avoir des sincérités successives** *voir bord*

SOLDE **être à la solde (d'une puissance étrangère)** im Sold (einer ausländischen Macht) stehen

“la religion est l'opium du peuple”
C'est Lénine qui a popularisé cette formule de Marx, mais ils n'avaient rien inventé, car ils reprenaient ainsi un thème philosophique cher aux Lumières : le peuple trompe sa misère en s'adonnant aux illusions de la religion. Pour certaines écoles de la pensée libre-exaministe, la religion revêt donc un caractère mystificateur. Le débat reste ouvert…
cf. RELIGION

SON **n'avoir/n'entendre qu'un** (seul) **son de cloche** *voir cloche*

SORCIÈRE **une chasse aux sorcières** *voir chasse*

SOUFRE **sentir le soufre** *voir fagot*

SOURCE **de source sûre** aus maßgeblicher/sicherer Quelle

SOURIS **jouer au chat et à la souris** *voir chat*

SPHÈRE **les hautes sphères du pouvoir/de la politique** die führenden politischen Kreise

T

TABLE **faire table rase** (de qqch.) Tabula rasa/reinen Tisch machen (mit etwas); gründlich aufräumen (mit etwas)

TACHE **faire tache d'huile** sich (allmählich) verbreiten; sich (nach und nach) durchsetzen

TANGENTE **prendre la tangente** einer Frage ausweichen; um den heißen Brei reden

TEINT **bon teint** überzeugt; wahr; treu

TERRAIN **trouver un terrain d'entente** eine Verständigungsgrundlage finden; etwas auf einen gemeinsamen Nenner bringen

TOPO **c'est toujours le même topo** *voir chanson*

TUER **tuer qqch. dans l'œuf** *voir avorter*

U

UNION **l'union fait la force** Einigkeit macht stark

V

VALSE **la valse des ministres/portefeuilles** *voir ministre*

VESTE **retourner sa veste** *voir bord*

VIOLON **accorder ses violons** *voir accorder*

VOILE **prendre le voile** den Schleier nehmen; Nonne werden

VOIX (ne pas) **avoir voix au chapitre** *voir chapitre*

VOTER **voter utile** taktisch wählen

20

La matière grise

Agités du bocal, ânes bâtés, fins renards et bêtes à concours, oyez, oyez ! Pour éviter de perdre la boussole ou d'avoir l'air dur de la comprenette, passez ce chapitre au crible, en long, en large et en travers. Il vous permettra de mettre le doigt sur les bonnes expressions et vos interlocuteurs en resteront babas. Au fond, la matière grise, c'est bête comme chou.

A

A **prouver/démontrer qqch. par A plus B** etwas klipp und klar beweisen

ABORD **au premier abord ; de prime abord** auf den ersten Blick; zunächst

ACQUIT **par acquit de conscience** um ganz sicher zu gehen; um sein Gewissen zu beruhigen

AGITÉ **un agité du bocal** ein Verrückter; ein Wahnsinniger; ein Geistesgestörter

AIGLE **ce n'est pas un aigle** er ist kein großes Licht; er ist nicht besonders hell(e)

ALLEMAND **c'est du haut allemand** das sind für mich böhmische Döfer

AMBULANT **un dictionnaire/une encyclopédie ambulant**(e) ein wandelndes Wörterbuch/Lexikon

ANDOUILLE **faire l'andouille** den Dummkopf/Trottel spielen

ÂNE **un âne** (**bâté**) ein Esel; ein Kamel; ein Rindvieh

ANTENNE **avoir des antennes** den sechsten Sinn haben; eine Antenne (für etwas) haben

ARAIGNÉE **avoir une araignée dans le plafond** nicht alle Tassen im Schrank haben; einen Dachschaden haben; nicht ganz richtig im Oberstübchen sein; nicht (mehr) richtig ticken; einen Vogel haben; einen Sparren haben

ARBRE **les arbres cachent la forêt** *(prov.)* man sieht den Wald vor lauter Bäumen nicht *(Sprichw.)*

ARGUMENT **un argument massue** ein schlagendes Argument

AVERSE **ne pas être né de la dernière averse** nicht von gestern sein

AVEUGLE **au royaume des aveugles, les borgnes sont rois** *(prov.)* unter den Blinden ist der Einäugige König *(Sprichw.)*

AVIS **deux avis valent mieux qu'un** *(etwa)* es ist klug, eine zweite Meinung einzuholen

“ce n'est pas un aigle”
Depuis la plus haute antiquité, l'aigle représente la force supérieure (l'aigle romaine, l'aigle autrichienne à deux têtes ou l'aigle américaine). C'est pourquoi sa puissance, son regard pénétrant et son envergure se sont naturellement appliqués aux qualités reconnues aux grands hommes (à leur intelligence surtout). Ainsi, Bossuet fut-il surnommé «l'aigle de Meaux» et Napoléon «l'aigle» tout court.

“faire l'andouille”
Que les habitants de Vire et d'ailleurs me pardonnent : je n'ai pas inventé cette expression qui décrie leur succulente spécialité. C'est par référence au membre viril, réputé idiot, que l'andouille a pris cette désagréable tournure. Je proteste, mais Brassens objecte à juste titre qu'il est également scandaleux de donner un sens péjoratif à la plus douce partie de la femme. Dans ce cas…
cf. AIGLE et cf. ANDOUILLE

il change d'avis comme de chemise er wechselt seine Meinung wie seine Hemden

B

BABA **(en) rester baba** verblüfft/sprachlos/baß erstaunt sein

B.A.-BA **le b.a.-ba de qqc.** die Anfangsgründe/Grundlagen von etwas

BERCER **il a été bercé un peu près du mur** er ist als Kind zu heiß gebadet worden

BESTIAL **être bestial** eine Intelligenzbestie sein

BÊTE **bête comme chou** kinderleicht; ein Kinderspiel; nichts leichter als das

BÊTE **être une bête** *voir bestial*
faire la bête *voir andouille*
il est bête à manger du foin er ist dumm wie Bohnenstroh; er ist stroh-/saudumm *(derb)*; er ist so dumm, daß er brummt
une bête à concours ein Streber

BORGNE **au royaume des aveugles, les borgnes sont rois** *(prov.) voir aveugle*

BOSSE **avoir la bosse (des maths)** gut in Mathe sein; ein Mathe-As sein

BOUCHE **(en) rester bouche bée** *voir baba*

BOUCHER **bouché (à l'émeri)** *voir bête (à manger du foin)*

BOULE **perdre la boule** überschnappen; seinen Verstand verlieren

BOURRICHON **monter le bourrichon à qqn.** jmdm. Flausen in den Kopf setzen; jmdn. auf dumme Gedanken bringen; jmdn. aufhetzen
se monter le bourrichon sich in etwas hineinsteigern; sich etwas einreden

BOUSSOLE **perdre la boussole** *voir boule*

BOUT **il a un mot/nom sur le bout de la langue** ihm liegt das Wort/der Name auf der Zunge

BOUTEILLE **c'est la bouteille à l'encre** das ist eine (ziemlich) undurchsichtige/verworrene Angelegenheit

BRAS **les bras m'en tombent** da bin ich baff/platt/sprachlos

BROUILLER **être brouillé avec les dates/les chiffres** mit Daten/Zahlen auf Kriegsfuß stehen; sich Daten/Zahlen einfach nicht merken können

C

CABOCHE **fourre-toi bien ça dans la caboche !** merk dir das gut!; schreib dir das hinter die Ohren!

CASE **avoir une case en moins/une case vide** *voir araignée*

CASSE-TÊTE **un casse-tête (chinois)** eine harte Nuß

CENT **je vous/te le donne en cent !** das raten Sie/rätst du nie!

CERVELLE **avoir une cervelle de moineau** ein Spatzenhirn haben *(voir aussi bête [à manger du foin])*
avoir/être une tête sans cervelle ein Hohl-/Strohkopf sein; keine Grütze im Kopf haben

se creuser la cervelle sich den Kopf zerbrechen; sich das Hirn zermartern

CHAPEAU **travailler du chapeau** *voir araignée*

CHAT **donner sa langue au chat** (es) aufgeben

CHEVAL **miser sur le mauvais cheval** auf das falsche Pferd setzen

CHEVEU **c'est tiré par les cheveux** das ist an den Haaren herbeigezogen

CHIFFONNER **ça me chiffonne** das stört/nervt mich; das geht mir gegen den Strich

CHINOIS **c'est du chinois** *voir allemand*

CHOUCROUTE **pédaler dans la choucroute** auf der Stelle treten; sich (unnütz) abstrampeln; nicht vorankommen

CINGLÉ **(complètement) cinglé** bekloppt; bescheuert; behämmert; meschugge; plemplem

CIRAGE **être dans le cirage** nicht klarsehen; keinen Durchblick haben

CLAIR **c'est clair comme de l'eau de roche** das ist (doch) sonnenklar/klar wie Klärchen
c'est clair comme de l'eau de vaisselle/du jus de boudin das ist (doch) klar wie Kloßbrühe/dicke Tinte

CLOU **enfoncer le clou** (jmdm.) etwas einhämmern/-trichtern

CŒUR **en avoir le cœur net** Gewißheit haben; ganz sicher sein

COIN **en boucher un coin à qqn.** jmdn. verblüffen/verdutzen/überrumpeln

COLLE **poser une colle à qqn.** jmdm. eine knifflige Frage stellen; jmdn. in die Enge treiben

COLOMB **c'est l'œuf de Christophe Colomb** das ist das Ei des Kolumbus

COMBAT **c'est un combat de nègres dans un tunnel** *(etwa)* das ist eine undurchsichtige/nebulöse Angelegenheit

COMPRENETTE/COMPRENURE **dur de la comprenette/comprenure** schwer von Begriff/Kapee sein

COMPTE **au bout du compte ; tout compte fait ; tous comptes faits** im Grunde genommen; im Endeffekt; alles in allem

COMPTEUR **avoir la tête comme un compteur à gaz** eine Matschbirne haben

CON **con comme un balai ; con comme un manche (à balai) ; con comme la lune** *voir bête (à manger du foin)*
il a oublié d'être con so blöd/doof/dämlich ist er gar nicht
jouer au con *voir andouille*
ne pas être aussi con qu'on en a l'air nicht so dumm sein, wie man aussieht

CONFIDENCE **être dans la confidence** eingeweiht sein

COUCHE **en tenir une couche** *voir bête (à manger du foin)*

COUDRE **c'est cousu de fil blanc** das ist leicht zu durchschauen; das ist fadenscheinig

COUP **être dans le coup** auf dem laufenden sein; im Bilde sein

COURANT **être au courant** *voir coup*

COUTURE **regarder/examiner qqch./qqn. sous toutes les/ses coutures** etwas/jmdn. auf Herz und Nieren prüfen

CRÂNE **bourrer le crâne à qqn. ; faire du bourrage de crâne à qqn.** jmdn. mit Informationen/Faktenwissen vollstopfen/überfüttern

CRIBLE **passer qqch. au crible** etwas unter die Lupe nehmen

CROIRE (**être comme saint Thomas,**) **ne croire que ce que l'on voit** (ein ungläubiger Thomas sein,) nur glauben, was man sieht

CUL **tomber le cul par terre ; (en) tomber/rester sur le cul** *voir* ***baba***

CUTI **virer sa cuti** seine Einstellung/Gesinnung ändern

D

DÉBARQUER **tu débarques ?** du lebst wohl hinter dem Mond?

DÉBLOQUER **tu débloques !** red keinen Unsinn/Stuß!; quatsch nicht so dämlich/blöd!

DEBOUT **ça ne tient pas debout** das hat weder Hand noch Fuß; das ergibt keinen Sinn

DÉCOR **connaître l'envers du décor** hinter die Kulissen geblickt haben; die wahren Verhältnisse kennen

DEGRÉ **prendre qqch. au premier degré** etwas wortwörtlich nehmen

DÉTENTE **dur/long à la détente** eine lange Leitung haben; auf der Leitung stehen

DEUX **lui et les maths, ça fait deux** Mathe ist nicht sein Ding; von Mathe hat er keinen blassen Schimmer/nicht die leiseste Ahnung

DICTIONNAIRE **un dictionnaire ambulant** *voir* ***ambulant***

DINGUE (**complètement**) **dingue** *voir* ***cinglé***

DIRE **ça dit bien ce que ça veut dire** das drückt gut aus, was gemeint ist
ça ne me dit rien (**du tout**) das sagt mir (gar) nichts

DISJONCTER **tu disjonctes !** du hast wohl einen Sprung in der Schüssel!; bei dir hackt's wohl! *(voir aussi* ***débloquer****)*

DOIGT **mettre le doigt sur qqch.** auf etwas hin-/verweisen; etwas aufzeigen
mon petit doigt me l'a dit das sagt mir mein kleiner Finger
savoir/connaître qqch. sur le bout du/des doigt(s) etwas in- und auswendig können
se mettre/se fourrer/se foutre le doigt dans l'œil (jusqu'au coude) sich gewaltig irren/täuschen; schiefgewickelt sein

DOUTE **dans le doute, abstiens-toi** laß im Zweifel lieber die Finger davon
il n'y a pas l'ombre d'un doute es besteht nicht der leiseste/geringste Zweifel

DUR **dur de la comprenette/comprenure** *voir* ***comprenette/comprenure***

E

EAU **ne pas avoir inventé l'eau chaude** nicht bis drei zählen können; keine Leuchte sein

ÉCOLE **à bonne école** in einer guten Lehre/Schule sein

ENCYCLOPÉDIE **une encyclopédie ambulante** *voir* ***ambulant***

ENTRAVER **j'y entrave que dalle/que couic/que pouic** ich verstehe nichts/kein Wort

ERREUR **erreur profonde ! ; grave erreur !** das stimmt überhaupt nicht!; da liegen Sie/liegst du völlig falsch!; da irren Sie sich/irrst du dich gewaltig!
l'erreur est humaine ; errare humanum est *(latin)* Irren ist menschlich

ESPRIT **avoir l'esprit d'escalier/de l'escalier** Treppenwitz haben; alles andere als schlagfertig sein
les grands esprits se rencontrent zwei Seelen und ein Gedanke
rassembler ses esprits sich sammeln; sich zusammennehmen

EXCEPTION **c'est l'exception qui confirme la règle** Ausnahmen bestätigen die Regel

EXPLIQUER **je t'explique pas !** das kannst du dir ja vorstellen!

F

FIL **c'est cousu de fil blanc** *voir coudre*
ne pas avoir inventé le fil à couper le beurre *voir eau*
perdre le fil (de ses idées) den Faden verlieren

FLÈCHE **ce n'est pas une flèche** *voir aigle*

FOLIE **c'est de la folie furieuse/douce/pure** das ist heller Wahnsinn

FORÊT **les arbres cachent la forêt** *(prov.) voir arbre*

FORT **ce n'est pas mon fort** das ist nicht meine Stärke/meine starke Seite

FOU **fou à lier** total verrückt; völlig übergeschnappt; reif fürs Irrenhaus *(voir aussi cinglé)*

G

GARDE **être sur ses gardes** auf der Hut sein; sich vorsehen

GÂTER **ne pas avoir été gâté par la nature** nicht gerade mit Weisheit gesegnet sein

GIROUETTE **être une vraie girouette** eine Wetterfahne sein; ein Wendehals sein

GOURER (SE) **se gourer (complètement)** *voir doigt : se mettre le doigt dans l'œil*

GRAIN **avoir un (petit) grain** *voir araignée*

GRAINE **en prendre de la graine** sich ein Beispiel daran nehmen

I

IDÉE **avoir de la suite dans les idées** konsequent/beharrlich/hartnäckig sein; sich nicht so leicht von seinem Vorhaben abbringen lassen
avoir les idées larges vorurteilsfrei/freisinnig sein; liberal denken
avoir une idée derrière la tête einen Hintergedanken haben
avoir une idée fixe eine fixe Idee haben
(il) y a de l'idée da ist was dran; da magst du/mögen Sie recht haben
remettre les idées en place à qqn. jmdn. den Kopf zurechtrücken

IDIOT **ne pas mourir idiot** nicht in Unwissenheit sterben

IGNORER (S') **être un poète (romancier, etc.) qui s'ignore** ein Dichter (Schriftsteller usw.) sein, ohne es zu wissen

IMBÉCILE **être un imbécile heureux** ein ausgemachter Idiot sein
n'avoir rien d'un imbécile ; ne pas être le quart/la moitié d'un imbécile nicht blöd sein; kein Dummkopf sein

IMPORTER **(c'est) n'importe quoi !** (so ein) Quatsch/Unsinn/Unfug!

IROQUOIS **c'est de l'iroquois** *voir allemand*

J

JACQUES **faire le Jacques** *voir andouille*

JE NE SAIS QUOI **un je ne sais quoi** das gewisse Etwas

JOUER **où t'as vu jouer ça ?** wie kommst du denn auf die Idee?; du hast aber auch Ideen!

JOUR **percer qqch./qqn. à jour** etwas/jmdn. durchschauen

L

LANGUE **avoir un mot/un nom sur le bout de la langue** *voir bout*
donner sa langue au chat *voir chat*

LANTERNE **éclairer la lanterne de qqn.** jmdn. aufklären/einweihen

LATIN **y perdre son latin** mit seinem Latein/seiner Weisheit am Ende sein

LAVAGE **un lavage de cerveau** eine Gehirnwäsche

LÉGÈRE **prendre qqch. à la légère** etwas leicht/auf die leichte Schulter nehmen

LETTRE **prendre qqch. au pied de/à la lettre** etwas wörtlich nehmen

LIEUE **j'étais à cent lieues de penser que…** ich hätte nicht geglaubt/gedacht/vermutet, daß …; ich wäre nie auf die Idee gekommen, daß …

LIGNE **entrer en ligne de compte** in Betracht/in Frage kommen
lire entre les lignes zwischen den Zeilen lesen

LINOTTE **avoir/être une tête de linotte** *voir (avoir/être une tête sans) cervelle*

LIRE **lire à livre ouvert dans qqn.** in jmdm. wie in einem offenen Buch lesen
lire en diagonale (einen Text) überfliegen/anlesen/diagonal lesen

LORGNETTE **regarder les choses par le petit bout de la lorgnette** nicht über den Tellerand hinausgucken

LUMIÈRE **faire (toute) la lumière sur qqch.** eine Sache (völlig) aufklären
ne pas être une lumière *voir eau*

LUNE **con comme la lune** *voir bête (à manger du foin)*
être dans la lune nicht bei der Sache sein; geistesabwesend sein; mit seinen Gedanken ganz woanders sein

M

MABOUL **être maboul** *voir cinglé*

MACHINE **avoir la tête comme une machine à gaz** *voir compteur*

MAIN **en mettre sa main au feu** seine Hand dafür ins Feuer legen

MALIN **à malin, malin et demi** auf einen Schlauen gehört ein Überschlauer; auf einen Schelm anderthalbe

il est malin comme un singe das ist ein schlauer/gewiefter/gerissener Bursche

MARTEAU complètement marteau *voir cinglé*

MASSE à la masse *voir cinglé*

MATIÈRE faire travailler sa matière grise seinen Grips anstrengen
la matière grise die grauen Zellen

MÉMOIRE avoir la mémoire comme une passoire ein Gedächtnis wie ein Sieb haben
avoir une mémoire d'éléphant ein Gedächtnis wie ein Elefant haben
avoir un trou de mémoire einen Filmriß/Blackout haben

MÉTRO avoir un métro de retard hinterherhinken; die Gelegenheit verpaßt haben

MILLE je vous/te le donne en mille ! *voir cent*

MOUCHE une fine mouche ein Schlaukopf; ein Pfiffikus

MUSIQUE connaître la musique wissen, wie der Hase läuft

N

NAÎTRE ne pas être né de la dernière averse/pluie *voir averse*

NEZ à vue de nez schätzungsweise; über den Daumen gepeilt
ne pas voir plus loin que le bout de son nez nicht weiter sehen, als die Nase reicht

NŒUD faire un nœud à son mouchoir sich einen Knoten ins Taschentuch machen

NORD ne pas perdre le nord nicht den Kopf verlieren; nicht aus der Fassung geraten
perdre le nord den Überblick verlieren; völlig durcheinandergeraten

NUAGE avoir la tête dans les nuages *voir lune*

NUE tomber des nues aus allen Wolken fallen

NUIT la nuit porte conseil *(prov.)* guter Rat kommt über Nacht *(Sprichw.)*

O

ŒILLÈRE avoir des œillères Scheuklappen tragen; mit Scheuklappen durchs Leben gehen

ŒUF c'est l'œuf de Christophe Colomb *voir Christophe Colomb*
quel œuf ! so ein Dummkopf/Idiot!

“c'est l'œuf de Christophe Colomb”
Si un œuf dur ne tient pas debout, frappez-en le gros bout pour l'aplatir : il tiendra. Simple ! Il suffisait d'y penser. Comme son illustre prédécesseur antique Alexandre – qui trancha d'un seul coup le nœud gordien qu'on le défiait de dénouer – Colomb prouve qu'il est d'efficace politique de modifier les conditions d'un problème pour le résoudre.
cf. ŒUF

P

PANTOUFLE **raisonner comme une pantoufle** Unsinn/dummes Zeug reden

PARFUM **être au parfum** Bescheid wissen; auf dem laufenden sein
mettre qqn. au parfum jmdn. unterrichten/ins Bild setzen

PART **faire la part des choses** den Dingen Rechnung tragen

PASSAGE **avoir un passage à vide** geistig weggetreten sein; Mattscheibe haben

PASSOIRE **avoir la mémoire comme une passoire** *voir mémoire*

PÉDALE **perdre les pédales** kopflos werden; nicht mehr ein noch aus wissen; sich nicht mehr zu helfen wissen

PÉDALER **pédaler dans la choucroute/ dans la semoule/le yaourt** *voir choucroute*

PEIGNE **passer qqch. au peigne fin** *voir crible*

PENSE-BÊTE **un pense-bête** eine Merkhilfe; eine Gedächtnisstütze; eine Eselsbrücke

PÈRE NOËL **croire au père Noël** (noch) an den Weihnachtsmann glauben

PESER **tout bien pesé** nach reiflicher Überlegung

PIED **avoir/garder les pieds sur terre** mit beiden Beinen (fest) auf der Erde stehen
bête comme ses pieds *voir bête (à manger du foin)*
prendre qqch. au pied de la lettre *voir lettre*

PIF **au pif ; au pifomètre** pi mal Schnauze; über den Daumen gepeilt

PIGER **j'y pige que dalle** *voir entraver*
piger qqch. etwas begreifen/ kapieren; etwas checken/fressen/ raffen/schnallen *(Jugendspr.)*

PIQUER **piqué (de la tarentule)** *voir araignée*

PLACER **être bien placé pour le savoir** es eigentlich (am besten) wissen müssen

PLAFOND **bas de plafond** *voir bête (à manger du foin)*

PLAQUE **être (complètement) à côté de la plaque** *voir doigt : se mettre le doigt dans l'œil*

PLEURER **bête à pleurer** *voir bête (à manger du foin)*

PLOMB **mettre du plomb dans la cervelle de qqn.** jmdn. von seinem Leichtsinn kurieren
péter les plombs *voir disjoncter*

PLUIE **ne pas être né/tombé de la dernière pluie** *voir averse*

POCHE **connaître qqch. comme (le fond de) sa poche** etwas wie seine Westentasche kennen

POIDS **c'est un argument de poids** das ist ein gewichtiges Argument

POIS **avoir un petit pois dans la tête** *voir cervelle : avoir une cervelle de moineau*

POMPE **marcher/être à côté de ses pompes** von der Rolle sein; danebensein; neben der Kappe sein

PONTOISE **tu reviens de Pontoise ?** *voir débarquer*

POT **découvrir le pot aux roses** hinter das Geheimnis kommen; der Sache auf die Spur kommen

POUDRE **ne pas avoir inventé la poudre** *voir eau*

POUR **peser le pour et le contre** das Für und Wider abwägen

PREUVE **faire la preuve par 9** die Gegenprobe machen; etwas genau nachprüfen

PROUVER **prouver qqch. par A plus B** voir *a*

PUCE **ça m'a mis la puce à l'oreille** das hat mich stutzig/mißtrauisch gemacht

PUITS **un puits de science/d'érudition** ein gelehrtes Haus *(hum.)*; ein Mensch mit einem unerschöpflichen Wissensschatz

Q

QUADRATURE **c'est la quadrature du cercle** das ist die Quadratur des Kreises

QUI-VIVE **être sur le qui-vive** *voir garde*

R

RAFRAÎCHIR **rafraîchir son anglais** sein Englisch auffrischen/-polieren

RECUL **prendre du recul par rapport à qqch.** Abstand von etwas gewinnen

REDESCENDRE **redescendre sur terre** wieder zur Realität zurückkehren; aus seinen Träumereien erwachen

RÈGLE **c'est l'exception qui confirme la règle** *voir exception*

RENARD **c'est un fin renard** das ist ein schlauer Fuchs; der hat es faustdick hinter den Ohren

RENVERSE **tomber à la renverse** *voir baba*

RESTE **avoir de beaux restes** noch auf Zack sein

RIMER **ça ne rime à rien** *voir debout*

ROI **le roi des cons** ein Volldepp/-idiot; ein Blödmann; ein (richtiges) Arschloch *(derb) (voir aussi con [comme un balai])*

ROND **il en est resté comme deux ronds de flan** vor Staunen den Mund nicht mehr zukriegen

ROUTE **ça ne tient pas la route** *voir debout*
faire fausse route auf dem Holzweg sein

S

SANG-FROID **garder son sang-froid** einen kühlen Kopf bewahren; gelassen bleiben

SAVOIR **être bien placé pour le savoir** *voir placer*
être payé pour le savoir etwas aus eigener Erfahrung wissen; etwas am eigenen Leib erfahren haben

SCIENCE **avoir la science infuse** die Weisheit mit Löffeln gefressen haben; die Weisheit für sich gepachtet haben

SCIER **scié** baff; platt; sprachlos

SECOUER **secoué** *voir cinglé*

SEMOULE **pédaler dans la semoule** *voir choucroute*

SENS **avoir un sixième sens** *voir antenne*
ça tombe sous le sens das liegt auf der Hand; das ist doch offensichtlich; das versteht sich von selbst

SENTIR (SE) **ne plus se sentir** nicht (ganz/recht) bei Trost sein

SIMPLE **c'est simple comme bonjour** *voir bête (comme chou)*

SORCIER **ce n'est pas (bien) sorcier** das ist keine Kunst/kein Kunststück; dazu gehört nicht viel

SOUFFLER **soufflé** *voir scier*

SOURCE **couler de source** sich zwangsläufig ergeben; die logische Folge sein

T

TAMBOUR **raisonner comme un tambour (mouillé/crevé)** *voir pantoufle*

TENANT **connaître les tenants et les aboutissants d'une affaire** die näheren Umstände einer Angelegenheit kennen; über die ganze Angelegenheit im Bild(e) sein

TERRE **être terre à terre** ein nüchterner/rationaler/prosaischer Mensch sein
redescendre sur terre *voir redescendre*

TÊTE **avoir/être une tête de linotte/sans cervelle** *voir cervelle : avoir une cervelle de moineau et (avoir/être une tête sans) cervelle*
avoir la tête dure ; avoir une tête de lard/de pioche eigensinnig sein; ein Dickkopf/-schädel sein
avoir la tête sur les épaules vernünftige Ansichten haben
avoir (toute) sa tête seinen Verstand beisammenhaben
avoir un (petit) vélo dans la tête *voir araignée*
avoir une tête de premier de la classe/premier communiant aussehen, als ob man nicht bis drei zählen könnte
ça (ne) va (pas) la tête ? du hast wohl was am Kopf?; bei dir ist wohl eine Schraube locker?
(en) donner sa tête à couper *voir main*
foncer tête baissée dans qqch. sich kopfüber in etwas stürzen
garder la tête froide *voir sang-froid*
il est tombé sur la tête der hat sie nicht mehr alle; bei dem ist die Sicherung durchgebrannt
la tête la première mit dem Kopf voran; kopfüber
la tête pensante de qqch. der kluge Kopf hinter etwas
monter la tête à qqn. *voir bourrichon*
ne pas avoir la tête à ça ; avoir la tête ailleurs keinen Kopf für so etwas haben; mit seinen Gedanken anderswo/nicht dabei sein
ne pas avoir toute sa tête seine fünf Sinne nicht (mehr) richtig beisammenhaben; nicht mehr recht bei Verstand sein
se casser la tête *voir (se creuser la) cervelle*
se taper la tête contre les murs durchdrehen; ausflippen
une (grosse) tête ein großer Geist; ein Denker; ein Intellektueller

TÊTU **être têtu comme une mule** *voir tête : avoir la tête dure*

THÈME **(un) fort en thème** ein Musterschüler

TILT **ça fait tilt (, le petit franc est tombé)** der Groschen ist gefallen

TOQUÉ/TOC-TOC toqué ; toc-toc
voir cinglé

TOUR avoir plus d'un tour dans son sac die verschiedensten Kniffe kennen; mit allen Wassern gewaschen sein

TRAIN avoir un train de retard
voir métro

TRAIT un trait de génie ein Geniestreich

TROU j'ai un trou (de mémoire) ich habe einen Aussetzer/Blackout

V

VAGUE rester (dans le) vague im Unklaren bleiben; sich nur unklar äußern

VALISE être con comme une valise
voir con (comme un balai)

VÉLO avoir un (petit) vélo dans la tête
voir araignée

VOILE lever le voile (de/sur qqch.) den Schleier lüften; die Wahrheit herausfinden

Y

YAOURT avoir du yaourt dans la tête
voir araignée
pédaler dans le yaourt
voir choucroute

Z

ZINZIN complètement zinzin *voir cinglé*

ZOUAVE faire le zouave den Clown spielen; herumalbern

21

Les stratégies, les envies, les possibilités

Quand le shérif entra dans ce saloon, Revolver-Joe assura ses arrières, et déclara : « quand il faut y aller, faut y aller. » Il alla de l'avant, sortit la grosse artillerie, revint à la charge, ne fit pas le détail et abattit son jeu ainsi que le serveur. « La balle est dans ton camp, shérif », hurla-t-il en faisant feu de tout bois. « Il faut ce qu'il faut », déclara ce dernier en relevant le gant et en descendant Joe. La fin ne justifie-t-elle pas les moyens ?

A

ABATTRE abattre ses cartes seine Karten aufdecken/offen auf den Tisch legen

ACCENT mettre l'accent sur qqch. den Nachdruck auf etwas legen; etwas betonen/hervorheben

ACQUIS tenir/considérer qqch. comme acquis etwas als selbstverständlich betrachten/hinnehmen

AFFAIRE ce n'est pas une mince affaire das ist keine Kleinigkeit/einfache Sache

AIGUILLE chercher une aiguille dans une botte/une meule/un tas de foin eine Stecknadel im Heuhaufen suchen

AIR sans avoir l'air d'y toucher ; sans en avoir l'air ohne es sich anmerken zu lassen; so als ob nichts wäre

AISE en prendre à son aise avec qqch. es mit etwas nicht so genau nehmen; es sich mit etwas leicht machen

VA à la va comme je te pousse ; à la va te faire fiche auf lieblose/nachlässige/schludrige/schlampige Art und Weise
quand (il) faut y aller, (il) faut y aller auf, in den Kampf! *(hum.)*

ALOUETTE le miroir aux alouettes Blendwerk; schöner Schein

ÂME se donner corps et âme à qqch. sich einer Sache ganz hingeben/mit Leib und Seele verschreiben

ANGUILLE il y a anguille sous roche da steckt (doch) etwas dahinter

ARRACHÉ avoir qqch. à l'arraché etwas mit großer Anstrengung/mit Ach und Krach schaffen

ARRIÈRE assurer/protéger ses arrières sich noch ein Hintertürchen offenhalten; nicht alle Brücken hinter sich abbrechen

ARRONDIR arrondir les angles die Wogen glätten

ARTILLERIE sortir la grosse artillerie/l'artillerie lourde schweres Geschütz auffahren; starke Gegenargumente anführen

AUTRUCHE faire (comme) l'autruche ; pratiquer la politique de l'autruche den Kopf in den Sand stecken; Vogel-Strauß-Politik betreiben

AVANT aller de l'avant kühn/entschlossen handeln; drauflosgehen

AVERTIR un homme averti en vaut deux gewarnt sein heißt gewappnet sein

AVOCAT se faire l'avocat du diable sich zum Anwalt des Teufels machen

“le miroir aux alouettes”
Les alouettes, oiseaux gracieux et doux, seraient-elles si coquettes qu'il leur faille un miroir pour s'admirer? Voilà une explication qui satisferait les poètes, mais qui n'a rien à voir avec la bonne: le miroir aux alouettes est un dispositif formé d'éléments scintillants, destiné à attirer les petits oiseaux. L'objet brillant, c'est bien connu, abuse plus facilement.
cf. ALOUETTE

B

BALANCE faire pencher la balance den Ausschlag geben; das Zünglein an der Waage sein

BALLE la balle est dans votre camp jetzt sind Sie/seid ihr dran/an der Reihe; jetzt sind Sie/seid ihr gefragt
saisir/prendre/attraper la balle au bond die Gelegenheit beim Schopf(e) packen/fassen/nehmen

BANC un banc d'essai ein Prüfstand

BANDE faire/prendre qqch. par la bande etwas hintenherum/auf Umwegen tun

BARRE avoir barre sur qqn. ein Druckmittel gegen jmdn. haben; jmdn. in der Hand haben
placer la barre haut große/hohe Erwartungen haben

BÂT c'est là où le bât blesse da drückt der Schuh; da hapert es

BÉMOL mettre un bémol à qqch. etwas dämpfen/abschwächen

BÊTE bête comme chou kinderleicht; ein Kinderspiel; nichts leichter als das

BEURRE battre le beurre auf der Stelle treten; sich (unnütz) abstrampeln; nicht vorankommen
vouloir le beurre et l'argent du beurre (et la fermière avec) *(etwa)* alles (haben) wollen; keine Kompromisse eingehen wollen

BLANC dire blanc puis noir ; dire tantôt blanc, tantôt noir heute so, morgen so/mal so, mal so sagen

BONHEUR au petit bonheur (la chance) auf gut Glück; aufs Geratewohl

BONJOUR simple comme bonjour *voir bête*

BOUC trouver un bouc émissaire einen Sündenbock finden

BOULET traîner le/son boulet ; s'attacher un boulet au pied einen Klotz am Bein haben

BRAQUET changer de braquet die Taktik/Strategie ändern

BRÈCHE battre (une théorie) en brèche (eine Theorie) systematisch zu entkräften/widerlegen suchen

BROUILLARD foncer dans le brouillard sich kopfüber in ein Unternehmen stürzen

C

CANARD il y a plusieurs façons de plumer un canard es gibt verschiedene Arten, jmdn. übers Ohr zu hauen/reinzulegen

CARTE abattre ses cartes *voir abattre*
brouiller les cartes die (Hintergründe der) Angelegenheit verschleiern; bewußt Verwirrung stiften
jouer sa dernière carte seinen letzten Trumpf ausspielen

CARTOUCHE brûler ses dernières cartouches sein letztes Pulver verschießen

CÉSAR il faut rendre à César ce qui est à César (et à Dieu ce qui est à Dieu) man soll dem Kaiser geben, was des Kaisers ist (, und Gott, was Gottes ist)

CHAMP laisser le champ libre à qqn. jmdm. freie Hand/Handlungsfreiheit lassen; jmdn. frei schalten und walten lassen

“il faut rendre à César ce qui est à César”

César Jules, ainsi évoqué par ce passage de l'Évangile intervenant traditionnellement le 22e dimanche après la Pentecôte: «Allez, hypocrites: rendez à César ce que vous confessez être à César et rendez à Dieu ce qui est à Dieu.» Une lecture laïque de ce texte peut induire une réflexion sur la séparationde l'Église et de l'État.

cf. CÉSAR

CHANCE **tenter/courir sa chance** sein Glück versuchen

CHANSON **ça, c'est une autre chanson** das ist etwas (ganz) anderes

CHARGE **revenir à la charge** nicht lockerlassen; sich nicht abweisen lassen

CHASSE **c'est chasse gardée !** das (hier) ist mein Revier!

CHAT **chat échaudé craint l'eau froide** *(prov.)* ein gebranntes Kind scheut das Feuer *(Sprichw.)*

CHÂTEAU **bâtir des châteaux en Espagne** Luftschlösser bauen

CHAUD **souffler le chaud et le froid** *voir* *blanc*

CHEMIN **ne pas y aller par quatre chemins** kurzen Prozeß machen; nicht viel Federlesens machen; nicht lange fackeln

CHÈVRE **ménager la chèvre et le chou** es mit keinem verderben wollen

CHIC **avoir le chic pour faire qqch.** eine besondere Begabung/ein besonderes Geschick/Talent dafür haben, etwas zu tun

CHIEN **garder/réserver un chien de sa chienne à qqn.** jmdn. für etwas büßen lassen; es jmdm. heimzahlen

CHOU **bête comme chou** *voir* *bête*

CHOUCROUTE **pédaler dans la choucroute** *voir* *(battre le) beurre*

CIEL **remuer ciel et terre** Himmel und Hölle/alle Hebel in Bewegung setzen

CŒUR **à cœur joie** nach Herzenslust
à cœur vaillant, rien d'impossible *(prov.)* dem Mutigen gehört die Welt *(Sprichw.)*
avoir à cœur de faire qqch. es sich angelegen sein lassen, etwas zu tun
si le cœur vous en dit wenn Sie Lust (dazu) haben; wenn Sie wollen/möchten

“bâtir des châteaux en Espagne”

«Quel esprit ne bat la campagne? Qui ne fait châteaux en Espagne?» interroge La Fontaine. Il aurait pu dire «des châteaux en Albanie» ou encore «des châteaux en Cocagne», expressions qui coexistaient alors. Cependant, «bâtir des châteaux en Espagne» a supplanté ses rivales, pour se mélanger à ces espagnolades en faveur, sortes de descriptions convenues d'une Espagne exotique figée dans les clichés.

cf. CHÂTEAU

CONSEILLEUR les conseilleurs ne sont pas les payeurs (das ist) leicht gesagt; (das ist) einfacher gesagt als getan

CONTRE peser le pour et le contre das Für und Wider/das Pro und Contra abwägen

CONTRECŒUR faire qqch. à contrecœur etwas widerwillig/mit Widerwillen tun

CONTRE-PIED prendre le contre-pied de qqch. genau das Gegenteil von etwas behaupten

COR réclamer/demander qqch. à cor et à cri etwas lauthals fordern

CORDE toucher/faire vibrer/faire jouer la corde sensible an jmds. Gefühle appellieren; es auf die sentimentale Tour versuchen

CORPS à son corps défendant widerstrebend; ungern; unfreiwillig
il faudra me passer sur le corps nur über meine Leiche
se donner corps et âme à qqch. *voir* *âme*
se lancer à corps perdu dans qqch. sich blindlings/unbesonnen in etwas stürzen

COTON c'est coton das ist knifflig/verzwickt/vertrackt

COUDE jouer des coudes die Ellbogen gebrauchen

COUP calculer son coup sich die Sache genau ausrechnen; einen genauen Plan machen
faire qqch. sur un coup de tête etwas spontan/un-überlegt/aus einer Laune heraus tun
risquer/tenter le coup den Versuch machen/wagen
sans coup férir ohne Schwierigkeiten; mühelos
un coup d'essai ein erster Versuch

COUPE il y a loin de la coupe aux lèvres *(prov.)* zwischen Glas und Lippe gibt's manche Klippe *(Sprichw.)*

COUPER couper dans le vif rigorose/drakonische Maßnahmen ergreifen; zum letzten/äußersten Mittel greifen
ne pas y couper nicht drumrumkommen

COURIR c'est couru (d'avance) kein Zweifel darüber; das ist todsicher
ne pas courir après qqch. nicht hinter etwas herlaufen/hinter einer Sache her sein

COUSCOUS pédaler dans le couscous *voir (battre le) beurre*

COUTURE battre qqn. à plates coutures jmdn. haushoch schlagen

CRÊPE retourner qqn. comme une crêpe jmdn. im Hand-umdrehen umstimmen/herumkriegen

CROIX c'est la croix et la bannière das ist eine (wahre) Tortur; damit hat man seine liebe Not

CUILLER ne pas y aller avec le dos de la (petite) cuiller nicht gerade zimperlich sein/vorgehen

CUIRE c'est du tout cuit *voir bête*
laisser qqn. cuire dans son jus jmdn. in seinem eigenen Fett schmoren lassen

D

DÉBROUILLER (SE) se débrouiller avec les moyens du bord zurechtkommen; zu Rande kommen; einen Ausweg finden

DÉBROUSSAILLER **débroussailler le terrain** den Weg ebnen; Vorbereitungen treffen

DÉCOUVERT **agir à découvert** aufrichtig/unverblümt handeln

DÉFI **jeter un défi à qqn.** jmdn. den Fehdehandschuh hinwerfen *(geh.)*; jmdm. den Kampf ansagen; jmdn. herausfordern
relever le défi den Fehdehandschuh aufnehmen *(geh.)*; eine Herausforderung annehmen

DÉGONFLER (SE) **se dégonfler** einen Rückzieher machen; den Schwanz einziehen

DÉMENER (SE) **se démener comme un beau diable pour avoir qqch.** sich für etwas die Beine ausreißen; etwas mit aller Gewalt haben wollen

DENTELLE **ne pas faire dans la dentelle** es nicht gerade auf die feine Tour machen

DÉPIT **faire qqch. en dépit du bon sens** etwas völlig planlos/unsystematisch durchführen

DÉSIR **prendre ses désirs pour des réalités** seine Wunschvorstellungen für Tatsachen halten; sich etwas vormachen

DÉTAIL **ne pas faire le détail** *voir dentelle*

DEVANT **prendre les devants (par rapport à qqn.)** jmdm. zuvorkommen; schneller sein (als der andere)

DÉVOILER **dévoiler son jeu** *voir abattre*

DIABLE **faire le diable à quatre** sich wie toll/wie ein Verrückter gebärden; wild herumtoben

DIEU **jurer ses grands dieux** Stein und Bein schwören

DIRE **c'est plus facile à dire qu'à faire ; faire et dire sont deux ; il est plus facile de dire que de faire** *voir conseilleur*

DOIGT **faire qqch. les (deux) doigts dans le nez** etwas mit links machen; etwas nebenbei/ohne besondere Anstrengung machen

DOUCE **en douce** heimlich; unauffällig; sang- und klanglos

DOUTER **ne douter de rien** unverfroren/dreist sein; ein Draufgänger sein

E

EAU **mettre de l'eau dans son vin** Abstriche machen; zurückstecken
nager entre deux eaux es mit keinem verderben wollen
se jeter à l'eau sich ein Herz fassen; den Stier bei den Hörnern packen

EFFET **couper ses effets à qqn.** jmdm. die Schau stehlen; jmdn. um seine Wirkung bringen
faire l'effet d'une bombe wie eine Bombe einschlagen

EMBRASSER **qui trop embrasse mal étreint** *(prov.)* wer viel faßt, läßt viel fallen *(Sprichw.)*

EMBROUILLER (S') **s'embrouiller les pinceaux/pédales** *voir (battre le) beurre*

EMMÊLER (S') **s'emmêler les pinceaux/pédales** *voir (battre le) beurre*

EMPLÂTRE **c'est (mettre) un emplâtre sur une jambe de bois** das ist überflüssig wie ein Kropf

ENFANCE **c'est l'enfance de l'art** *voir bête*

ÊTRE **y être pour quelque chose** etwas damit zu tun haben; seine Finger im Spiel haben

F

FACE **se voiler la face** seinen Blick abwenden; wegschauen

FACILITÉ **choisir/opter pour la solution de facilité** sich für die bequemste Lösung entscheiden; den Weg des geringsten Widerstandes gehen

FACTURE **garanti sur facture** garantiert; hundertprozentig

FAIM **la faim fait sortir le loup du bois ; la faim chasse le loup (hors) du bois** *(prov.)* der Hunger treibt den Fuchs aus dem Bau *(Sprichw.)*

FAIT **mettre qqn. devant le fait accompli** jmdn. vor vollendete Tatsachen stellen

FALLOIR **(il) faut ce qu'il faut** was sein muß, muß sein

FAUX **prêcher le faux pour connaître le vrai** etwas Falsches behaupten, um die Wahrheit zu erfahren

FAUX-SEMBLANT **user de faux-semblants** etwas unter Vorspiegelung falscher Tatsachen versuchen/tun

FEU **avoir le feu sacré** mit Feuereifer an etwas herangehen
être tout feu tout flamme Feuer und Flamme sein
faire feu de tout bois alle Mittel einsetzen; alle Minen springen lassen

FIL **être dans le droit fil de** auf der gleichen Linie liegen wie/mit
le fil d'Ariane der Ariadnefaden

FILER **filer doux** klein beigeben; kuschen

FILLE **la plus belle fille du monde ne peut donner que ce qu'elle a** *(etwa)* keiner kann mehr geben, als er hat

FIN **arriver à ses fins** sein(e) Ziel(e) erreichen; seinen Willen durchsetzen
la fin justifie les moyens *(prov.)* ; **qui veut la fin veut les moyens** *(prov.)* der Zweck heiligt die Mittel *(Sprichw.)*

FLÈCHE **faire flèche de tout bois** *voir* feu

FLEUR **comme une fleur** spielend; mühelos

FONTAINE **il ne faut pas dire fontaine (je ne boirai pas de ton eau)** *(prov.)* man soll niemals nie sagen *(Redew.)*

FORCE **présumer de ses forces** seine Kräfte überschätzen; sich zuviel zutrauen

FORME **sans autre forme de procès** kurzerhand; kurz entschlossen; mir nichts, dir nichts

“la fin justifie les moyens”
Vous trouvez? Débat vieux comme le monde, que dépoussière à la Renaissance Nicolas Machiavel ! Celui-ci estime qu'en politique, seule compte la fin à atteindre et non la valeur des moyens utilisés. Dans ses *Dialogues* (XXXI), Voltaire relance la réflexion : «mais la fin de l'action en sanctifie les moyens, et je vous absous pour toutes celles de même nature».

cf. FIN

FORT **c'est plus fort que moi** ich kann (einfach) nicht anders

FOUTRE **être (bien) foutu de faire qqch.** (es doch tatsächlich) fertigbringen; etwas zu tun; imstande sein, etwas zu tun

FRANCHIR **franchir le pas** *voir (se jeter à l')eau*

FRUIT **c'est au fruit que l'on connaît l'arbre** *(prov.)* an der Frucht erkennt man den Baum *(Sprichw.)*

FUSIL **changer son fusil d'épaule** umschwenken; seine Absichten/Pläne ändern

G

GAFFE **faire gaffe** aufpassen; sich in acht nehmen

GANT **prendre/mettre des gants avec qqn.** jmdn. mit Glacéhandschuhen anfassen
relever/jeter le gant *voir défi*

GARANTIR **garanti sur facture** *voir facture*

GÂTEAU **c'est du gâteau** *voir bête*
ce n'est/c'est pas du gâteau das ist keine Kleinigkeit; das ist kein Honig-/Zuckerschlecken
vouloir sa part du gâteau sich ein Stück Kuchen abschneiden wollen

GÊNER (SE) **je vais me gêner !** das wäre ja noch schöner!; das hätte ja gerade noch gefehlt!

GONFLER **gonflé à bloc** energiegeladen; zu allem entschlossen

GRÂCE **faire qqch. de/avec bonne grâce** etwas gern/bereitwillig tun

GRAIN **mettre un grain de sel sur la queue (d'un oiseau/moineau)** *(etwa)* das Unmögliche möglich machen
séparer le bon grain de l'ivraie die Spreu vom Weizen trennen
veiller au grain auf der Hut sein; sich vorsehen; aufpassen

GRÉ **bon gré mal gré ; de gré ou de force** wohl oder übel; ob man will oder nicht

GRIVE **faute de grives, on mange des merles** *(prov.)* in der Not frißt der Teufel Fliegen *(Sprichw.)*

GUÉRIR **mieux vaux prévenir que guérir** *(prov.)* Vorsicht ist besser als Nachsicht *(Sprichw.)*

H

HUSSARDE **à la hussarde** brutal; rabiat; rücksichtslos

“à la hussarde”
Corps militaire réputé au XVIIe siècle pour son peu de finesse et sa brutalité, les hussards ont donné vie à une série d'expressions signifiant l'indélicatesse et le peu de retenue.
cf. HUSSARDE

I

IMPASSE **faire l'impasse sur qqch.** etwas auslassen; etwas nicht berücksichtigen

IMPOSSIBLE **à l'impossible nul n'est tenu** *(prov.)* man kann von niemandem Unmögliches verlangen *(Sprichw.)*
impossible n'est pas français *(prov.) (etwa)* nichts ist unmöglich

IVRAIE **séparer le bon grain de l'ivraie** *voir* *grain*

J

JAMBE **c'est un emplâtre sur une jambe de bois** *voir* *emplâtre*
faire qqch. par-dessus/par-dessous la jambe etwas nachlässig/flüchtig/oberflächlich erledigen

JEU **abattre/dévoiler son jeu** *voir* *abattre*
c'est un jeu d'enfant *voir* *bête*
comprendre le petit jeu de qqn. jmdm. auf die Schliche kommen
être pris à son propre jeu sich in der eigenen Schlinge fangen
faire jeu égal avec qqn. jmdm. gewachsen sein; jmds. ebenbürtiger Gegner sein
faire le grand jeu (**à qqn.**) alles aufbieten (, um jmdn. für sich zu gewinnen)
jouer bon jeu bon argent aufs Ganze gehen
jouer franc jeu offen/ehrlich/fair spielen
jouer un double jeu *voir* *blanc*
se prendre/se piquer au jeu Gefallen/Geschmack an der Sache finden

JOINT **trouver le joint** (**pour faire qqch.**) einen Weg/ein Mittel/eine Möglichkeit/eine Lösung/Mittel und Wege finden (, um etwas zu tun)

JOKER **sortir/jouer son joker** seinen Joker setzen/ausspielen

JOUER **jouer sur les deux tableaux** auf zwei Karten setzen; es mit beiden Seiten halten

L

LANCER (SE) **se lancer à corps perdu dans qqch.** *voir* *corps*

LEST **lâcher du lest** teilweise nachgeben; Zugeständnisse/Konzessionen machen

LETTRE **au pied de la lettre, à la lettre** (wort)wörtlich
passer comme une lettre à la poste glatt gehen; reibungslos verlaufen

“impossible n'est pas français”
D'aucuns prétendent que cette formule, attribuée à Napoléon Bonaparte, signe le chauvinisme inhérent aux habitants de la Gaule. C'est manquer d'humour et d'ironie, autres traits dominants de l'Homo Hexagonis lambda. Dans *Les Gaîtés de l'Escadron*, charge cruelle contre l'esprit militaire, l'irrésistible Courteline fait de cette expression un usage des plus moqueurs, lequel est resté.
cf. IMPOSSIBLE

LIT comme on fait son lit, on se couche *(prov.)* wie man sich bettet, so liegt man *(Sprichw.)*

LOUP la faim fait sortir le loup du bois ; la faim chasse le loup (hors) du bois *(prov.) voir faim*

LUNE demander/vouloir la lune Unmögliches wollen/verlangen
promettre la lune (à qqn.) jmdm. das Blaue vom Himmel (herunter) versprechen
vouloir décrocher la lune die Sterne vom Himmel holen wollen

LUXE se payer/s'offrir le luxe de faire qqch. es sich leisten/erlauben, etwas zu tun

M

MACHINE faire machine/marche arrière einen Rückzieher machen; es sich anders überlegen

MAIN avoir qqch. sous la main etwas bei der Hand/griffbereit haben
(faire comme [Ponce] Pilate,) s'en laver les mains sich die Hände in Unschuld waschen
faire main basse sur qqch. sich etwas unter den Nagel reißen
forcer la main à qqn. jmdn. zu etwas zwingen/nötigen; jmdm. seinen Willen aufzwingen
mettre la main sur qqch./qqn. einer Sache/Person habhaft werden; sich einer Sache/Person bemächtigen; eine Sache/Person zu fassen kriegen
ne pas y aller de main morte *voir cuiller*

MAL aux grands maux, les grands remèdes *(prov.) (etwa)* großen Übeln muß man tatkräftig zu Leibe rücken
se donner du mal ; se donner un mal de chien sich (alle erdenkliche) Mühe geben

MALADE comme un malade wie ein Irrer/Verrückter

MANCHE ça, c'est une autre paire de manches *voir chanson*

MANCHE s'y prendre comme un manche sich ungeschickt/tolpatschig anstellen

MANIÈRE employer la manière forte Gewalt anwenden; mit harten Bandagen kämpfen

MARINER laisser/faire mariner qqn. *voir cuire*

MÉLANGER (SE) se mélanger les crayons/pinceaux/pédales *voir (battre le) beurre*

MÉNAGER ne pas ménager ses efforts *voir donner*

MER c'est pas/ce n'est pas la mer à boire das ist gar nicht so schwierig/schwer; das ist halb so schlimm; das ist nicht die Welt

MERLE faute de grives, on mange des merles *(prov.) voir grive*

MERVEILLE faire des merveilles ; faire merveille Wunder tun/vollbringen

MIEL être tout sucre, tout miel zuckersüß sein/tun; übertrieben freundlich/scheißfreundlich *(derb)* sein

MIEUX le mieux est l'ennemi du bien *(prov.)* das Bessere ist des Guten Feind *(Sprichw.)*

MIJOTER laisser qqn. mijoter dans son jus *voir cuire*

MINE **mine de rien** *voir air : sans avoir l'air d'y toucher*

MIROIR **le miroir aux alouettes** *voir alouette*

MOITIÉ **ne pas faire les choses à moitié** nur halbe Arbeit machen

MONT **promettre monts et merveilles** *voir (promettre la) lune*

MORT **faire qqch. la mort dans l'âme** etwas schweren Herzens tun

MORT **faire le mort** sich nicht rühren; nichts von sich hören lassen; sich in Schweigen hüllen

MOU **donner du mou** *voir lest*

MOUCHE **on ne prend pas les mouches avec du vinaigre** *(prov.)* mit Speck fängt man Mäuse *(Sprichw.)*

MOUILLER (SE) **se mouiller** sich auf etwas einlassen, ein Risiko eingehen

MOULIN **se battre contre des/les moulins à vent** gegen Windmühlen kämpfen

MOYEN **employer les grands moyens** *voir artillerie*

il n'y a pas moyen de moyenner da ist nichts zu machen

la fin justifie les moyens *(prov.)* ; **qui veut la fin veut les moyens** *(prov.) voir fin*

se débrouiller avec les moyens du bord *voir (se) débrouiller*

N

NAGER **nager complètement** *voir (battre le) beurre*

nager entre deux eaux voir *eau*

NÉCESSITÉ **nécessité fait loi** *(prov.)* Not kennt kein Gebot *(Sprichw.)*

NŒUD **trancher le nœud gordien** den gordischen Knoten durchhauen

O

ŒIL **ouvrir l'œil (et le bon)** wachsam sein; die Augen aufmachen/offenhalten

ŒUF **marcher sur des œufs** wie auf Eiern gehen; etwas behandeln/anfassen wie ein rohes Ei

OMELETTE **on ne fait pas d'omelette sans casser des œufs** *(prov.)* wo gehobelt wird, fallen Späne *(Sprichw.)*

OR **ne vouloir faire qqch. pour tout l'or du monde** etwas um keinen Preis der Welt/nicht um alles in der Welt tun wollen

OREILLE **se faire tirer l'oreille** (pour **faire qqch.**) sich lange bitten lassen (, etwas zu tun)

OUBLIETTE **jeter/mettre qqch. aux oubliettes** etwas auf ein totes Gleis schieben

P

PAIN **manger son pain blanc le premier** das Angenehme vorwegnehmen; mit dem Einfachen/Leichten zuerst beginnen

PARLER **trouver à qui parler** an den Richtigen/die richtige Adresse geraten

PART **faire la part du feu** etwas preisgeben/opfern, um anderes zu retten
vouloir sa part du gâteau *voir* ***gâteau***

PARTIE **avoir affaire à forte partie** es mit einem starken Gegner zu tun haben
avoir la partie belle leichtes Spiel haben

PAS **à pas de loups ; à pas feutrés** auf leisen Sohlen
faire le premier pas den ersten Schritt tun
franchir le pas *voir* ***(se jeter à l')eau***
il n'y a que le premier pas qui coûte *(prov.)* aller Anfang ist schwer *(Sprichw.)*

PASSE **être en passe de faire qqch.** auf dem besten Weg sein, etwas zu tun; gute Aussichten haben, etwas zu tun

PASSER **il faudra me passer sur le corps** *voir* ***corps***

PATTE **faire patte de velours** Samtpfötchen machen; die Krallen einziehen

PÉDALE **mettre la pédale douce** *voir* ***bémol***
perdre/s'emmêler/se mélanger/s'embrouiller les pédales *voir* ***(battre le) beurre***

PÉDALER **pédaler dans la choucroute/la semoule/le couscous/le yaourt** *voir* ***(battre le) beurre***

PEIGNE **passer qqch. au peigne fin** etwas durchkämmen; etwas sorgfältig untersuchen

PEINE **avoir toutes les peines du monde à faire qqch.** größte Mühe haben, etwas zu tun

PENDULE **remettre les pendules à l'heure** etwas klarstellen; sagen, was Sache ist

PERLE **jeter/donner des perles aux cochons/aux pourceaux** Perlen vor die Säue werfen

PERSISTER **(je) persiste et signe !** Schluß! Aus! Amen!; das ist mein letztes Wort!

PET **vouloir tirer des pets d'un âne mort** einer Kröte ein Haar ausreißen wollen; etwas Unmögliches versuchen

PIED **aller (quelque part) avec des pieds de plomb** sich (irgendwohin) schleppen; nur widerwillig/gezwungenermaßen (irgendwohin) gehen
de pied ferme unerschrocken; furchtlos
être au pied du mur mit dem Rücken zur Wand stehen
faire des pieds et des mains *voir* ***ciel***
faire qqch. comme un pied *voir* ***(s'y prendre comme un) manche***
ne pas/plus savoir sur quel pied danser weder aus noch ein wissen
ne pas se laisser marcher sur les pieds sich nicht auf der Nase herumtanzen lassen; nicht auf sich herumtrampeln lassen; sich nichts gefallen lassen

PIERRE **décoiffer/découvrir/déshabiller (saint) Pierre pour coiffer/couvrir/habiller (saint) Paul ; prendre à**

Pierre pour donner à Paul ein Loch aufmachen, um ein anderes (damit) zu stopfen

PILATE **(faire comme [Ponce] Pilate,) s'en laver les mains** *voir main*

PINCEAU **s'emmêler/se mélanger/s'embrouiller les pinceaux** *voir (battre le) beurre*

PIPI/PISSER **ça m'a pris comme une envie de faire pipi/de pisser** das ist einfach so über mich gekommen; da war ich nicht mehr zu halten

PISTE **brouiller les pistes** *voir carte : brouiller les cartes*

PLAISIR **ce n'est pas une partie de plaisir** *voir (ce n'est pas une mince) affaire*

PLI **ça ne fait pas un pli** keine Schwierigkeiten bereiten; glatt/reibungslos/wie geschmiert laufen

PLUMER **il y a plusieurs façons de plumer un canard** *voir canard*

POIDS **faire deux poids deux mesures** mit zweierlei Maß messen; unterschiedliche Maßstäbe anlegen

POIL **caresser qqn. dans le sens du poil** jmdn. um den Bart gehen/streichen

POINT **mettre les points sur les i** etwas/es klar und deutlich/klipp und klar/ganz klar sagen
un point c'est tout ! (und damit) Schluß/punktum/basta!

POINTE **y aller sur la pointe des pieds** ganz vorsichtig zu Werke gehen *(voir aussi œuf : marcher sur des œufs et gant : prendre/mettre des gants)*

POISSON **noyer le poisson** *(etwa)* einer klaren Antwort (durch Ablenkungsmanöver) ausweichen

PORTE **c'est la porte ouverte à tous les abus** damit ist jedem Mißbrauch Tür und Tor geöffnet
enfoncer une/des porte(s) ouverte(s) offene Türen einrennen
laisser la porte ouverte à qqch. die Tür für/zu etwas offenlassen
se ménager/avoir une porte de sortie sich eine Hintertür offenhalten

POT **tourner autour du pot** um den heißen Brei herumreden
ne pas tourner autour du pot *voir chemin*

POUR **peser le pour et le contre** *voir contre*

POUVOIR **qui peut le plus peut le moins** *(prov.)* kommt man über den Hund, so kommt man auch über den Schwanz *(Sprichw.)*

PRÉCAUTION **deux précautions valent mieux qu'une** *(prov.)* doppelt genäht hält besser *(Sprichw.)*

“décoiffer Saint-Pierre pour coiffer Saint-Paul”
En des temps pas si éloignés, l'usage voulait que l'on vêtît les statues des Saints aux périodes de fêtes. Mais les garde-robes sont dispendieuses aux modestes et aux humbles (vérité qu'il serait peut-être bon d'exposer aux épouses dépensières…). Dès lors, le même ornement servait tantôt à Saint-Pierre et tantôt à Saint-Paul.
cf. PIERRE

PRENDRE **c'est à prendre ou à laisser** Ja oder Nein; entweder oder; eines von beiden

PRÉPARER **préparer le terrain** *voir débroussailler*

PRÉVENIR **mieux vaut prévenir que guérir** *voir guérir*

PROCÈS **sans autre forme de procès** *voir forme*

PROFIL **adopter un profil bas** Zurückhaltung üben

PROJET **caresser le projet de faire qqch.** mit der Idee lieb-äugeln/mit dem Gedanken spielen, etwas zu tun

PROMETTRE **promettre et tenir sont deux** *voir conseilleur*

PRUDENCE **prudence est mère de sûreté** *(prov.)* Vorsicht ist die Mutter der Weisheit/der Porzellankiste *(Sprichw.)*

Q

QUADRATURE **c'est la quadrature du cercle** das ist die Quadratur des Kreises

QUITTE **c'est jouer à quitte ou double ; c'est du quitte ou double** hier steht alles auf dem Spiel; hier geht's um alles oder nichts

R

RAISON **raison de plus pour faire qqch.** ein Grund mehr, um etwas zu tun

RECULER **reculer pour mieux sauter** *(etwa)* eine (unangenehme) Sache/Entscheidung aufschieben/hinausschieben/-zögern

REFUSER (SE) **ne rien se refuser** auf nichts verzichten; sich alles gönnen

RÈGLE **dans les règles (de l'art)** vorschrifts-/ordnungsgemäß; nach allen Regeln der Kunst *(iron.)*

REPOS **ce n'est pas de tout repos !** das ist alles andere als erholsam!

RIEN **comme si de rien n'était** *voir air*
on n'a rien pour/sans rien von nichts kommt nichts
qui ne demande rien n'a rien *(prov.)* wer nicht wagt, der nicht gewinnt *(Sprichw.)*

RIGOLADE **c'est de la rigolade** *voir bête*

RIRE **rira bien qui rira le dernier** *(prov.)* wer zuletzt lacht, lacht am besten *(Sprichw.)*

RISQUER **qui ne risque rien n'a rien** *(prov.) voir rien : qui ne demande rien n'a rien*
risquer le coup *voir coup*
risquer le paquet/le tout pour le tout alles aufs Spiel/auf eine Karte setzen

RÔLE **inverser/renverser les rôles** die Rollen vertauschen; den Spieß umdrehen
jouer un rôle dans qqch. bei einer Sache eine Rolle spielen; an einer Sache beteiligt sein

ROUE **se mettre en roue libre** sich treiben lassen

ROULETTE **comme sur des roulettes** wie geschmiert/geölt; wie am Schnürchen

RUBICON **franchir/passer le Rubicon** den Rubikon überschreiten

RUSE **avec des ruses de Sioux** mit geschickten Tricks/Kniffen

S

SABOT **je le vois venir avec ses gros sabots** Nachtigall, ich hör' dir trapsen

SAINT **ne pas/ne plus savoir à quel saint se vouer** *voir* ***pied : ne pas savoir sur quel pied danser***

SAUT **faire le grand saut** *voir* ***(se jeter à l')eau***

SAVATE **faire qqch. comme une savate** *voir* ***manche***

SEMOULE **pédaler dans la semoule** *voir* ***(battre le) beurre***

SENTIMENT **avoir qqn. aux/prendre qqn. par les sentiments** jmdn. von der Gefühlsseite her nehmen/packen

SERVIR **on n'est jamais si bien/mieux servi que par soi-même** selbst ist der Mann/die Frau

SIEN **y mettre du sien** das Seinige tun; seinen Teil dazu beitragen

SIGNER **c'est signé** das trägt seinen Stempel; das ist typisch für ihn; das sieht ihm ähnlich

SILENCE **passer qqch. sous silence** etwas verschweigen; etwas mit Stillschweigen übergehen

SIMPLE **c'est simple comme bonjour** *voir* ***bête***

SINÉCURE **c'est pas une sinécure** *voir* ***repos***

SOLUTION **il n'y a pas 36 solutions** da gibt's (im Grunde) nur eine Lösung

SORTIR **il n'y a pas à sortir de là** da kommen wir nicht drumrum

SOUFFLER **souffler le chaud et le froid** *voir* ***blanc***

SOURDINE **mettre une sourdine** (à) (einer Sache) einen Dämpfer aufsetzen

STRATÈGE **un stratège en chambre** ein Biertischstratege; ein Stammtischpolitiker

SUCRE **être tout sucre tout miel** *voir* ***miel***

SÛR **sûr comme/aussi sûr que deux et deux font quatre** so sicher wie das Amen in der Kirche

SYSTÈME **le système D** (= **système Débrouille ou Démerde**) *(etwa)* Wendigkeit; Improvisationskunst

“franchir/ passer le Rubicon”
Jules César, encore lui, avait conquis toute la Gaule. En conséquence, il lui fallait prendre une nouvelle et grave décision : retourner en Italie pour y saisir les rênes du pouvoir (encore une belle expression). Il se tâta la toge, se fit mille et une réflexions et «alea jacta est!», il franchit la rivière Rubicon pour descendre vers le Sud. La suite, vous la connaissez.
cf. RUBICON

T

TABLEAU **jouer/miser sur (les) deux/ sur tous les tableaux** *voir jouer*
vouloir gagner sur les deux tableaux *voir beurre : vouloir le beurre et l'argent du beurre*

TAILLER **tailler dans le vif** *voir couper*

TAMBOUR **tambour battant** im Eiltempo; flink; prompt

TANGENTE **prendre la tangente** die Kurve kratzen

TAPIS **se prendre les pieds dans le tapis** *voir (battre le) beurre*

TARTE **ce n'est/c'est pas de la tarte** *voir gâteau*

TAUREAU **prendre le taureau par les cornes** den Stier bei den Hörnern packen

TEMPÉRATURE **prendre la température (de l'eau)** vorfühlen; die Stimmung erforschen

TENIR **qu'à cela ne tienne** daran soll's nicht liegen/scheitern; darauf soll's nicht ankommen

TENTATION **céder à la tentation** der Versuchung nachgeben/erliegen

TENTER **tenter le coup** *voir coup*

TERRAIN **tâter le terrain** das Terrain sondieren

TÊTE **n'en faire qu'à sa tête** nur nach seinem Kopf/Willen handeln; immer seinen Kopf durchsetzen

TISSER **tisser sa toile** Intrigen spinnen; Ränke schmieden

TORTILLER **il n'y a pas à tortiller (du cul pour chier droit dans une bouteille)** *voir sortir*

TOUR **avoir plus d'un tour dans son sac** die verschiedensten Kniffe kennen; mit allen Wassern gewaschen sein
et le tour est joué ! und damit ist die Sache (schon) in Ordnung/erledigt/geritzt!

TRANCHER **trancher dans le vif** *voir couper*

TROU **faire un trou pour en boucher un autre** *voir Pierre*

TRUC **avoir le truc** den Dreh raushaben
(il) y a un truc ! da ist (doch) ein Trick dabei!

V

VA-TOUT **jouer son va-tout** *voir risquer (le paquet)*

VAISSEAU **brûler ses vaisseaux** alle Brücken hinter sich abbrechen

VALSE-HÉSITATION **une valse-hésitation** ein Hin und Her; eine zögernde/unentschlossene Haltung

VENT **contre vents et marées** allen Widerständen/Hindernissen zum Trotz; unter allen Umständen; komme, was wolle
voir/sentir de quel côté/d'où vient le vent wissen/merken, woher der Wind weht

VIF **être piqué au vif** zutiefst getroffen/verletzt/gekränkt sein; ins Mark getroffen sein
trancher/couper/tailler dans le vif *voir couper*

VIOLENCE **faire violence à qqn.** auf jmdn. Zwang aus-üben; jmdm. Gewalt antun

VISER **viser haut** *voir barre*

VOIE **montrer/ouvrir la voie** *voir débrousailler*

VOILER (SE) **se voiler la face** *voir face*

VOLONTÉ **dépendre du bon vouloir de qqn.** von jmds. Belieben abhängen
une volonté de fer ein eiserner Wille

VOULOIR **tu l'as voulu (tu l'as/tu l'as eu) ; tu l'as voulu, Georges Dandin** du hast es so/nicht anders gewollt
vouloir c'est pouvoir *(prov.)* wer will, der kann *(Sprichw.)*; wo ist ein Wille ist, ist auch ein Weg *(Sprichw.)*

VRAI **aussi vrai que je m'appelle ...** *voir sûr*

VUE **avoir des vues sur qqch./qqn.** ein Auge auf etwas/jmdn. geworfen haben

Y

YAOURT **pédaler dans le yaourt** *voir (battre le) beurre*

YEUX **fermer les yeux sur qqch.** ein Auge/beide Augen (bei etwas) zudrücken
pouvoir/être capable de faire qqch. les yeux fermés etwas sogar mit verbundenen Augen/im Schlaf tun können

22

L'argent

Où il est démontré qu'une chose ne vaut pas la même chose partout. Des clopinettes françaises deviennent des cacahuètes à l'anglaise. Des chanterelles du pays de Schiller et Goethe deviennent des clous dans la patrie de Voltaire. Que dire alors du fric des Français qui se transforme en cailloux outre-Rhin ? Un chapitre qui vaut son pesant d'or.

A

ABONDANCE abondance de biens ne nuit pas *(prov.)* lieber zuviel als zuwenig *(Redew.)*; je mehr, desto besser *(Redew.)*

AIR vivre de l'air du temps von Luft und Liebe leben

ARDOISE liquider une ardoise eine Schuld begleichen

ARGENT en avoir pour son argent etwas für sein Geld haben/bekommen
faire argent de tout alles zu Geld machen
jeter l'argent par les fenêtres das Geld zum Fenster hinauswerfen/zum Schornstein hinausjagen
l'argent appelle l'argent Geld kommt zu Geld
l'argent liquide Bargeld; Bares; flüssige Mittel
l'argent lui file/lui glisse entre les doigts das Geld rinnt ihm durch die Finger
l'argent n'a pas d'odeur *(prov.)* Geld stinkt nicht *(Sprichw.)*
l'argent ne fait pas le bonheur *(prov.)* Geld (allein) macht nicht glücklich *(Sprichw.)*
le temps, c'est de l'argent Zeit ist Geld
pas/point d'argent, pas/point de Suisse für nichts gibt man nichts
plaie d'argent n'est pas/point mortelle *(prov.)* *(etwa)* ein Geldverlust ist kein Beinbruch
ramasser l'argent à la pelle Geld scheffeln
se faire un peu d'argent de poche sich etwas dazuverdienen

ARNAQUE c'est de l'arnaque das ist Wucher/Nepp

ARRONDIR arrondir ses fins de mois die Haushaltskasse aufbessern

AS plein aux as im Geld (fast) ersticken

ASSASSINER assassiner qqn. jmdn. ausnehmen (wie eine Weihnachtsgans); jmdn. (bis aufs Hemd) ausziehen

AVARICE au diable l'avarice ! zum Teufel mit dem Geiz!

B

BANQUE faire sauter la banque die Bank sprengen

BAS mettre de l'argent dans son bas de laine Geld in den Sparstrumpf stecken; sich einen Notgroschen zurücklegen

BEURRE faire son beurre sein Schäfchen ins trockene bringen; sich gesundstoßen
mettre du beurre dans les épinards *voir arrondir*

BIFTECK gagner son bifteck seine Brötchen verdienen

BLÉ manger son blé en herbe *(etwa)* ausgeben, bevor man eingenommen hat
ne plus avoir de blé keine Knete mehr haben

BOUCHÉE pour une bouchée de pain für ein Butterbrot; für einen Apfel/Appel und ein Ei

BOUILLON boire un/le bouillon Geld in den Sand setzen; finanzielle Einbußen erleiden

BOURSE **à la portée de toutes les bourses** für jeden Geldbeutel; für jeden erschwinglich
faire bourse commune gemeinsame Kasse machen
la bourse ou la vie ! Geld oder Leben!
sans bourse délier ohne einen Pfennig auszugeben; ohne etwas/einen Pfennig zu bezahlen
tenir les cordons de la bourse allein über das (gemeinsame) Geld verfügen

BOUT **joindre les deux bouts** über die Runden kommen; mit seinen Geld gerade so aus-/hinkommen

C

CAISSE **passer à la caisse** entlassen werden; hinausgeworfen/rausgeschmissen werden
une caisse noire eine Geheimkasse

CARROSSE **rouler carrosse** stink-/steinreich sein

CASQUER **casquer** blechen; berappen; Geld lockermachen

CASSER **ça vaut 1 000 francs à tout casser** das ist (aller)höchstens 1 000 Francs wert

CAVERNE **la caverne d'Ali Baba** die Höhle des Ali Baba

CEINTURE **se serrer la ceinture** den Gürtel enger schnallen

CHAT **acheter chat en poche** die Katze im Sack kaufen

CHANDELLE **faire des économies de bouts de chandelle** auf den Pfennig sehen; jeden Pfennig umdrehen; an lächerlichen Kleinigkeiten sparen

CHARITÉ **charité bien ordonnée commence par soi-même** *(prov.)* jeder ist sich selbst der Nächste *(Sprichw.)*

CHÂTEAU **mener la vie de château** leben wie ein Fürst; in Saus und Braus leben

CHEMISE **y laisser/perdre sa chemise** sich dabei/damit ruinieren; dabei Pleite machen

CHÈQUE **un chèque en bois** ein ungedeckter Scheck

CHOU **faire ses choux gras de qqch.** bei etwas seinen Schnitt machen

CLOCHE **déménager à la cloche de bois** sich davonmachen (, ohne zu bezahlen)

CLOPINETTE **des clopinettes** Peanuts

CLOU **ça ne vaut pas un clou** das taugt nichts; das ist keinen Pfennig/Pfifferling wert
des clous ! keinen Pfennig/Penny!; keine müde Mark!
mettre qqch. au clou etwas versetzen/verpfänden

“déménager à la cloche de bois”
Si le chèque en bois ne revêt aucune valeur, la cloche de bois, elle, ne résonne aucunement lorsque l'on quitte un endroit subrepticement. C'est ainsi que Robin des Bois s'évada de la prison du shérif de Nottingham.
cf. CLOCHE

CŒUR **à votre bon cœur !** bitte eine milde Gabe!

COMPTE **faire des comptes d'apothicaire** *(etwa)* sehr komplizierte/unübersichtliche Rechnungen machen
les bons comptes font les bons amis in Geldsachen hört die Freundschaft auf
un compte rond eine runde Zahl

CORDON **tenir les cordons de la bourse** *voir bourse*

CORNE **la corne d'abondance** das Füllhorn

CÔTÉ **mettre (de l'argent) de côté** *voir bas*

COUDE **ne pas se moucher du coude** ganz schön absahnen; überhöhte Preise verlangen

COUILLE **se faire des couilles en or** sich eine goldene Nase verdienen

COULEUR **je n'ai pas encore vu la couleur de son argent** von seinem Geld habe ich noch nichts zu sehen bekommen

COUP **c'est le coup de fusil !** *voir arnaque*

CRIBLER **être criblé de dettes** hochverschuldet sein; bis über beide Ohren/bis an den Hals in Schulden stecken; mehr Schulden als Haare auf dem Kopf haben; den Buckel voll Schulden haben

CROCHET **vivre aux crochets de qqn.** auf jmds. Kosten leben; jmdm. auf der Tasche liegen

CROQUEUSE **une croqueuse de diamants** eine kostspielige Kokotte/Mätresse

CROÛTE **gagner sa croûte** *voir bifteck*

CUILLER **être né avec une cuiller d'/en argent dans la bouche** mit einem silbernen/goldenen Löffel im Mund geboren/zur Welt gekommen sein

CULOTTE **prendre une culotte (au jeu)** ein Mordspech (beim Spiel haben); einen Haufen Geld (beim Spiel) verlieren
y laisser/perdre sa culotte *voir chemise*

D

DÈCHE **être dans la dèche** auf dem trockenen sitzen; pleite/abgebrannt sein

DÉPENSE **ne pas regarder à la dépense** nicht auf den Preis sehen; keine Kosten scheuen

> **“se faire des couilles en or”**
> Cet endroit (qu'il n'est pas nécessaire de préciser) est censé revêtir, si l'on ose dire, de multiples potentialités. Exemples : avoir des couilles, il y a une couille, partir en couilles, etc. Dès lors, plutôt que de péter dans la soie, se faire des couilles en or est sans doute plus vulgaire, plus populaire mais aussi plus déterminant. Notons que l'expression est récente.
> cf. COUILLE

DETTE **criblé de dettes** *voir cribler*
qui paie ses dettes s'enrichit *(prov.)* *(etwa)* wer seine Schulden bezahlt, wird reich

DIABLE **tirer le diable (par la queue)** kaum sein Auskommen haben; von der Hand in den Mund leben

DONNER **c'est donné** das ist spottbillig; das ist (halb/fast/wie) geschenkt

DRAPEAU **le drapeau noir flotte sur la marmite** jmd. hat nichts zu beißen; jmd. ist völlig verarmt

E

EAU **dans ces eaux-là** in dem Dreh; so ungefähr

ÉCONOMIE **faire des économies de bouts de chandelle** *voir chandelle*
(il n')y a pas de petites économies wer den Pfennig nicht ehrt, ist des Talers nicht wert

ÉCOT **payer son écot** seinen Anteil zahlen; seinen Obolus beisteuern

ÉCU **remuer les écus à la pelle** Geld wie Heu/wie Dreck haben

ÉLASTIQUE **les lâcher avec un élastique** den Pfennig drücken, daß der Adler schreit; sich jeden Pfennig einzeln aus der Tasche ziehen lassen

ENTOURNURE **être gêné aux entournures** knapp bei Kasse sein

ÉPINARD **mettre du beurre dans les épinards** *voir arrondir*

ESPÈCE **payer en espèces** bar/cash zahlen, mit Bargeld zahlen
payer en espèces sonnantes et trébuchantes in/mit klingender Münze zahlen

EXPÉDIENT **vivre d'expédients** sich so durchschlagen/-bringen/-mogeln

F

FAUCHER **être fauché (comme les blés)** *voir dèche*

FENDRE (SE) **il ne s'est pas fendu !** er hat sich nicht (gerade) verausgabt/in Unkosten gestürzt!
se fendre (de qqch.) etwas herausrücken

FESSE **coûter/valoir la peau des fesses** ein Heiden-/Schweinegeld *(derb)* kosten; sündhaft teuer/sauteuer *(derb)* sein

FIFTY-FIFTY **faire fifty-fifty** fifty-fifty/halbe-halbe machen

FILS **être un fils à papa** von Beruf Sohn sein

FIN **avoir des fins de mois difficiles** am/gegen Monatsende knapp bei Kasse sein
ne pas avoir de(s) fins de mois difficiles keine Geldsorgen haben; gut bei Kasse sein

FOIN **mettre du foin dans ses bottes** *voir (faire son) beurre*

FOLIE **faire des folies** Geld verprassen/hemmungslos ausgeben

FOND **être à fond de cale** *voir dèche*

FORTUNE **coûter une (petite) fortune** ein (kleines) Vermögen kosten

FOUILLE **s'en mettre plein les fouilles** in die eigene Tasche arbeiten; sich bereichern

FRAIS **à peu de frais** mit wenig/geringen Kosten; mit geringem Kostenaufwand
aux frais de la princesse auf Staats- *bzw.* Geschäftskosten; auf Kosten des Staates *bzw.* der Firma
des faux frais Extras; Spesen; Dienstausgaben
rentrer dans ses frais ; faire ses frais seine Ausgaben wieder hereinbekommen; ohne Verlust abschließen
se mettre en frais sich in Unkosten stürzen

FRANC **demander le franc symbolique** eine symbolische Zahlung verlangen

FRIC **abouler le fric** mit dem Geld rausrücken
être bourré de fric ; être friqué in Geld fast ersticken
fric Kies; Knete; Kohle(n(; Kröten; Mäuse; Moneten; Moos; Pinke(pinke(; Schotter; Zaster; Zunder
ramasser du fric à la pelle Kies scheffeln; viel Kohle machen
un fric fou/monstre ein Haufen Geld

G

GAUCHE **mettre (de l'argent) à gauche** *voir* ***bas***

GÊNE **être dans la gêne** *voir* ***dèche***

GNOGNOTE **c'est de la gnognote** das ist wertloses Zeug

GRANDEUR **avoir la folie des grandeurs** größenwahnsinnig sein

GRIPPE-SOU **un (vieux) grippe-sou** ein (alter) Pfennigfuchser

J

JETER **jeter l'argent par les fenêtres** *voir* ***argent***
jeter les marchandises à la tête/à la figure des gens die Ware verschleudern; die Ware spottbillig/zum Spottpreis verkaufen

JEU **faites vos jeux !** bitte setzen! *(Spielkasino)*

L

LANGUE **tirer la langue** auf dem letzten Loch pfeifen

LIQUIDE **payer en liquide** *voir* ***espèces***

M

MANCHE **faire la manche** betteln gehen

MARMITE **faire bouillir la marmite** für den Lebensunterhalt sorgen; die Familie ernähren

MILLE **gagner des mille et des cents** ein Großverdiener sein *(voir aussi* ***as****)*

MISER **miser gros** hoch setzen; mit hohem Einsatz spielen

MISÈRE **dans une misère noire** in bitterer/größter Armut
un salaire de misère ein Hungerlohn

MONNAIE **payer en monnaie de singe** jmdn. mit leeren Worten abspeisen; jmdn. mit leeren Verprechungen hinhalten

MONT-DE-PIÉTÉ **mettre qqch. au mont-de-piété** *voir (mettre qqch. au) clou*

MOUCHER (SE) **ne pas se moucher du coude/pied** *voir coude*

MOUISE **être dans la mouise** *voir dèche*

MOYEN **vivre au-dessus de ses moyens** über seine Verhältnisse leben

N

NAGER **nager dans l'opulence** ein üppiges Leben führen

NATURE **payer en nature** in Naturalien/natura bezahlen

NERF **le nerf de la guerre** *(etwa)* das (liebe) Geld

NOURRIR **cela/ça ne nourrit pas son homme** davon kann man nicht leben

O

ŒIL **à l'œil** gratis; kostenlos; umsonst; für nichts

ŒUF **(trouver à) tondre (sur) un œuf** ein Knauser/Knicker/Geizhals sein

ONCLE **un oncle d'Amérique** ein (reicher) Onkel aus Amerika

OPULENCE **nager dans l'opulence** *voir nager*

OR **acheter qqch. à prix d'or** für etwas ein kleines Vermögen ausgeben
acheter qqch. au poids de l'or etwas für teures Geld erstehen
c'est de l'or en barre das ist eine sichere Geldanlage
c'est une mine d'or das ist eine Goldgrube
cousu d'or es dicke haben; vermögend sein
crouler sous l'or im Geld schwimmen
l'or noir das schwarze Gold
rouler sur l'or *voir or : crouler sous l'or*
tout ce qui brille n'est pas (d') or *(prov.)* es ist nicht alles Gold, was glänzt *(Sprichw.)*
valoir son pesant d'or nicht mit Gold aufzuwiegen sein; Gold wert sein

ORDINAIRE **améliorer son/l'ordinaire** *voir arrondir*

P

PACHA **vivre comme un pacha** *voir château*

PAILLE **être sur la paille** auf der Straße sitzen; im Elend leben; bettelarm sein
une paille ! ein Klacks!

PAIN **ça ne mange pas de pain** da ist nicht viel verloren; damit sind keine großen Ausgaben verbunden; dabei geht man kein großes finanzielles Risiko ein

PANIER **c'est un panier percé** er ist ein maßloser Verschwender; er gibt das Geld mit vollen Händen aus

PAQUET **coûter un (bon/fameux) paquet** eine ganze Stange Geld kosten
mettre le paquet (sur qqch.) keine Ausgaben scheuen; (bei etwas) nicht aufs Geld schauen

PARADIS **un paradis fiscal** ein Steuerparadies

PART **avoir la part belle** den Löwenanteil bekommen

PAUVRE **pauvre comme Job** arm wie eine Kirchenmaus

PAVÉ **être sur le pavé** *voir (être sur la) paille*

PEAU **coûter/valoir la peau des fesses/du cul** *voir fesse*

PELLE **ramasser l'argent à la pelle** *voir argent*

PÉROU **ce n'est pas le Pérou** davon kann man nicht reich/Millionär werden

PERTE **une perte sèche** ein Barverlust; ein uneinbring-licher Verlust

PET **ça vaut pas un pet (de lapin)** *voir clou*

PIED **ne pas se moucher du pied** *voir coude*
vivre sur un grand pied *voir carrosse*

PIERRE **pierre qui roule n'amasse pas mousse** *(prov.)* auf dem rollenden Stein wächst kein Moos *(Sprichw.)*

PIQUE-ASSIETTE **un pique-assiette** *voir crochet*

PLAIE **plaie d'argent n'est pas/point mortelle** *(prov.) voir argent*

PLEIN **plein aux as** *voir as*

PLUME **y laisser/perdre des plumes** Federn/Haare lassen (müssen)

POCHE **en être de sa poche** Geld draufzahlen müssen; Verluste hinnehmen müssen
se remplir les poches ; s'en mettre plein les poches *voir fouille*

POGNON **avoir plein de pognon** einen Haufen Geld haben
se faire un pognon fou *voir fric : ramasser du fric à la pelle*

POIRE **couper la poire en deux** sich auf halbem Wege entgegenkommen
il faut toujours garder une poire pour la soif man sollte sich immer einen Notgroschen zurücklegen

POULE **tuer la poule aux œufs d'or** das Huhn, das goldene Eier legt, schlachten

POURRIR **être pourri de fric** stinkreich sein; nach Geld stinken

POUSSER **ça ne pousse pas !** das Geld liegt (doch) nicht auf der Straße/fällt (doch) nicht vom Himmel!

POUSSIÈRE **coûter 100 francs et des poussières** 100 Francs und ein paar zerquetschte/kleine kosten

PRENDRE **c'est toujours ça de pris** das ist (doch/immerhin) schon mal etwas; das ist (doch) schon mal ein Anfang

PRINCESSE **aux frais de la princesse** *voir frais*

“ce n'est pas le Pérou”
Mais où se trouve l'Eldorado ? En posant le pied sur le sol américain, les conquistadores entendirent parler de cette vieille légende indienne qui parle d'un pays où tout est or. Entretemps, et pour se distraire, la joyeuse soldatesque pilla toutes les richesses du Pérou et d'ailleurs, massacrant la population par la même occasion. Elle ignorait que la première richesse est l'humanité.

cf. PÉROU

PRIX **au prix où est le beurre** bei den heutigen Preisen; wo jetzt alles so teuer ist
c'est hors de prix das ist völlig überteuert; das sind horrende Preise
faire un prix (d'ami) einen Freundschaftspreis machen
y mettre le prix tief in die Tasche greifen müssen

PROFIT **il n'y a pas de petits profits** *voir économie : il n'y a pas de petites économies*

R

RADIS **ça ne vaut pas un radis** *voir (ça ne vaut pas un) clou*
ne pas/plus avoir un radis *voir dèche*

RAIDE **être raide (comme un passe-lacet)** *voir dèche*

RAT **être rat** knickrig/knauserig sein

RÂTELIER **manger à tous les râteliers** sein Mäntelchen nach dem Wind hängen; überall seinen Profit suchen

REFAIRE (SE) **se refaire (au jeu)** (beim Spiel nach großem Verlust) wieder gewinnen

REGARDER **ne pas regarder à la dépense ; ne pas être regardant** *voir dépense*

RÉPONDANT **avoir du répondant** Rücklagen/Ersparnisse haben

RICHE **on ne prête qu'aux riches** *voir argent : l'argent appelle l'argent*
riche comme Crésus reich wie Krösus
un nouveau riche ein Neureicher

RIEN **coûter trois fois rien/moins que rien** *voir donner*
on n'a rien pour/sans rien von nichts kommt nichts

ROND **avoir des ronds** *voir as*
ne pas/plus avoir un rond ; être sans un rond *voir dèche*
pour pas un rond *voir (à l')œil*

ROULER **ne pas rouler sur l'or** nicht im Geld schwimmen

RUBIS **payer rubis sur l'ongle** bar/cash auf die Kralle zahlen

RUINER **ce n'est pas cela/ça qui va nous ruiner** *voir pain*

RUISSEAU **les petits ruisseaux font les grandes rivières** *(prov.)* viele Wenig geben ein Viel *(Sprichw.)*

S

SABLE **être sur le sable** *voir (être sur la) paille*

SAIGNER **saigner qqn. à blanc** jmdn. (gehörig) schröpfen/ausnehmen

SAINTE(-)TOUCHE **c'est (la) Sainte(-)Touche** es ist Zahltag

SALAIRE **un salaire de misère** *voir misère*

SALER **saler la note** eine gesalzene/gepfefferte Rechnung machen

SAVATE **traîner la savate** am Hungertuch nagen

SEC **être à sec** *voir dèche*

SEMAINE **vivre à la petite semaine** *voir expédient*

SERRER **être serré** *voir entournure*

SOIE **péter dans la soie** im Wohlstand/Luxus leben; sich alles leisten können; auf großem Fuß leben

SOLEIL **avoir du bien au soleil** Grundbesitz haben

SOU **c'est une histoire de gros sous** hier spielt das Geld/der Profit die Hauptrolle
être près de ses sous *voir* *œuf*
être sans le/sans un sou ; ne pas/plus avoir un sou vaillant *voir* *dèche*
ne pas valoir un sou *voir* *clou*
un sou est un sou *voir* *économie : il n'y a pas de petites économies*
y laisser jusqu'à son dernier sou sein ganzes/letztes Geld bei etwas verlieren

SOUPE **par ici, la bonne soupe !** immer her damit!

T

TANTE **mettre qqch. chez ma tante** *voir* *(mettre qqch. au) clou*

TAPER **taper qqn. de 100 francs/balles** jmdn. um 100 Francs anpumpen

TEMPS **le temps, c'est de l'argent** *voir* *argent*

TÊTE **fixer les prix à la tête du client** *(etwa)* den Preis nach dem Geldbeutel des Kunden festlegen
payer 1 000 francs par tête (de pipe) 1 000 Francs pro (Mann und) Nase bezahlen

TIRELIRE **casser sa tirelire** sein Sparschwein schlachten

TIROIR **gratter/racler les fonds de tiroirs** seine letzten Pfennige/sein letztes Geld zusammenkratzen

TONDRE **(trouver à) tondre (sur) un œuf** *voir* *œuf*

TRAIN **mener grand train** *voir* *carrosse*

TRIPETTE **ça ne vaut pas tripette** das ist keinen Heller/Pfifferling wert

TRONC **apporter/mettre qqch. dans le tronc commun** etwas in den gemeinsamen Topf geben; etwas zur gemeinsamen Kasse beisteuern

V

VACHE **les vaches maigres** die mageren Jahre
manger/bouffer de la vache enragée viel durchmachen müssen; Elend und Not ausstehen; sich hart durchbeißen müsssen
une vache à lait eine Melkkuh; eine gute Einnahmequelle

VEAU **adorer le veau d'or** das Goldene Kalb anbeten

“adorer le veau d'or”
Puisque nous en sommes au chapitre moral, rappelons cet épisode de la Bible : lorsque Moïse eut libéré son peuple des griffes de Pharaon, il grimpa sur le mont Sinaï où il reçut les commandements de Dieu. Pendant ce temps, ses ouailles s'adonnaient au luxe et à la luxure, fondant tous leurs bijoux en un immense veau d'or. Pour leur punition, ils errèrent quarante ans de plus dans le désert avant de dénicher Canaan.
cf. VEAU

VENDRE **vendre à vil prix** *voir jeter*

VIE **gagner sa vie** *voir bifteck*

VIVRE **il faut bien vivre !** man muß schließlich leben!

VIVRES **couper les vivres à qqn.** jmdm. den Geldhahn zudrehen; jmdm. seine finanzielle Unterstützung entziehen

Y

YEUX **coûter/valoir les yeux de la tête** *voir fesse*

23

L'arnaque

Ça suffit ! Fini de se faire entuber, d'être le dindon de la farce et d'écouter des histoires à dormir debout. Désormais, vous aurez la gâchette facile pour les voleurs de grand chemin, on ne vous fera plus d'enfant dans le dos et vous cesserez d'être une bonne poire. D'ailleurs, même les pirates de l'air ne vous mèneront plus en bateau.

A

ABUS **un abus de confiance** ein Vertrauensmißbrauch; ein Verrat

ADDITION **payer l'addition (pour qqn./à la place de qqn.)** die Sache ausbaden müssen; der Dumme sein

AFFAIRE **une affaire louche** eine undurchsichtige/verdächtige/fragwür dige Angelegenheit

AGRAFER **se faire agrafer (par la police)** (von der Polizei) geschnappt werden

APPÂT **mordre à l'appât** anbeißen; sich ködern lassen

ARBRE **faire monter qqn. à l'arbre** jmdn. reinlegen; jmdn. übers Ohr hauen
monter à l'arbre reinfallen

ARRACHEUR **mentir comme un arracheur de dents** lügen, daß sich die Balken biegen; das Blaue vom Himmel herunterlügen; lügen wie gedruckt

ARROSEUR **c'est l'histoire de l'arroseur arrosé** wer andern eine Grube gräbt, fällt selbst hinein *(Sprichw.)*

ATTRAPE-NIGAUD **un attrape-nigaud** Nepp; Bauernfängerei

AUTRE **à d'autres !** das kannst du/können Sie anderen weismachen!

AVOIR **se faire avoir** sich an der Nase herumführen lassen; sich reinlegen lassen

B

BABA **l'avoir dans le baba** auf den Leim gegangen sein; aufsitzen

BAISER **se faire baiser (la gueule) ; être baisé** *voir avoir*

BALLON **être au ballon** im Knast/Kittchen sitzen; hinter Gittern/schwedischen Gardinen sitzen

BAN **être mis au ban de la société** aus der Gesellschaft ausgestoßen werden; gesellschaftlich geächtet werden

BANC **finir sur le banc des accusés** auf der Anklagebank enden

BARREAU **être derrière des barreaux** *voir ballon*

BATEAU **mener qqn. en bateau ; monter un bateau à qqn.** *voir (faire monter qqn. à l')arbre*

BEAU **c'est trop beau pour être vrai** das ist zu schön, um wahr zu sein

BERNER **se faire berner ; être berné** *voir avoir*

BIEN **bien mal acquis ne profite jamais** *(prov.)* unrecht Gut gedeiht nicht *(Sprichw.)*

“mentir comme un arracheur de dents”
Attention ! Ne citez pas cette expression à votre dentiste, sous peine d'être fraisé d'importance ! Il aura raison de se vexer, car ses ancêtres les barbiers ne disposant pas de sédatifs, n'avaient d'autre issue que de raconter des bobards avant de ... crac ! arracher la dent malade de leur pratique.
cf. ARRACHEUR

BLAGUE **raconter des blagues** (Lügen-) Märchen erzählen

BLEU **n'y voir que du bleu** auf den Leim gehen; überhaupt nichts (be)merken

BLOUSER **se faire blouser ; être blousé** *voir* ***avoir***

BOBARD **raconter des bobards** *voir* ***blague***

BOIRE **qui a bu boira** *(prov.)* die Katze läßt das Mausen nicht *(Sprichw.)*

BOÎTE **mettre qqn. en boîte** *voir* ***(faire monter qqn. à l')arbre***

BOUCLER **se faire boucler** eingelocht/-gebuchtet werden; hinter Schloß und Riegel gebracht werden

C

CATHOLIQUE **ce n'est pas (très) catholique** das ist nicht ganz koscher/astrein/hasenrein; da ist etwas faul

CHANGE **donner le change à qqn.** jmdn. auf eine falsche Fährte führen

CHANTER **faire chanter qqn.** jmdn. erpressen

CHAPEAU **faire porter le chapeau à qqn.** jmdm. etwas in die Schuhe schieben
porter le chapeau *voir* ***addition***

CHAT **acheter chat en poche** die Katze im Sack kaufen

CHAUFFER **chauffer qqch. à qqn.** jmdm. etwas klauen/wegnehmen

CHEVILLE **être en cheville avec qqn.** mit jmdm. unter einer Decke stecken

CHOCOLAT **être chocolat** *voir* ***avoir***

CHOPER **se faire choper** *voir* ***agrafer***

COBAYE **servir de cobaye à** jmds. Versuchskaninchen/-karnickel sein

COCHON **jouer un tour de cochon à qqn.** jmdm. einen üblen Streich spielen; jmdm. übel mitspielen

COFFRER **se faire coffrer** *voir* ***boucler***

COMBINE **marcher dans les combines de qqn.** auf jmdn. hereinfallen

CORDE **il ne vaut pas la corde pour le pendre** er ist keinen Schuß Pulver wert
un homme de sac et de corde ein Gauner; ein Halunke; ein Schurke; ein Lump

COU **tremper dans qqch. (jusqu'au cou)** (bis zum Hals) in etwas stecken

COUP **c'est un coup fourré/monté** das ist ein abgekartetes Spiel
donner un coup bas unter die Gürtellinie gehen
faire le coup du père François heimtückisch/hinterrücks/von hinten angreifen

“être en cheville avec quelqu'un”
Cheviller, c'est unir de façon indissoluble. De plus, la cheville est un outil important permettant de mener à bien divers travaux techniques. Cette instrumentation présente parfois une connotation clandestine.
cf. CHEVILLE

faire un coup tordu/un sale coup à qqn. *voir cochon*
monter un coup einen Coup vorbereiten/planen/aushecken
un coup de filet ein Fang; ein Fischzug
un coup de Jarnac ein gemeiner/hinterhältiger Schlag/Streich

COUTEAU **mettre le couteau sur/sous la gorge de qqn.** jmdm. das Messer an die Kehle/die Pistole an die Brust setzen

CRAQUE **raconter des craques** *voir blague*

CRASSE **faire une crasse à qqn.** *voir cochon*

CUL **un faux cul** ein falscher Fuffziger; eine Schlange *(Frau)*

D

DÉ **les dés sont pipés** die Würfel sind gezinkt

DERCHE **un faux derche** *voir cul*

DIEU **on lui donnerait le bon Dieu sans confession** er sieht aus, als ob er kein Wässerchen trüben könnte/niemandem ein Haar krümmen könnte

DINDON **le dindon de la farce** der Gelackmeierte sein; das Nachsehen haben

DONNER **donner c'est donner (reprendre c'est voler)** geschenkt ist geschenkt (wiederholen ist gestohlen)

DOS **faire un enfant dans le dos à/de qqn.** *voir cochon*
l'avoir dans le dos *voir avoir*
mettre qqch. sur le dos de qqn. *voir (faire porter le) chapeau*

DUPE **c'est un jeu de dupes** das ist (doch alles nur) fauler Zauber
un marché de dupes eine krumme Tour

E

EAU **pêcher en eau trouble** im trüben fischen

ÉCHELLE **faire monter qqn. à l'échelle** *voir (faire monter qqn. à l')arbre*
monter à l'échelle *voir (monter à l')arbre*

“un coup de Jarnac”
Voici un épisode historique relatif à la cité de Jarnac dont le seigneur local, Guy Chabot, Baron de Jarnac, tua en 1547 au cours d'un duel judiciaire un certain François de Vivonne, seigneur de la Châtaigneraie. La célèbre botte de Jarnac, qu'il inaugura alors, consistait en un coup décisif et inattendu mais nullement déloyal (les gardes armés n'eurent donc pas à intervenir puisqu'aucun acte de félonie n'avait été commis par le vainqueur). Paradoxalement, cette expression revêt de nos jours le sens d'action perfide, de coup en traître. Un autre grand seigneur de Jarnac, réputé pour ses feintes imparables, y repose pour l'éternité. Il s'agit du Président François Mitterrand.
cf. COUP

EMBROUILLE **un sac d'embrouilles** eine verwickelte Angelegenheit

EMBROUILLER **ni vu ni connu (j't'embrouille)** ! das merkt niemand/keiner/kein Mensch!; da merkt niemand/keiner etwas!

ENFANT **faire un enfant dans le dos à/ de qqn.** *voir* ***cochon***

ENTUBER **se faire entuber** *voir* ***baiser***

ÉPINGLER **se faire épingler** *voir* ***agrafer***

F

FAIRE **être fait comme un rat** in der Falle sitzen
on ne me la fait pas ! nicht mit mir!; ich lass' mich nicht reinlegen/drankriegen!

FEU **n'y voir que du feu** *voir* ***bleu***

FLOU **un flou artistique** eine (absichtliche) Ungenauigkeit/Verschwommenheit/ Vagheit

FRAIS **mettre qqn. au frais** jmdn. einlochen/-buchten

G

GÂCHETTE **avoir la gâchette facile** schießwütig sein

GAULER **se faire gauler** *voir* ***agrafer***

GIBIER **un gibier de potence** ein Galgenvogel

GOGO **un gogo** ein Einfaltspinsel; ein Trottel

GUEULE **arriver la gueule enfarinée** naßforsch/keck/dreist/siegessicher ankommen/auftreten

H

HAMEÇON **mordre à l'hameçon** *voir* ***appât***

HISTOIRE **raconter des histoires** *voir* ***blague***
une histoire à dormir debout eine völlig unglaubwürdige Geschichte; eine Räubergeschichte

HONNIR **honni soit qui mal y pense** *(devise)* Honni soit qui mal y pense *(geh.)*; ein Schuft, wer Böses dabei denkt

J

JETON **un faux jeton** *voir* ***cul***

JEU **cacher son jeu** mit verdeckten Karten spielen; sich nicht in die Karten sehen/schauen/gucken lassen
c'est un jeu de dupes *voir* ***dupe***

“un gogo”
Le naïf avait rencontré une gogo-girl qui lui avait fait boire du whisky à gogo. Goguenarde, et après l'avoir fait chanter comme un goglu, elle lui dit tout de go : «tu n'es qu'un gogo en goguette». Ce quiprouve que, pour une gourgandine, elle ne manquait pas de culture, car Gogo était bel et bien un personnage de comédie.
cf. GOGO

L

LAINE se faire manger/tondre la laine sur le dos sich das Fell über die Ohren ziehen lassen *(voir aussi avoir)*

LANTERNE faire prendre à qqn. des vessies pour des lanternes jmdm. ein X für ein U vormachen; jmdm. einen Bären aufbinden

LARD c'est du lard ou du cochon ? wie soll ich das (jetzt) verstehen?; soll das ein Witz sein?

LOUP enfermer le loup dans la bergerie *(prov.)* den Bock zum Gärtner machen *(Sprichw.)*
les loups ne se mangent pas entre eux *(prov.)* eine Krähe hackt der anderen kein Auge/nicht die Augen aus *(Sprichw.)*

LUNE faire voir à qqn. la lune en plein midi *voir (faire monter qqn. à l')arbre*

M

MAIN faire main basse sur qqch. sich etwas unter den Nagel reißen
mettre la main sur qqn. jmdn. (zu fassen) kriegen; jmdn. verhaften
prendre qqn. la main dans le sac jmdn. in flagranti/auf frischer Tat ertappen
se salir les mains sich die Finger schmutzig machen

MAÎTRE un maître chanteur ein Erpresser

MANGER se faire manger la laine sur le dos *voir laine*

MARCHER faire marcher qqn. *voir (faire monter qqn. à l')arbre*
je (ne) marche pas (dans ta combine) da mach' ich nicht mit; darauf lass' ich mich nicht ein

MARRON être marron *voir avoir*

MÈCHE être de mèche avec qqn. *voir cheville*

MENSONGE un mensonge gros comme une maison eine faustdicke Lüge

MENTIR mentir comme on respire lügen wie gedruckt

MITARD être au mitard *voir ballon*

MOELLE être pourri jusqu'à la moelle durch und durch verkommen/verdorben sein

MONNAIE payer en monnaie de singe jmdn. mit leeren Worten abspeisen; jmdn. mit leeren Verprechungen hinhalten

MORDRE mordre à l'hameçon *voir appât*

N

NŒUD un sac de nœuds *voir embrouille*

O

OCCASION l'occasion fait le larron Gelegenheit macht Diebe

ŒIL mon œil ! wer's glaubt, wird selig!

ŒUF qui vole un œuf vole un bœuf *(prov.)* klein fängt man an, groß hört man auf *(Sprichw.)*

OMBRE être à l'ombre *voir ballon*

ORTHODOXE **ne pas être** (très) **orthodoxe** *voir* ***catholique***

OS **l'avoir dans l'os** *voir* ***baba***

P

PANIER **un panier à salade** eine grüne Minna

PANNEAU **tomber/donner dans le panneau** jmdm. ins Garn/auf den Leim gehen

PAPE **c'est ça, et moi je suis le Pape !** ja, und dann bin ich der Kaiser von China!

PARADIS **tu (ne) l'emporteras pas en/au paradis !** dir werd' ich's zeigen!; das wirst du mir (noch) büßen!

PIÈCE **monté de toutes pièces** inszeniert; gestellt

PIÈGE **être pris à son propre piège** sich in der eigenen Schlinge fangen *(voir aussi* ***arroseur****)*
un piège à cons *voir* ***attrape-nigaud***

PIGEON **un pigeon** *voir* ***gogo***

PIGEONNER **se faire pigeonner** *voir* ***baiser***

PILULE **dorer la pilule à qqn.** jmdm. die bittere Pille versüßen; jmdm. etwas Unangenehmes schmackhaft machen

PIPER **les dés sont pipés** *voir* ***dé***

PIQUER **piquer qqch. à qqn.** *voir* ***chauffer***

PIRATE **un pirate de l'air** ein Luftpirat

PLACARD **être au placard** *voir* ***ballon***

PLUMER **se faire plumer** *voir* ***baiser***

POCHE **faire les poches de qqn.** heimlich jmds. Taschen durchsuchen

POIRE **une (bonne) poire** ein Esel; ein Ochse

POIVRE **chier du poivre** (der Polizei) entkommen/entwischen

POLI **il est trop poli pour être honnête** er ist zu höflich, um aufrichtig zu sein

POSSÉDER **se faire posséder** *voir* ***baiser***

PRENDRE **tel est pris qui croyait prendre** *(prov.)* *voir* ***arroseur***

PROIE **une proie facile** leichte Beute

PUNIR **on est toujours puni par où on a péché** eine Strafe folgt auf dem Fuß(e)

R

RAMASSER **se faire ramasser** *voir* ***agrafer***

RAT **être fait comme un rat** *voir* ***faire : être fait comme un rat***

REINE **c'est ça, et moi je suis la reine d'Angleterre !** *voir* ***pape***

REVUE **être de la revue** *voir* ***avoir***

ROULER **rouler qqn. (dans la farine)** jmdn. reinlegen; jmdn. übers Ohr hauen
se faire rouler *voir* ***avoir***

S

SAC **un homme de sac et de corde** *voir* ***corde***
un sac d'embrouilles/de nœuds *voir* ***embrouille***

SALADE **raconter des salades** *voir* ***blague***

SECRET **être au secret** in Einzelhaft sitzen

SINGE **payer en monnaie de singe** *voir* ***monnaie***

SŒUR **et ta sœur !** *(réponse* : **elle bat le beurre**) *voir* ***œil***

SOUFFLER **souffler qqch. à qqn.** *voir* ***chauffer***

T

TAULE **être en taule** *voir* ***ballon***

TÊTE **mettre la tête de qqn. à prix** ein Kopfgeld auf jmdn. aussetzen; eine Belohnung/einen Preis auf jmds. Kopf aussetzen

TONDRE **se faire tondre (comme un œuf)** *voir* ***avoir***
se faire tondre la laine sur le dos *voir* ***avoir*** *et* ***laine***

TOUR **jouer un mauvais tour/un tour pendable à qqn.** *voir* ***cochon***

TRAÎTRE **prendre/attaquer qqn. en traître** *voir* ***coup : coup du père François*** *et* ***coup de Jarnac***

TRINQUER **trinquer pour les autres** *voir* ***addition***

TROGNON **avoir qqn. jusqu'au trognon** jmdn. nach Strich und Faden reinlegen

TROU **être au trou** *voir* ***ballon***

V

VACHE **une vache à lait** eine Melkkuh; eine gute Einnahmequelle

VACHERIE **faire une vacherie à qqn.** *voir* ***cochon***

VENT **qui sème le vent récolte la tempête** *(prov.)* wer Wind sät, wird Sturm ernten *(Sprichw.) (voir aussi* ***puni****)*

VERROU **être sous les verrous** *voir* ***ballon***

VERT **se mettre au vert** sich auf dem Land verstecken; einen Unterschlupf/Schlupfwinkel auf dem Land aufsuchen

VESSIE **faire prendre des vessies pour des lanternes** *voir* ***lanterne***

VIOLON **être au violon** *voir* ***ballon***

VINGT-DEUX **vingt-deux, v'la les flics !** Achtung, die Polente!

VOIR **ni vu ni connu (j't'embrouille) ! ; pas vu, pas pris !** *voir* ***embrouiller***

VOLER **être volé comme dans un bois/comme au coin d'un bois** bis aufs Hemd ausgeraubt/ausgeplündert werden

VOLEUR **être voleur comme une pie** stehlen wie eine Elster/ein Rabe
un voleur de grand chemin ein Straßenräuber; ein Wegelagerer; ein Strauchdieb

VRAI **c'est trop beau pour être vrai** *voir* ***beau***

24

La table

Et nous voici déjà au bout de notre périple. Après ce choix de chapitres à la carte qui vous aura sans doute mis en appétit, il est largement temps de vous nourrir et de vous faire croquer à belles dents les expressions de la table. En bonne logique, nous vous avons gardé les plus délicieuses pour la faim.

A

ABUSER il ne faut pas abuser des bonnes choses *(etwa)* genieße in Maßen

AILE avoir un coup dans l'aile einen (Zacken) in der Krone haben

ALCOOL (bien) tenir l'alcool viel (Alkohol) vertragen

AMOUR à tes amours ! auf dich!; auf dein Wohl!

APPÉTIT avoir un appétit d'ogre einen Riesenappetit haben
couper l'appétit à qqn. jmdm. den Appetit verderben
l'appétit vient en mangeant der Appetit kommt beim Essen
ouvrir l'appétit/mettre en appétit den Appetit anregen

ARDOISE liquider une ardoise eine Schuld begleichen
mettre les consommations sur l'ardoise seine Getränke anschreiben lassen

ARROSER (S') ça s'arrose ! das muß begossen werden!; darauf müssen wir einen trinken!

AVALER je pourrais avaler un bœuf *(etwa)* ich hab' einen Hunger wie ein Bär/ein Wolf/ein Löwe

B

BABINE se/s'en lécher les babines sich (genüßlich) den Mund ablecken

BALLON un ballon de rouge/blanc/rosé ein Glas Rotwein/Weißwein/Rosé

BARRIQUE plein comme un barrique voll wie ein Faß/wie eine Strandhaubitze/wie tausend Russen; voll wie nur was/bis obenhin

BEC claquer du bec Kohldampf schieben

BEURRER beurré comme un petit Lu blau wie ein Veilchen; breit wie eine Kuh

BIBERONNER biberonner gern einen über den Durst trinken

BIEN ça fait du bien par où ça passe ! ah, das tut gut!

BITURE/SE BITURER prendre une biture ; se biturer sich einen auf die Lampe gießen; sich besaufen

BŒUF je pourrais avaler un bœuf *voir avaler*

BOIRE boire en Suisse für sich allein trinken
boire pour oublier seine Sorgen im Alkohol ertränken
boire un canon ein Glas Wein trinken

BOISSON s'adonner à la boisson zur Flasche greifen

BOMBANCE faire bombance schlemmen; schwelgen

BOUCHÉE ne faire qu'une bouchée de qqch. etwas (gierig) hinunterschlingen

BOUDIN plein comme un boudin *voir barrique*

BOURRER être bourré (comme un coing/comme un canon) *voir beurrer*

BOUTEILLE aimer la bouteille sich gern einen genehmigen

BRIQUE **bouffer des briques** *voir* ***bec***

BUFFET **danser devant le buffet** *voir* ***bec***

C

CALER (SE) **se caler les joues** tüchtig drauflosessen/-futtern
se caler une dent creuse einen Bissen zu sich nehmen

CARTE **un repas à la carte** ein Essen à la carte

CASQUETTE **avoir une casquette plombée (sur le crâne)** einen Katzenjammer/Kater haben

CASSER **casser la croûte** eine Kleinigkeit essen; einen Imbiß zu sich nehmen

CEINTURE **se mettre/se serrer la ceinture ; faire ceinture** den Gürtel enger schnallen

CHAGRIN **noyer son chagrin dans l'alcool** *voir* ***boire (pour oublier)***

CHAMPAGNE **sabler le champagne** Champagner/Sekt/Schampus trinken
sabrer le champagne eine Flasche Champagner/Sekt/Schampus köpfen

CHANCRE **manger/bouffer comme un chancre** (fr)essen wie ein Schwein *(derb)*

CHÈRE **faire bonne chère** gut essen; tafeln

CHOU **se farcir le chou** kräftig zulangen

CIRAGE **être dans le cirage** einen an der Birne haben

CLOCHE **se taper la cloche** sich den Bauch vollschlagen

COCO **se remplir le coco** *voir* ***cloche***

CŒUR **manger par cœur** auf das Essen verzichten (müssen); nichts zu essen bekommen

COMPTE **avoir son compte** schwer geladen haben

CORDON **être un (vrai) cordon bleu** ein Meister-/Sternekoch sein

CORNET **se mettre qqch. dans le cornet ; se remplir le cornet** *voir* ***cloche***
se rincer le cornet sich die Kehle anfeuchten/ölen/schmieren

COUDE **lever le coude** gern einen heben/kippen/zischen

COUP **avoir un coup dans l'aile ; avoir bu un coup de trop** *voir* ***aile***
boire un (bon) coup einen trinken
un coup de rouge ein Glas Rotwein

CRAVATE **s'en jeter un petit (derrière la cravate)** sich einen hinter die Binde/auf den hohlen Zahn gießen

CRÉMERIE **changer de crémerie** das Lokal wechseln

“se taper la cloche”
Qu'alliez-vous imaginer ? Cette expression n'a rien de grivois, même si elle est paillarde. Il faut entendre le mot « cloche » au sens de « tête », et se taper, se sonner la tête, c'est s'étourdir en mangeant. Aujourd'hui, « cloche » signifie estomac et lorsqu'il est précédé de l'adjectif qualificatif « pauvre », il désigne une personne qu'on dévorerait bien toute crue. Ceci en parfaite convivialité.
cf. CLOCHE

CREUX **j'ai un petit creux** ich hab' ein Loch im Bauch; mir knurrt der Magen

CREVER **crever de faim ; crever la dalle** verhungern; am Verhungern sein; vor Hunger sterben/umkommen

CROC **avoir les crocs** *voir* ***crever***

CROÛTE **casser la croûte** *voir* ***casser***

CUITE **prendre une cuite** *voir* ***biture***

CUL **cul sec** auf ex!
faire cul sec (auf) ex trinken; das Glas in einem Zug leeren

CUVER **cuver son vin** seinen Rausch ausschlafen

D

DALLE **avoir la dalle** einen Mordshunger haben
avoir la dalle en pente eine trockene Kehle haben
crever la dalle *voir* ***crever***
se rincer la dalle *voir* ***(se rincer le) cornet***

DENT **avoir la dent** *voir* ***dalle : avoir la dalle***
avoir les dents du fond qui baignent *voir* ***beurrer***
croquer à belles dents kräftig reinhauen
manger du bout des dents ohne Appetit essen; mit langen Zähnen essen
ne pas avoir de quoi se mettre sous la dent *voir* ***bec***
se caler une dent creuse *voir* ***(se) caler***

DER **boire le der des der** ein allerletztes Glas trinken

DERNIER **en boire un (petit) dernier, pour la route** *voir* ***der***

DESCENTE **avoir une bonne descente** *voir* ***dalle : avoir la dalle en pente***

DÉVORER **dévorer qqch. à belles dents** sich über etwas hermachen; etwas verdrücken/verputzen

DÎNER **qui dort dîne** *(prov.) (etwa)* wer schläft, braucht nicht zu essen; Schlaf erspart die Mahlzeit

DOCTEUR **(boire) le coup du docteur** *voir* ***der***

DOIGT **se/s'en lécher les doigts** *voir* ***babine***

DOULOUREUSE **la douloureuse** die Rechnung; die Zeche

DURILLON **avoir un durillon de comptoir** einen Bierbauch haben

E

EAU **ça me fait venir l'eau à la bouche** da läuft mir das Wasser im Mund zusammen
être à l'eau keinen Alkohol (mehr) trinken
l'eau, c'est pour les poissons von Wasser kriegt man Läuse in den Bauch

ÉMÉCHÉ **éméché** angeheitert; beschwipst; beduselt; benebelt

ÉPONGE **être une (véritable) éponge** ein (richtiger) Schluckspecht sein

ESTOMAC **j'ai l'estomac dans les talons** mir hängt der Magen bis in die Kniekehlen

ÉTRIER **boire le coup de l'étrier** *voir* ***der***

F

FAGOT **(une bouteille) de derrière les fagots** (eine Flasche) von der besten Sorte

FAIM **avoir une faim de loup** *voir crever*
crever de faim *voir crever*
manger à sa faim sich satt essen
rester sur sa faim hungrig bleiben; nicht satt werden

FAIRE **être complètement fait** *voir beurrer et compte*

FAMINE **crier famine** (vor) Hunger schreien

FATIGUER **fatiguer la salade** den Salat schleudern

FLOT **(le champagne) coule à flots** (der Champagner/Sekt/Schampus) fließt in Strömen

FORTUNE **manger à la fortune du pot** mit dem vorliebnehmen, was es gerade zu essen gibt; essen, ohne besondere Umstände zu machen

FOURCHETTE **avoir un bon/un joli coup de fourchette ; être une belle/ bonne fourchette** einen gesunden Appetit haben; etwas verdrücken können
manger avec la fourchette du père Adam mit den Fingern essen

FOURRER **s'en fourrer jusque-là** sich vollfressen/-stopfen

FRINGALE **avoir la fringale** einen Riesen-/Bärenhunger haben
avoir une fringale de qqch. Heißhunger auf etwas haben

G

GAI **être (un peu) gai** *voir éméché*

GOGO **à gogo** soviel man will; bis zum Abwinken

GOSIER **avoir le gosier en pente** *voir dalle : avoir la dalle en pente*

GOURMANDISE **c'est par pure gourmandise** aus reiner Gier

GRAINE **casser la graine** *voir casser*

“manger à la fortune du pot”

La fortune est (parfois) le fruit du hasard. Elle signifia longtempsla destinée, cette gueuse incertaine. C'est ainsi que l'on mange au petit bonheur la chance, en espérant dénicher dans le pot, riche ou pauvre, ce qui fera nos délices. Au fond (du pot), on peut rapprocher cette expression de «manger à la bonne franquette», car dans les deux cas, il s'agit de se nourrir simplement, sans cérémonie. La meilleure façon, à mon sens.

“manger avec la fourchette du père Adam”

N'ayant pas eu l'honneur insigne de rencontrer le père de tous les hommes, et ne connaissant en fait de gastronomie originelle que l'épisode symbolique de la pomme, je m'en tiendrai à l'interprétation du populaire. Un pareil humain ante-préhistorique ne peut manger que de manière rustaude et primitive.

cf. FORTUNE et
cf. FOURCHETTE

GRAS **faire gras** Fleisch essen

GRIS **être gris** *voir émêché*

GUEULE **avoir la gueule de bois** einen dicken Schädel/Brummschädel haben
se saouler/se soûler la gueule sich einen ansaufen; sich vollaufen lassen

GUEULETON **faire un (bon petit) gueuleton** *voir cloche*

H

HONNEUR **faire honneur à un repas** einem Gericht tüchtig zusprechen; sich ein Gericht gut schmecken lassen

HUÎTRE **être plein comme une huître** *voir barrique*

I

IVROGNE **il y a un dieu pour les ivrognes** *(etwa)* Betrunkene haben einen Schutzengel

J

JAMBE **s'en aller sur une jambe** den Absacker auslassen; ohne ein letztes Glas Alkohol am Abend nach Hause/ins Bett gehen

JÉSUS **c'est le petit Jésus en culotte de velours** das schmiert/ölt (die Kehle) so richtig gut

JETER (SE) **s'en jeter un (petit) (derrière la cravate)** *voir cravate*

JOUE **se caler les joues** *voir (se) caler*

JUS **du jus de chaussettes/de chique/ de chapeau** Blümchenkaffee; Brühe; Spülwasser

L

LAMPE **s'en mettre plein la lampe** *voir fourrer*

LANCE-PIERRE **manger avec un/manger au lance-pierre** hastig essen; schlingen

LÉCHER (SE) **se/s'en lécher les babines ; se/s'en lécher les doigts** *voir babine*

LENDEMAIN **le lendemain de la veille** der Morgen danach

LIT **prendre son lit en marche** ins Bett wanken; betrunken schlafen gehen

M

MAIGRE **faire maigre (le vendredi)** (freitags) Fisch/kein Fleisch essen

MAIN **il a eu la main lourde avec le sel** ihm ist der Salzstreuer ausgerutscht; er hat das Essen versalzen

MANDIBULE **jouer des mandibules** essen; futtern; spachteln

MANGER **manger à la fortune du pot** *voir fortune*
manger avec la fourchette du père Adam *voir fourchette*
manger avec un/manger au lance-pierre *voir lance-pierre*
manger comme quatre/comme un ogre essen wie ein Scheunendrescher; für zwei essen

manger comme un chancre *voir chancre*
manger comme un moineau/oiseau essen wie ein Spatz
manger par cœur *voir cœur*
manger sur le pouce schnell einen Happen essen
manger un morceau/bout *voir casser*

MER je boirais la mer et ses/les poissons ich könnte eine ganze Badewanne leertrinken

METTRE s'en mettre jusque là *voir fourrer*

MIENNE c'est la mienne ! diese Runde geht auf meine Rechnung!; jetzt geb' ich einen aus!

N

NEZ avoir un (petit) verre/coup dans le nez *voir aile*
se piquer/se salir/se noircir le nez sich die Nase begießen

NOIR noir blau; zu; dicht; voll

NOYER noyer son chagrin dans l'alcool *voir boire (pour oublier)*

NUAGE juste un nuage de lait nur ein Tropfen/ein klein wenig Milch

O

ŒUF plein comme un œuf *voir barrique*

OGRE manger comme un ogre *voir manger*

OISEAU avoir un appétit d'oiseau *voir appétit*

OUTRE plein comme une outre *voir barrique*

P

PAF complètement paf *voir beurrer*

PAIN au pain (sec) et à l'eau bei Wasser und trockenem Brot

PANSE s'en mettre plein la panse *voir cloche*

PARTIR être (un peu) parti *voir éméché*

PAUSE la pause-café die Kaffee-/Teepause

PEINTURE il vaut mieux/c'est plus rentable de l'avoir en peinture/en photo der frißt dir die Haare vom Kopf

PERROQUET étouffer/étrangler un perroquet *(vieilli)* ein Glas Absinth trinken
un perroquet Pernod mit Pfefferminzsirup

PÉTER complètement pété stockbesoffen; hackedicht; sternhagelvoll

PICOLER picoler *voir coude*

PICORER picorer *voir dent : manger du bout des dents*

PILIER être un pilier de bar *voir durillon*

PIPI du pipi de chat *voir jus*

PLAT mettre les petits plats dans les grands jmdn. fürstlich bewirten

PLOMB se faire sauter les plombs sich einen in die Birne knallen

POIRE entre la poire et le fromage *(etwa)* nach dem Essen (in ungezwungener Atmosphäre)

POIVRER (SE) **se poivrer** *voir (se saouler/se soûler la) gueule*

POLONAIS **saoul/plein comme un Polonais** *voir barrique*

POMPETTE **être pompette** angesäuselt/ angetrunken sein

POPOTE **faire la popote** kochen

POT **manger à la fortune du pot** *voir fortune*

POUCE **manger sur le pouce** *voir manger*

POUSSE-CAFÉ **un pousse-café** ein Likör (nach dem Kaffee); ein Verdauungsschnäpschen

PRINCE **recevoir qqn. comme un prince** *voir plat*

Q

QUATRE **manger comme quatre** *voir manger*

R

RÉGALER **c'est moi qui régale** *voir mienne*

RÉGIME **être au régime jockey** eine Abmagerungs-/Fasten-/Hungerkur machen
au régime sec *voir (être à l')eau*

RÉGIMENT **il y en a pour (tout) un régiment** davon kann eine ganze Armee satt werden

RIPAILLE **faire ripaille** *voir bombance*

ROND **rond comme une queue de pelle/une bille/un tonneau/une barrique** *voir barrique et beurrer*

ROUGE **du gros rouge qui tache** ein (durchschnittlicher) Landrotwein

RUCHE **se piquer/se péter la ruche** *voir (se piquer le) nez*

S

SAC **un sac a vin** ein Trinker; ein Säufer; ein Suffkopf

SAOUL **manger/boire tout son saoul** nach Herzenslust essen/trinken

SAUTER **la sauter** Hunger haben; hungrig sein

SCHLASS **complètement schlass** *voir beurrer*

SEC **l'avoir sec** auf dem trockenen sitzen

SEMELLE **c'est de la semelle (de botte)** das (Fleisch) ist zäh wie Schuhsole

SOBRE **sobre comme un chameau** stinknüchtern

SORT **faire un sort à une bouteille** eine Flasche austrinken/leeren

SOUPE **à la soupe !** zum Essen kommen!; auf geht's zum Essen!
un marchand de soupe ein schlechter Gastwirt; der Inhaber eines drittklassigen Lokals

STOP **dire « stop »** „halt"/„stop" sagen

SUCER **il (ne) suce pas de la glace !** der säuft wie ein Loch!

SUISSE **boire en Suisse** *voir boire*

T

TABLE **à table !** bitte zu Tisch!
manger à la table qui recule nichts zwischen die Zähne kriegen

TAMBOUILLE **faire la/sa tambouille** zu essen machen; das Essen zubereiten

TENIR **en tenir une bonne** *voir* ***barrique***
qu'est-ce qu'il tient ! der ist (aber) trinkfest!; der verträgt (aber) viel!

TÊTE **(le vin) lui monte à la tête** der Wein steigt ihm zu Kopf

TOAST **porter un toast à qqn./qqch.** einen Toast/Trinkspruch auf jmdn. ausbringen

TONNEAU **rond/plein comme un tonneau** *voir* ***barrique***

TOURNÉE **c'est ma tournée !** *voir* ***mienne***

TROU **boire comme un trou** *voir* ***éponge***
le trou normand ein Gläschen Schnaps *(oft Calvados)* zwischen zwei Gängen

V

VACHE **plein comme une vache** *voir* ***barrique***

VEAU **tuer le veau gras** einen Festschmaus veranstalten

VENT **avoir du vent dans les voiles** schwanken; taumeln; Schlagseite haben

VENTRE **avoir le ventre creux** einen leeren Magen haben
ventre affamé n'a pas/point d'oreilles *(prov.)* einem hungrigen Magen ist nicht gut predigen *(Sprichw.)*

VER **tuer le ver** einen Schnaps vor dem/zum Frühstück trinken

VERRE **avoir un (petit) verre dans le nez** *voir* ***coup : avoir bu un coup de trop***

VIN **avoir le vin gai** nach ein paar Gläsern (Wein) lustig werden
avoir le vin mauvais nach ein paar Gläsern (Wein) bösartig/gewalttätig werden
avoir le vin triste nach ein paar Gläsern (Wein) traurig/sentimental werden
entre deux vins *voir* ***beurrer***
le vin ne l'aime pas beaucoup Wein verträgt er nicht so gut

VOLONTÉ **à volonté** *voir* ***gogo***

Y

YEUX **il a les yeux plus grands/gros que le ventre/la panse** seine Augen sind größer als der Magen

“avoir du vent dans les voiles”
Quand le vent gonfle les voiles, que se passe-t-il ? Le bateau frémit, tangue un peu, et il faut toute la poigne et l'expérience du navigateur pour transformer la puissance de l'air en puissance motrice. Un coup dans le nez produit le même effet sur l'Homo Sapiens.
cf. VENT

INDEX

A

B

C

D

E

F

G

H

I

J

K

L

M

N

O

P

Q

R

S

T

U

V

X

Y

Z

Imprimé en France par Mame à Tours
N° d'imprimeur : 04062413 - N° d'édition : 003932-01
Dépôt légal : juillet 2004